CONVOI 42

ERWAN BERGOT

CONVOI 42

FRANCE LOISIRS
123, boulevard de Grenelle, Paris

Édition du Club France Loisirs, Paris
avec l'autorisation des Presses de la Cité

ISBN : 2-7242-3351-4

1

Capturés à Diên Biên Phu	11 721	hommes
Libérés	3 290	
Morts pendant la captivité	**8 431**	

2

CONVOI 42

Capturés	400	hommes
Libérés	73	
Morts pendant la captivité	**327**	

Avertissement

Dans un ouvrage précédent, *les 170 jours de Diên Biên Phu*, j'avais évoqué, à partir du témoignage de nombreux combattants et à travers l'exemple de quelques-uns, le sort de la plupart de ceux que le destin avait placés au cœur de la bataille, et qui avaient fait leur devoir, jusqu'au bout, dans des conditions morales et matérielles effroyables.

Ce livre s'arrêtait le 7 mai 1954, à 5 heures de l'après-midi, au moment où l'état-major français avait décidé d'arrêter les combats.

Rien, pourtant, n'était terminé vraiment et si certains soldats avaient cru parfois toucher le fond de l'enfer, tous se trompaient. Le pire était à venir.

Depuis de nombreuses années, quelques-uns des survivants du Convoi auquel j'appartenais m'avaient demandé de raconter ce que fut cette longue marche à la mort, suivie d'un séjour de cauchemar au cœur de la forêt, dans ce bagne sinistre appelé Camp 42. Ils m'ont confié leurs récits, raconté leurs épreuves, et m'ont aidé à reconstituer ce que ma mémoire avait effacé.

L'objet du présent récit est donc de tenter de décrire, le plus sincèrement possible, ce que fut pour nous – et sans doute aussi pour les camarades des autres convois – cette lente, inexorable descente vers le désespoir absolu, ces quatre mois de détresse, d'épuisement et de faim, avec leur cortège d'horreurs, la dégradation des corps et des esprits, la haine vigilante et diabolique des geôliers, et le retour à la liberté, dans un climat de suspicion, d'hostilité, puis d'indifférence.

Ce livre est mon témoignage.

J'aurais aimé pouvoir m'écrier, comme l'ont fait ceux de nos Anciens au retour des camps d'extermination nazis : « Plus jamais cela! » Mais je sais, nous savons, qu'il y a, de par le monde, au Viêt-nam, au Cambodge, au Laos, en Afghanistan ou ailleurs, des centaines, des milliers de « Camp 42 ».

Il ne faut pas que l'oubli s'installe.

C'est volontairement que j'ai appelé « roman » cette chronique des mois de misère. Si les faits rapportés sont exacts, rigoureux dans l'horreur devenue quotidienne, j'ai usé du droit de l'écrivain pour changer les noms de la plupart des personnages. Les témoins les reconnaîtront et cela suffit. Je n'ai pas voulu livrer au verdict du public des comportements et des hommes que je m'interdis de juger moi-même.

Bons ou méchants, courageux ou lâches, forts ou faibles, la mort a frappé dans nos rangs, au hasard. Ce même hasard qui a présidé au choix des survivants.

Les rescapés – les vrais – savent tous qu'ils sont des miraculés. Ils savent aussi qu'ils ne couleront jamais des jours paisibles, ils restent marqués dans leur esprit et dans leur chair. Ils conservent, quelque part en eux, une secrète cicatrice.

Ils n'ont réclamé, et c'est leur honneur, ni réparation, ni reconnaissance. Qui donc, après plus de trente ans, a même songé à leur accorder l'une ou l'autre?

Ils survivent et se souviennent.

Devant eux, quels qu'ils soient, on ne peut que compatir. Et avoir, de temps à autre, une pensée pour ceux, plus nombreux, qui dorment là-bas, sur le bord d'une piste, la berge d'un fleuve, la terre nue d'une clairière. Car c'est être deux fois prisonnier que de mourir les fers aux pieds.

E. B.

PREMIÈRE PARTIE

Nous sommes les survivants d'une tragédie que nos contemporains ne soupçonnent pas. Quel que soit l'accueil qui nous attend, n'oublions pas que nous sommes aussi les survivants d'un enfer où des hommes accceptèrent de mourir pour effacer le scandale de ceux qui se contentent de vivre.

R.P. Albert STIHLE
le Prêtre et le Commissaire *

* Le R.P. Stihle fut pendant quatre ans prisonnier du Viêtminh.

Chapitre 1

7 mai 1954, 17 heures

Là-bas, vers l'ouest, après avoir méthodiquement tiré leurs derniers obus, les mortiers de la Légion avalaient leurs grenades au phosphore et rendaient l'âme dans un hoquet de fumée blanche. Plus près, au centre de l'ancien village, à côté de l'arbre mutilé auquel était amarré un fût de 200 litres crachant la rouille par tous ses trous, les deux Shaffee encore intacts rugissaient, moteurs sans huile chauffés à blanc.

De-ci, de-là, retentissaient des explosions sourdes, des rafales étouffées. Dans leurs trous, au coin d'un boyau, dans la paroi d'une tranchée, les hommes tuaient leurs armes, la canon fiché dans la terre.

Rien, dans tout cela, qui rappelât le paroxysme des heures précédentes, cet orage incessant devenu au fil des jours aussi banal qu'un bruit d'ambiance. Au contraire, une soudaine torpeur s'était abattue sur Diên Biên Phu et la rumeur d'après bataille éveillait peu d'échos, aussi dérisoires dans le silence revenu que le ressac d'une mer calme.

Lentement, la bataille entrait en agonie.

Au-dessus, imperturbable dans un ciel lavé de tout nuage, le Dakota de 5 heures tournait en rond, incertain, désœuvré.

Il y eut alors une longue minute de souffle retenu où chacun attendait l'instant à venir, comme un plongeur avant le saut dans l'inconnu.

Et puis, dans la plaine de Diên Biên Phu, exactement au milieu de ce chaos de terre creusée, fouillée, retournée, craquelée, uniformément recouverte d'une impalpable pellicule de poussière gris sale, boursouflée de tertres, de tumulus, de remparts, éventrée de boyaux, d'alvéoles, d'abris, hérissée de piquets, de poutrelles, de madriers calcinés, de carcasses de véhicules détruits, parsemée de débris, réseaux de barbelés, tôles tordues, containers d'obus, caisses éclatées, parachutes noircis, au centre de ce paysage lunaire dévasté comme par une effroyable tornade, de ce cimetière de ferrailles, de cette décharge puante où s'acharnaient les rats et les mouches, de ce désert qui paraissait abandonné des hommes, émergea soudain une tête nue sur laquelle l'empreinte du casque avait dressé les cheveux en un épi insolite.

Un soldat osait monter à l'air libre et contemplait le ciel.

Il n'en croyait pas ses yeux. Cette lumière vive tombant d'un ciel limpide, lavé de ses pluies de printemps, qui dessinait avec une netteté de cristal les contours des montagnes proches, les Dominique, sur la gauche, les Eliane, un peu en retrait, et qui donnait aux reliefs l'aspect étrange d'un diorama figé, tout cela le déconcertait comme un volet trop tôt ouvert après un long sommeil.

Il n'en croyait pas ses oreilles. Le silence qui maintenant planait sur le camp retranché était si total qu'il semblait presque palpable. Un silence qui n'était pas de mort, mais d'attente et qui, pour la première fois depuis longtemps, ne recelait aucune menace directe, si peu semblable à ces tranches de calme qui, jusque-là, avaient annoncé les attaques. Le silence du vide.

Il fit alors quelque chose d'incongru. Quelque chose qu'il n'aurait pas pu faire quelques heures plus tôt sans être immédiatement sanctionné par un obus du 75 sans recul que les Viêts avaient posté sur l'éperon rouge de Dominique 2. Il se mit tout debout sur le toit de son blockhaus. Là, jambes écartées, il pissa droit devant lui, face à la tranchée ennemie toute proche, comme si, par cette fonction triviale, il avait voulu se délivrer de tout ce que la bataille avait déposé en lui d'angoisses, de peurs, de lâchetés, de tentations.

– Hé, Norris, appela une voix gouailleuse venue de l'intérieur, te voilà soulagé ?

Norris se reboutonna paisiblement. Il médita le mot « soulagé » et dut admettre qu'effectivement, même s'il n'en était pas fier, il éprouvait du soulagement. Tout était fini, il n'avait pas failli à l'honneur. Et il était vivant.

Benjamin Norris avait dix-neuf ans. En quelques jours, il avait l'impression d'avoir terriblement vieilli. Quand il était arrivé à Diên Biên Phu, dans la nuit du 17 avril, il croyait encore que la guerre était une expérience exaltante et grandiose. Le danger partagé entre héros, les matins de gloire, les soirs de veille, la gravité du combat...

Comme un cauchemar, la réalité l'avait pris à la gorge. Il savait maintenant que le visage de la guerre était hideux, terrifiant, sordide. Le mot même de héros, ce qualificatif que les journaux, il l'avait entendu dire, leur attribuaient, à lui et ses camarades, n'avait désormais aucune signification. Il avait subi. C'est tout.

Il n'en voulait à personne qu'à lui-même. Il avait volontairement rejoint l'enfer, alors que ses camarades, les paras du Groupement de Commandos, avaient suivi le sort commun de leur unité, engagés pour le meilleur ou le pire. Ils avaient des copains, le souvenir d'autres horizons, d'autres faits d'armes, et avec la fierté de leur béret rouge, ils possédaient au plus haut point le sens de la solidarité. Pour eux, Norris n'était qu'un touriste. Appelé au Service militaire, volontaire pour servir, en Extrême-Orient dans un emploi administratif, il s'était ennuyé et, moyennant une poignée de piastres, il avait réussi à se faire embarquer dans un Dakota, son parachute sur le dos.

Les jours de lucidité, ou de grande peur ce qui revenait au même, il s'avouait qu'au fond, il avait été guidé par une sorte de paresse ou d'impatience, allant à la guerre en espérant que l'héroïsme lui serait servi, sur un plateau. Il rêvait.

Il ne rêvait plus et se livrait, maintenant, tout entier, à la caresse du soleil, visage levé, mains étendues, à plat devant lui. Il vivait ce moment, devinant qu'il serait fugace.

Un piétinement, sur sa gauche, lui fit effectuer un quart de tour. Les Viêts étaient là, surgis de leur boyau proche, le visage enduit de terre, le pantalon roulé au-dessus du genou. Le premier qui approcha s'arrêta, interloqué, devant ce parachutiste placide qui semblait le narguer, les mains ouvertes, le cheveu en bataille, un vague sourire flottant sur les lèvres.

– *Di vé!* lança le Bo doï, de loin, en agitant le bras, comme un gamin essayant d'effaroucher une vache dont il a peur. *Di vê!*

Norris se sentit soudain curieux de cet avenir qui l'attendait. Son expérience n'était pas complète. Il avait subi la bataille, elle avait été perdue; maintenant, il allait falloir en payer le prix. C'était dans la nature des choses.

Il avança d'un pas, le Viêt recula d'autant.

– *Di vê!* hurla-t-il, incertain.

– D'accord, mais où cela?

D'un geste sec du poignet, le soldat arma sa mitraillette, et en dirigea le canon vers Norris. Ce dernier le fixa, droit dans les yeux et lut, dans le regard braqué sur lui, un éclair de folie. Le Viêt était ivre, et sa peur, aggravée par l'alcool, le rendait infiniment imprévisible, dangereux. De toute évidence, il allait tirer.

Il tira.

Un quart de seconde avant que la rafale n'éclate, Norris avait devancé son geste. Il avait plongé, les pieds en avant, dans un trou. Il tomba, heurta quelque chose de mou, d'élastique, qui éclata sous son poids comme une outre trop gonflée, en même temps qu'une odeur insoutenable s'emparait de ses narines. Il baissa les yeux et ce qu'il vit lui tordit l'estomac en une nausée, jaillie de lui avec la puissance d'un geyser. Il pataugeait dans les entrailles d'un Bo doï mort.

L'autre, le tireur, était déjà là, au-dessus de lui, le dominant, son AK 47 inclinée dans sa direction. A son tour, il vit. Il poussa une sorte de gémissement rauque, porta sa main à ses lèvres. Trop tard, lui aussi vomissait...

Une main apparut, tendue au bout d'un bras habillé de tissu camouflé. Norris s'en saisit, fut halé hors de son trou et se trouva face à face avec le sergent-chef Prieur, avec lequel il avait passé les dernières heures de la bataille. Prieur était un vieux soldat, face tannée, pommettes saillantes, joues creuses, la voix gouailleuse, le timbre rauque.

– Eh bien! constata-t-il avec une grimace de dégoût, tu ne te parfumes pas à la rose! Va te rincer les grolles dans la rivière!

Norris s'éloigna, le cœur au bord des lèvres, vexé d'avoir flanché devant l'ennemi. Cela faisait pourtant vingt et un jours qu'il se battait, qu'il voyait autour de lui du sang, de la boue, de la merde. Mais il était alors dans un état second, partagé entre la peur et l'excitation, uniquement préoccupé de survivre pour combattre afin d'avoir une nouvelle minute de sursis. Et, l'habitude aidant, tout était devenu environnement, décor; la carcasse s'accoutumait à cohabiter avec des cadavres, la peau sans cesse frôlée du vol gluant des grosses mouches vertes, le corps souvent piétiné par les rats, en cavalcades.

Il avait fallu la fin de la bataille pour que toutes ces choses soient reléguées au loin, qu'il redevienne aussi fragile qu'avant. Il marchait, il remontait en sens inverse le flot des soldats du camp retranché, extirpés de leurs abris, de leurs tranchées, convergeant dans la direction du pont Bailey, posé sur la rivière en avant du point d'appui « Epervier », passage par lequel les Viêts avaient décidé d'évacuer la position. Ils faisaient le vide.

Les Bo doïs galopaient de part et d'autre, poussant les grappes humaines de la voix et du geste, canalisant le flot des rescapés, troupeau morne et sans âme qui avait d'instinct adopté la démarche résignée de l'homme privé de liberté, yeux baissés, dos voûté, ramant des bras sans conviction.

D'abord intimidés, peut-être dépassés par l'ampleur de leur victoire, les Bo doïs s'étaient enhardis, probablement encouragés par l'apathie dont faisaient preuve les vaincus. Ils les avaient redoutés jusqu'au bout et, brusquement, ils découvraient qu'un mot, un ordre, un coup amenait le résultat escompté...

– *Di! Di vê! Maolên!*

Un gradé s'était mis en travers du chemin, barrant à Norris l'accès à la Nam Youm.

– Je vais me laver.

C'était dit paisiblement, sans élever la voix. Norris montrait ses bottes souillées.

Le Viêt baissa les yeux, puis, relevant la tête :

– C'est pour la « lysiène » ? interrogea-t-il, bienveillant.

Norris faillit lui faire répéter sa question, le mot lui était incompréhensible.

– Il veut savoir s'il s'agit d'une question « d'hygiène », traduisit, à son oreille, une voix amie.

Norris se retourna, et vit, près de lui, un légionnaire en béret kaki qui lui souriait de ses yeux bleus. Il n'avait plus l'air très jeune et sa barbe, taillée en rond, lui faisait une tête de Verlaine rigolard.

– Je m'appelle Margoz, ajouta le légionnaire.

Norris approuva, fit face au soldat :

– C'est pour la « lysiène », répéta-t-il.

– *Di, di lên!* redit le Viêt qui désigna le barbu : toi, c'est accompagner lui. Après, c'est partir vite!

Margoz haussa les épaules et emboîta le pas à Norris. Ensemble, les deux hommes suivirent la route de terre qui menait au radier sur la Nam Youm qu'une fine pellicule d'eau recouvrait, résultat des pluies de ces derniers jours. Norris trempa ses bottes, les essuya avec un lambeau de parachute arraché à un piquet de fer.

Ce fut soudain comme si un voile se déchirait. Il se sentit libre. L'agitation qui régnait au-dessus de lui, sur la rive, lui devint totalement étrangère. Il était à la frontière de deux univers. Derrière lui, Diên Biên Phu, île coupée du monde, en train de s'engloutir sous le flot vert des petits soldats communistes. Une île qui avait été pour lui durant trois semaines le prolongement logique de sa vie d'avant, sans rupture avec son passé. Un cul-de-sac.

Devant lui, maintenant, c'était l'inconnu, abîme ou tunnel, mais passage obligé qu'il lui faudrait franchir s'il voulait survivre. Il se découvrit dans l'état d'esprit d'un nageur, encore au sec au bord d'un étang gelé, à l'instant où il a décidé de plonger. Il est encore au chaud, au confortable, suspendu entre deux éléments. La seconde d'après, il serait au froid, au précaire, obligé de se débattre, de nager pour atteindre l'autre bord.

Tous les combattants rescapés de la bataille étaient confrontés à cette situation. Beaucoup allaient hésiter, se cramponnant à la berge, tâter l'eau du bout du pied.

N'auraient des chances de survie que ceux qui plongeraient, sans un regard en arrière.

Il comprit qu'il avait déjà pris son élan et qu'il se trouvait exactement sur le fil, ayant quitté le bord mais n'ayant pas encore atteint la surface de l'eau. En plein vol...

Il se retourna vers le légionnaire.

– On y va? demanda-t-il.

– Oui.

Margoz était suisse. Réellement suisse. Il appartenait au 1er bataillon de la 13e demi-brigade de Légion, ainsi qu'il l'expliqua à Norris, tout en cheminant sur la rocade qui faisait le tour de l'ancien village, noyés dans la foule qui progressait sans hâte vers le pont. Il avait vingt-neuf ans et les aléas de la bataille, la fatigue, l'insomnie, des moments de peur intense avaient buriné son visage, blanchi ses cheveux et sa barbe. Jusqu'à la fin, il avait servi une mitrailleuse, au bord de la rivière, face à l'autre rive. Puis, il avait cassé son arme, dispersé les pièces de la culasse. Plus personne après lui ne s'en servirait.

Pour lui, le mot « prisonnier » n'avait aucune signification. Il se considérait simplement comme un combattant qui a bien mérité et qui aspire à un peu de repos. Vivant au présent, il agissait comme un promeneur qui devise nonchalamment avec un ami de rencontre.

– Un cessez-le-feu a été conclu, dit-il. Tout a déjà sûrement été arrangé. Nous attendrons paisiblement la fin de la guerre.

Il croyait à la vertu des « accords ». D'ailleurs sa sœur Ida travaillait à Genève, au Comité international de la Croix-Rouge.

– Je suis certain que les Organisations humanitaires vont nous prendre en charge, affirma-t-il.

Il leva les yeux, imaginant une noria d'avions sanitaires venant se poser ici, sur la piste, apportant médicaments pour les blessés, vivres pour les survivants, tandis qu'au P.C. les grands chefs des deux camps délibéraient sur les moyens d'évacuer pacifiquement le camp retranché.

– Patience, il faut laisser le temps de la mise en place. Une affaire de deux ou trois jours.

A sa manière, Margoz était un pur.

Fourmi parmi les fourmis qui se regroupaient au nord de l'ancien village, près du parapet des alvéoles des avions, le soldat Georges Basquet avançait d'un pas alerte. Il était content de lui. Il avait réussi à s'extirper de sa niche, creusée dans la falaise de terre qui constituait l'une des berges de la Nam Youm, sans se faire repérer par ses voisins – les parachutistes de Bigeard qui avaient promis de lui faire la peau s'ils le retrouvaient. Ils ne l'avaient pas retrouvé. Trois jours plus tôt, ils lui avaient tiré dessus alors qu'il ramenait vers son antre un colis de toile, timbré de la Croix-Rouge, dans lequel il escomptait trouver chocolat, tabac ou alcool et qui, en réalité, ne contenait que des bocaux de plasma.

Georges Basquet savait que les combattants n'avaient pour lui et ses camarades, les quelque cent habitants de la rivière, que haine et mépris. Ils leur avaient même trouvé un surnom « les rats de la Nam Youm ». Ce vilain sobriquet le laissait indifférent : « Il vaut mieux être un rat vivant qu'un héros mort », pensait-il.

Il redressait la tête. Maintenant pour les Viêts, spectateurs non avertis, il n'était plus qu'un soldat parmi des milliers d'autres soldats de Diên Biên Phu, foule immense drainée en direction du pont Bailey, lancé sur la Nam Youm au printemps et qui, depuis la rétractation du périmètre défensif, avait été encagé de barbelés et truffé de mines, de façon à en interdire l'accès aux assaillants.

Autour de lui, Georges Basquet ne voyait que des hommes fatigués, la mine sombre, abattue, les gestes mous, les visages s'éclairant parfois d'un bref sourire lorsqu'il leur arrivait de croiser un camarade. Peu de mots s'échangeaient, la calamité qui les frappait les enrobait de stupeur.

La plupart d'entre eux étaient animés de sentiments contradictoires, à la fois soulagement que cette boucherie soit finie dans l'honneur des dernières cartouches tirées, et qu'ils en soient sortis vivants. Et la sensation d'être frustrés de cette victoire à laquelle leur courage, leur ténacité, leur pugnacité auraient dû leur donner droit. Comme si la règle du jeu avait été faussée.

Près de lui, un jeune artilleur grogna :

– Dieu nous a laissé tomber.

A quoi son voisin, un grand gaillard rouquin, répliqua, avec un rire ironique :

– Voltaire disait que Dieu est avec les gros bataillons! Il ne pouvait être de notre côté, d'ailleurs même notre pays nous a oubliés!

– Espérons que cette défaite va le réveiller!

– Ne parle pas de malheur! Maintenant, pour nous une seule chose compte : tenir, jusqu'à la quille!

– La quille?

– Le mieux que Bidault ait à faire est de signer la paix et qu'on en termine. Le plus tôt sera le mieux.

Basquet était bien de cet avis. Qu'on en finisse, au plus vite. Jusque-là, il lui faudrait se débrouiller. Son père, qui avait été capturé en mai 1940 avec près de deux millions d'autres soldats, avait, à son retour, tiré la philosophie de sa mésaventure :

– Tu vois, avait-il expliqué, le système « D », il n'y a que cela de vrai. Quand tu es prisonnier, plus rien d'autre ne compte que toi. Il n'y a pas de copains, pas de chefs. Toi. Tout seul.

Basquet avait choisi d'adopter cette attitude. Il s'y était pris de bonne heure. Le 30 mars, lorsque les Viêts avaient donné l'assaut de la colline sur laquelle il se trouvait, l'un des rares Européens noyé dans son bataillon de Marocains, il n'avait pas attendu de voir l'ennemi, il s'était replié, prudemment.

Quelques jours plus tard, son capitaine lui avait donné l'ordre de remonter en ligne, mais il s'était débrouillé pour barbouiller de sang le pantalon de son treillis et s'était fait passer pour blessé. Il avait par la suite rejoint dans les galeries de la rivière la petite centaine de ceux qui, comme lui, estimaient inutile de risquer davantage leur peau pour une partie manifestement mal engagée. Si, par extraordinaire, la victoire était au bout, il serait toujours temps de voler à son secours.

Les « rats de la Nam Youm » constituaient une communauté disparate et hargneuse, où les groupes ne cohabitaient que par intérêt ou affinités douteuses. Il y avait bien sûr des

Tirailleurs nord-africains, mais c'étaient pour la plupart de pauvres bougres dont les cadres avaient été tués ou capturés et qui, ne recevant plus d'ordres, s'étaient retirés du combat. Ils y seraient probablement retournés pour peu qu'un de leurs gradés reconnus et respectés vienne les y contraindre.

Plus redoutables étaient les Européens, dont les motifs du « volontariat » pour l'Indochine ne devaient rien à l'enthousiasme ou au patriotisme. Petits délinquants pour la plupart, ayant eu à choisir entre la guerre ou la prison, ils ne voyaient pas l'intérêt de « crever pour le Viêt-nam ou pour Michelin », alors qu'en France leurs confrères coulaient des jours paisibles dans quelque établissement pénitentiaire. Resquilleurs, faussaires ou voleurs dans le civil, ils avaient à Diên Biên Phu repris leur ancien métier. Ils pillaient les parachutages, revendaient le surplus et avaient découvert le moyen de fabriquer de faux textes de citations.

En moins grand nombre l'on trouvait aussi ceux dont les nerfs avaient lâché et qui, rejetés violemment par leurs camarades, n'avaient d'autre ressource que de se réfugier là. Torturés par la honte et le remords, ils demeuraient prostrés, livides et pleurnichards. Basquet se rappelait ce jeune sergent, surgi un matin, le visage souillé de terre et de larmes, qui avait dormi deux jours entiers. Le dernier soir, alors que les échos de la troisième bataille des Eliane parvenaient jusqu'à lui, il avait sauté dans la rivière et s'était logé une balle dans la tête.

Basquet l'avait longuement regardé. Incrédule et scandalisé. Pourquoi se tuer quand on redoute la mort ? Il fallait être complètement idiot. Lui n'aurait jamais fait une chose pareille. Il voulait rentrer en France, retrouver sa femme, Maryse, et ses deux gosses. Il ne connaissait même pas la dernière.

D'un coup d'épaule, il remonta sa musette sur son dos. Dieu! Qu'elle était lourde! Mais, comme l'avait affirmé, péremptoire, l'un des chefs de bande que les « rats » s'étaient choisis et qui se faisait appeler « Lemmy Caution », douteux hommage au héros de Peter Cheney : « Les mecs, ne vous embarquez pas sans biscuit! Les Viêts sont pauvres, on les achètera pour deux cigarettes ou une " concrète [1] ".

Basquet avait suivi le conseil. Il avait entassé dans son sac tout ce qui, pensait-il, lui serait indispensable pour durer. Des rations de survie, qui contenaient sous un faible volume de quoi nourrir un homme pendant deux jours. Il en possédait quinze, tout ce qu'il avait pu rafler, ce qui lui laissait un mois de répit. Des cigarettes « Lucky Strike », dérobées dans un colis de la Croix-Rouge destiné aux blessés de l'Antenne chirurgicale, des boîtes de sardines, de thon et des paquets de pâtes de fruits. Sans oublier des cachets de Nivaquine contre le paludisme, des comprimés de Stovarsol contre la dysenterie.

Il trébucha contre un piquet rouillé, jura et constata avec dépit qu'il avait fait un accroc à son pantalon.

Devant lui, la tête de la colonne avait atteint l'entrée du pont Bailey où elle s'enflait, poussée de l'arrière, stoppée de l'avant par le réseau de barbelés piégé.

Les Bo doïs s'agitaient, frénétiques, galopant l'arme haut levée, distribuant autant de cris que de coups de crosse. Ils appliquaient la consigne, évacuer totalement le camp retranché avant la nuit, faire le vide, pour permettre aux milliers de coolies massés en face sur le flanc des collines de se ruer à la grande razzia. Il ne fallait pas que les Français assistent à cette récupération monstre, cette fauche géante, cette mise à sac gigantesque promise aux Bo doïs par leurs gradés.

Il était près de six heures du soir. Le temps pressait. Deux Viêts empoignèrent un légionnaire en béret vert, le poussèrent en avant.

La mine explosa, sourde déflagration qui fit refluer la foule. Deux des camarades du légionnaire s'étaient approchés. Ils soulevèrent le blessé, mais c'était trop tard; il expira, roulant un œil blanc.

– C'est Lehmann, dit une voix, près de Basquet. Pauvre type, c'était l'ancienne ordonnance du général de Lattre.

Sous les ordres d'un sous-officier du Génie, sale comme un peigne, le calot de guingois, deux sapeurs s'affairaient près du réseau, dégageant lentement le passage. Le sous-

1. Sorte de pâte de fruits compacte que l'on trouvait dans les rations individuelles.

officier les guidait, sortant de ses poches un invraisemblable matériel, pinces, tenailles, goupilles de toutes sortes, sous l'œil ébloui d'un tout jeune Bo doï.

« Quelle connerie de mourir comme ça, pour rien, une heure après la fin de la bataille », pensa Basquet.

Prudent, il régressa, alla se mêler à la foule, redoutant brusquement d'être désigné pour quelque dangereuse mission. Il heurta un para en camouflé, béret rouge en tête, l'air goguenard.

– Où vas-tu ? La bonne route est par là, les Viêts s'époumonent à te la montrer !

A côté du para, un légionnaire barbu, coiffé d'un béret kaki, approuvait, encensant de sa barbe poivre et sel.

Depuis qu'il avait rejoint les « rats de la Nam Youm », Basquet avait acquis des réflexes de défiance. Il esquissa un maigre sourire incertain.

– Je ne m'enfuyais pas, expliqua-t-il, agitant les mains devant lui, semblant plaider sa cause. – Je n'aime pas la foule.

Le para aperçut la musette, gonflée.

– Tu es prévoyant, observa-t-il. – Je parie que tu as eu le temps de te préparer.

Basquet se raidit, redoutant brusquement que le para et son copain ne lui demandent de l'ouvrir. Il imaginait déjà le pire, l'obligation de partager. Il balbutia :

– Oh, tu sais, je n'ai pas grand-chose. Seulement ma toile de tente et un treillis de rechange.

– Heureux homme ! Moi et mon camarade ne possédons rien que ce que nous avons sur le dos.

– As-tu une cigarette ? demanda le légionnaire qui ajouta : Je m'appelle Margoz.

– Et moi, Norris, précisa le para.

Basquet se nomma à son tour, puis :

– Je ne fume pas, mentit-il, coupant court à toute velléité de poursuivre la discussion.

Il n'avait plus qu'une seule envie, semer ces deux compagnons trop encombrants. Il esquissa un pas de côté, heurta un gendarme bourru qui grogna :

– Peux pas faire attention ? Ce n'est pourtant pas la place qui manque ?

Basquet s'excusa, gauchement. Soupçonneux, le gendarme l'examina et pointa l'index.

– Toi, je t'ai déjà vu, comment t'appelles-tu ? Quelle est ton unité ? Sur quel point d'appui étais-tu ?

Assailli de questions, Basquet perdait pied. Il se souvenait parfaitement avoir été surpris par un gendarme quelques jours plus tôt, alors que l'un et l'autre cherchaient des colis de la Croix-Rouge sur la zone de parachutage. La malchance voulait qu'il tombe sur lui aujourd'hui. Il ne lui restait qu'à nier, secouant la tête. Curieusement, ce fut le para qui vint à son secours.

– Fiche-lui la paix ! Il est trop tard pour mener une enquête, ici nous sommes tous des P.I.M. [1] !

Ce n'était pas simple boutade. Norris avait revêtu l'habit moral du prisonnier, entièrement tourné vers l'avenir, ne songeant plus qu'à une chose, tourner la page au plus vite et s'engager sur la piste. Ce n'était pas seulement celle de la captivité, c'était aussi celle au bout de laquelle s'ouvriraient les portes de la libération.

Et puis, comme beaucoup de soldats, il n'aimait pas voir les gendarmes poser des questions à un camarade, fût-il de rencontre, un peu comme s'ils rompaient la règle tacite de la solidarité entre militaires.

Mais Azam, le gendarme, était tenace et il avait une mémoire excellente, il insista :

– Je sais où je t'ai vu, dit-il à Basquet...

Il allait poursuivre, un coup de pied dans le derrière le fit sauter en l'air, moins par la violence du coup porté que par la surprise provoquée. Quoi ? Quelqu'un avait osé ? Il pivota

1. P.I.M. : Prisonnier interné militaire. Désignait une catégorie de prisonniers, guérilleros occasionnels, suspects ramassés au cours d'une opération et rassemblés en « Bataillons » gardés par des gendarmes mobiles. Ces P.I.M. étaient mis, pour une durée limitée (une journée, une opération), à la disposition des unités pour assurer le portage des colis lourds ou encombrants (munitions, vivres, etc.) ou exécuter des corvées de terrassement (creusement de tranchées, organisation d'abris, aménagement du cimetière). Peu à peu, à Diên Biên Phu notamment, les P.I.M. s'intégraient à l'unité à laquelle ils avaient été prêtés, au point d'assumer, parfois, des missions non prévues par leur statut : on en vit prendre à leur compte le commandement et le fonctionnement d'une pièce de mortier, d'une mitrailleuse lorsque le titulaire avait été mis hors de combat.

et aperçut un gnome hargneux et vociférant, le casque de travers, l'AK 47 pointée, qui lui crachait des mots aigres :

– *Di, di lên!*

Azam passa par tous les stades. A la surprise succéda un sentiment d'humiliation que suivit la fureur. L'index brandi, il lança :

– Ne recommence jamais cela!

Le Bo doï prit peur et arma sa mitraillette. Indifférent à la menace, Azam poursuivit :

– Donne-moi ton nom, je me plaindrai auprès de ton chef!

– *Di! Di lên!* hurla le Viêt.

Ses yeux n'étaient plus qu'une fente d'où filtrait l'éclat d'un regard mauvais.

– Tu n'as aucun ordre à me donner! Je suis sous-officier!

– Pour un peu, il va lui demander ses papiers, souffla Norris à Margoz. Ma parole, il ne se fait pas une idée exacte de la situation!

Norris pensait juste. Azam avait peu d'imagination, détestant les imprévus, tout marqué de sa certitude d'appartenir à l'élite de l'Armée. Pendant la bataille, il avait réussi à organiser, au sein du poste prévôtal, un havre de paix où ses camarades pouvaient trouver repos et oubli. Non qu'il fût lâche; bien au contraire il n'avait pas ménagé sa peine. Initialement, sa mission consistait à veiller à la bonne circulation des véhicules, assurer le bon fonctionnement de l'escale aérienne. Le 13 mars, après le premier assaut ennemi contre le point d'appui « Béatrice », il avait admis l'inutilité de la mission et, avec ses camarades, il était allé proposer ses services au médecin-commandant Grauwin, le patron de l'antenne chirurgicale.

Pendant cinquante-sept jours, affublé d'un brassard à croix rouge, Azam avait sillonné les pistes, les boyaux et les tranchées de Diên Biên Phu, son brancard sur le dos, escorté d'un P.I.M. taciturne et increvable, à la recherche des blessés. Par tous les temps, de jour et de nuit, sous les obus ou sous les balles, Azam crapahutait d'un boyau à l'autre, accomplissant sa besogne obscure mais nécessaire, dangereuse en tout cas. Parfois, au début, les soirs de grande fatigue ou de grande peur, il lui était arrivé d'envier les soldats qu'il transportait. Mais il avait vu les conditions effroyables dans lesquelles vivaient les blessés de l'antenne, tellement épouvantables que bien souvent, avant même d'être complètement guéris, les hommes préféraient rejoindre leur unité.

Alors, Azam avait accepté son sort, se fiant à sa chance ou à la Providence pour survivre. Il avait fait mieux. Prenant sur ses heures de sommeil, il avait réorganisé le blockhaus commun, pour offrir à ses camarades des moments de détente, de repos.

Quelques heures plus tôt, à l'annonce du cessez-le-feu, il avait confectionné avec soin son paquetage, devinant que la route serait longue et qu'une telle aventure ne s'improvisait pas. Il n'était pas guidé par le souci du confort, mais seulement par l'envie de donner de lui – et, à travers lui, de toute sa corporation – l'image la meilleure. Il était sorti propre, le visage rasé, les chaussures cirées et, dans son sac, linge de rechange, gamelle et couverts étaient aussi nets que s'ils avaient été neufs.

Être prisonnier n'était qu'un mot. Pour lui, c'était simplement un changement de situation imposé par les circonstances, il demeurait gendarme, prêt, à la limite, à admettre l'autorité de ses vainqueurs pour autant que ceux-ci jouent loyalement leur rôle. Les choses seraient claires, fondées sur un respect mutuel des droits de chacun.

Le coup de pied au cul qu'il venait de recevoir avait fait voler en éclats ses intentions pacifiques. Le Viêt avait insulté la gendarmerie, et son arme braquée ne l'intimidait pas.

– Va chercher ton chef! ordonna-t-il.

Surpris par cette résistance, abasourdi par le ton employé, le Bo doï perdit de sa superbe, et recula, désarçonné. Puis il s'éloigna, se fondit dans la foule.

Basquet avait pris prétexte de l'incident pour tenter de s'éclipser. Décidément, la fréquentation de ce parachutiste et de son copain le légionnaire ne lui attirait que des ennuis. Une main crocha dans la manche de son treillis.

– Hé, toi! Pas si vite!

Il se retourna. Norris lui souriait, d'un sourire narquois.

– Tu ne vas pas filer à l'anglaise? Quand le Bo doï aura rameuté ses copains, nous devrons prendre la défense du gendarme! Et nous ne serons pas trop de trois.

– Mais je n'ai rien vu, moi! Je ne suis pas au courant! Si tu crois que je vais me mettre les Viêts à dos simplement pour défendre un prévôt, tu te trompes. Je ne veux pas d'ennuis...

– Tu vas en avoir beaucoup plus si tu ne restes pas avec nous, intervint le légionnaire. – Nous pourrions peut-être te demander d'ouvrir ce sac que tu sembles vouloir défendre avec autant d'âpreté qu'un Suisse son compte en banque! Et je sais de quoi je parle!

– Je te l'ai déjà dit, je n'ai rien qui puisse vous intéresser!

– Nous allons bien voir. Qu'attends-tu pour nous le montrer?

Basquet était au bord des larmes. Montrer le contenu de son sac, c'était le perdre à jamais. C'était aussi donner raison au gendarme qui l'avait reconnu.

Un nouvelle fois, il fut sauvé par l'apparition d'une escouade de Réguliers emmenés par le gnome de tout à l'heure qui agrippa le ceinturon du gendarme.

Un gradé s'approcha, pistolet au côté, sacoche en bandoulière et, dans un français presque sans accent, il demanda :

– Ce soldat vous accuse de l'avoir menacé. Est-ce vrai?

– Pas du tout. C'est lui qui m'a frappé alors que je lui tournais le dos.

Le gradé interrogea le Bo doï qui protesta, véhément.

– Ce soldat affirme que vous mentez. S'il vous a frappé, c'est parce que vous refusiez de marcher.

Azam se rebiffa :

– Je suis gendarme, donc assermenté. Ma parole ne peut pas être mise en doute.

Le Viêt trépigna :

– Vous n'êtes plus gendarme! Vous n'êtes plus rien! Rien qu'un mercenaire colonialiste vaincu! Estimez-vous heureux de ne pas avoir été fusillé comme criminel de guerre ainsi que les conventions internationales nous en donnent le droit!

– Je ne suis pas un criminel de guerre, je suis un prisonnier! J'ai un statut reconnu, je veux...

– Vous n'avez rien à vouloir! Vous devez seulement obéir!

Autour du petit groupe, la foule des prisonniers défilait, indifférente, morne, dans un crissement de pieds traînés à terre. Le pont Bailey avait été franchi, le flot s'écoulait maintenant, régulier, silencieux.

– Quel est votre nom? demanda le gradé en sortant un carnet de méchant papier bambou.

– Gendarme Azam.

– Ex-gendarme, corrigea le Viêt, rogue.

Azam haussa les épaules, il ergota :

– Personne ne peut me dépouiller de mon grade, hormis mes supérieurs. Et seulement pour une faute contre l'honneur.

Le gradé sentait la discussion lui échapper. Ce Français obstiné et raisonneur l'agaçait prodigieusement. Selon ses propres critères, un vaincu devait être humble, repentant, accepter sans mot dire la loi du vainqueur, surtout si ce dernier détenait la vérité. Il perdit son sang-froid :

– Taisez-vous! Vous êtes un menteur!

– Non, répliqua Azam placide.

Fébrilement, le Viêt défit l'étui de son pistolet, sortit son arme, l'arma d'un geste du poignet et hurla :

– A genoux! Vous devez apprendre à demander pardon au peuple de tout le mal que vous avez commis! Vous êtes un criminel endurci...

Azam pâlit. Il comprit tout à coup que tout cela était sérieux, qu'il ne s'agissait plus d'un échange de propos de soldat à soldat, mais d'un procès expéditif dont il était l'accusé. Qu'il avait été condamné et que la sentence était déjà prononcée. Face à cette mort qui l'attendait, imminente, il ne pouvait ni se renier, ni se montrer lâche. Il secoua la tête, son dernier refus.

– Tuez-moi, dit-il. Mais ne me demandez pas de m'agenouiller. Ce ne sera pas une exécution mais un assassinat.

– Et nous serons témoins.

Le Viêt sursauta comme frappé d'une décharge électrique et exécuta un quart de tour, faisant face à Norris qui le toisait, un sourire aimable accroché à ses lèvres, démenti par l'éclat dur de ses yeux bleu sombre.

– De quoi vous mêlez-vous ?

– Lorsque votre soldat a frappé notre camarade, nous étions là. Tous les trois – sa main montrait Margoz qui approuvait, et Basquet qui regardait ailleurs. – Si vous tuez ce gendarme, il faudra nous tuer aussi.

– Tu charries, lui souffla Margoz à l'oreille. – Imagine qu'il te prenne au mot ?

Le Viêt avait rougi, c'est-à-dire qu'il était devenu gris. Son bluff avait échoué ; il était sur le point de perdre la face. Il chercha une parade. La dialectique devait sûrement lui fournir une réponse cinglante. Il était si désarçonné, autant par l'attitude ferme du gendarme, que par le soutien inattendu du parachutiste et de ses camarades, qu'il ne put que s'accrocher à une argumentation dérisoire.

– Je fais grâce à votre ami, dit-il en rangeant son colt. Mais uniquement parce que le président Hô Chi Minh nous a recommandé de vous appliquer sa clémence.

Norris encensa, sans mot dire. Il notait, à part lui, l'association incongrue de deux termes : appliquer et clémence. Cela semblait signifier que même la clémence du président Hô équivalait à une sanction.

– Maintenant, reprit le Viêt avant de s'éloigner, allez rejoindre vos camarades prisonniers. Vous avez perdu beaucoup de temps...

En même temps, de la main, il désignait deux de ses soldats pour les escorter.

– Je ne suis pas avec eux, tenta de dire Basquet, qui ne cherchait qu'à se fondre dans la masse des autres afin de préserver ses trésors. Norris le retint par le ceinturon :

– Essaie de t'esbigner, menaça-t-il. Et je raconte au Viêt que tu transportes des armes et une boussole pour t'évader.

– Peau de vache ! gronda Basquet.

– Mais non, répliqua Norris gentiment, sa poigne ne se relâchant pas. – Car nous allons réellement nous évader. Tous les quatre, ensemble.

– Pas question, je ne tiens pas à me faire abattre par un Bo doï mal embouché. Faites vos conneries sans moi.

– Comme tu voudras. Dans ce cas, nous allons partager tes provisions de route comme des frères.

– Ah non! Ce sont les miennes... protesta Basquet avant de se taire, comprenant soudain qu'il était tombé dans le piège. – Il s'en voulut de n'avoir pas songé plus tôt à se débarrasser de ce para. – Tu es un vrai salaud!

– Tu l'as déjà dit.

– C'est du chantage!

– Oui.

Ils avaient emboîté le pas aux Bo doïs qui se frayaient un passage dans la cohue, distribuant force coups de crosse pour écarter les importuns. En file indienne, les quatre camarades de rencontre étaient emmenés, au pas de course, par-delà le pont Bailey, en direction de la route provinciale n° 41 qui, après s'être glissée entre les deux pitons abrupts, autrefois Dominique 1, le jaune, et Dominique 2, le rouge, serpentait aux pieds de Béatrice, la position perdue le 13 mars et que la végétation commençait déjà à envahir, masquant les meurtrières des blockhaus comme des paupières sur des yeux crevés.

Remontant la colonne, dans le soir tombant, des théories de camions Molotova, copie exacte du G.M.C. à châssis court, convergeaient sur Diên Biên Phu, transportant des grappes de soldats, hommes et femmes, arborant un masque de gaze sur le visage.

– C'est pour l'odeur? demanda Azam.

– Non, répondit Margoz : c'est pour « la lysiène ».

– Et pour leur éviter d'attraper le virus colonialiste, compléta Norris.

A l'ouest, le soleil s'enfonçait au-delà des collines, vers la France et la liberté. Au-dessus des prisonniers, l'air prenait une teinte bleutée, froide et dure comme de l'acier. Et les Bo doïs qui défilaient, haut perchés dans la plate-forme des camions, immobiles, ressemblaient à des quilles interchangeables. Norris les dévisageait, ses vainqueurs, tout coulés dans le même moule, avec leur casque plat, leur uniforme de toile verte qui les boudinait effaçant leur silhouette comme l'eût fait un sac, tous également hiératiques, dédaigneux, évitant les regards, l'œil plissé vers quelque vague lointain. Conscients de dominer la calamiteuse cohorte des vaincus, les écrasant de toute la hauteur de la plate-forme, êtres supérieurs doués de la mobilité mécanique méprisant la piétaille, ne les jugeant pas même dignes d'un brin d'attention.

Norris éprouva l'envie de briser leur gangue d'indifférence, de leur tirer quelque chose qui ressemble à une réaction humaine. Il cria :

– Bande de charognards! Vous allez à la curée! Dépêchez-vous, vos petits copains ont déjà tout raflé!

Pas un seul des soldats ne tourna la tête. Seule, à l'arrière du dernier camion, une jeune fille lui jeta un bref regard. Si aigu, si dur, si rempli de haine, qu'il le reçut comme un coup de poing, ou un crachat.

Norris n'avait passé que peu de temps en Indochine. Pendant la bataille, au cours des brèves accalmies, lorsqu'il se retrouvait, tapi au fond de quelque blockhaus en compagnie de camarades, comme lui fatigués, abasourdis, écrasés de sommeil, il avait écouté les récits, cent fois et cent fois repris, des bordées qu'ils avaient tirées, à Hanoi ou ailleurs. Ce n'étaient que récits de bamboches, qui, régulièrement, se terminaient au bordel, dans les bras d'une Tonkinoise à la peau douce, à la voix chantante, aux gestes tendres. Des filles de rêve, comme la promesse d'un paradis. Lascives ou froides, expertes ou maladroites, mais jamais vulgaires, avec des mouvements des mains comme des ballerines, des ondulations des hanches, des baisers doux et rapides; elles picoraient...

Norris s'endormait, bercé par les récits de ses copains, observant que, pour parler d'elles, ils cessaient d'être grivois ou grossiers. Et Norris imaginait que toutes les Viêtnamiennes étaient ainsi, des êtres touchants et sans défense, avec des grâces d'ondines, des sourires prometteurs. La femme comme seule l'Asie sait en créer, attentive au bonheur de l'homme.

Ce regard que lui jeta la femme-soldat fut comme une pierre brisant une vitre. Tout s'effrita. Il comprit, d'un seul coup, que le fanatisme, la cruauté, la haine pouvaient prendre chez une femme des proportions insoupçonnées chez les hommes.

Même s'ils étaient des adversaires, les Bo doïs étaient aussi des soldats, à la limite, des frères d'armes, des compagnons de souffrance; on pouvait probablement parler avec eux, évoquer des souvenirs comparables, échanger des idées semblables sur la condition du troupier...

Un mur, un abîme, le séparait de l'univers féminin tel que le lui avait laissé entrevoir cet œil, noir comme l'orifice du canon d'une arme, cette moue glacée au milieu de ce visage de marbre.

Un soir, à Diên Biên Phu, Warnecki, un grand diable de Polack, son caporal de voltige, qui, depuis, avait été tué sur Éliane II, lui avait raconté le sort qui avait été réservé à l'un de ses hommes, tombé vivant aux mains d'une escouade de femmes guérilleros. L'Asie est cruelle, dit-on. Les femmes asiatiques savaient l'être plus encore, avec moins de raffinement esthétique peut-être, mais avec une science exacte, précise, de la douleur. Aucune torture n'avait été épargnée à ce pauvre garçon, et, lorsqu'ils l'avaient retrouvé quelques heures plus tard, agonisant, ses copains n'avaient même pas cherché à le transporter pour tenter de le sauver. Il en avait tellement subi qu'il n'était plus qu'une plaie aux chairs palpitantes; le seul service à lui rendre avait été de lui loger une balle dans la tête.

Norris ne pouvait pas détacher son regard de celui de la jeune femme. Cela lui parut long, très long, bien que cela n'ait probablement pas duré plus de quatre secondes. Mais il en frissonna.

« Il ne ferait pas bon tomber vivant entre les mains de cette fille », se dit-il.

Et pourtant elle était belle. Très belle. Une vierge froide, qui mettait de la coquetterie à en manquer, gommant tout ce qui pouvait faire deviner son état de femme. Norris l'imagina, menant son escouade à l'assaut, fustigeant les tièdes, menaçant les couards, réchauffant leur ardeur révolutionnaire, pourfendant l'ennemi, et ne lui faisant jamais de quartier. Inaccessible à tous ces sentiments nobles qui animent les guerriers, le chevaleresque, la pitié, la grandeur d'âme.

Avant de disparaître avec son camion, avalé par le prochain virage, sans une seule fois le quitter des yeux, la jeune fille eut un geste. Un seul. La main tendue, à plat, fendant l'air comme un couperet, chassant une mouche importune, mais signifiant aussi le peu de cas qu'elle faisait de ce soldat vaincu.

Ses lèvres se plissèrent, amincies jusqu'à ne plus être qu'un trait au milieu du visage crachant des syllabes portant en elles toute la haine et le mépris du monde. Deux syllabes dont Norris ne saisit pas le sens, mais qui frappèrent son oreille au point de demeurer à jamais gravées dans sa mémoire. Elle avait lancé :

– *Nghia pha!*

« *Nghia pha.* » Norris y devinait plus qu'une insulte, la promesse d'un châtiment, une menace mortelle. Il interrogea ses compagnons; Margoz avoua ne pas comprendre, Basquet esquissa une moue d'ignorance.

Le jeune Bo doï, qui avait suivi la scène, frappa Norris du canon de sa mitraillette et répéta, lui aussi, comme un gosse ravi d'avoir découvert une expression nouvelle.

– *Nghia pha! Di nghia pha!*

– Cela signifie que nous allons en prison, traduisit enfin Azam.

Et l'averse se mit à tomber.

CHAPITRE 2

7 mai 1954, 22 heures

1

La clairière où convergeaient les sentiers sur lesquels cheminaient les groupes des prisonniers exhalait des odeurs fortes que la pluie avait ravivées. Bois brûlé, feuilles en décomposition, latrines fraîches, chairs en putréfaction. L'averse du soir n'avait pas assaini l'atmosphère, elle l'avait au contraire concentrée dans ce qu'elle avait d'exacerbé. Tout était au paroxysme. Sans doute l'odeur de la calamité. Les prisonniers respiraient difficilement, tellement l'humidité était pesante, engorgeant les poumons, collant, sur les torses moites, les vêtements détrempés.

Sous l'ondée, les hommes avaient cherché l'abri des grands arbres, mais ils étaient si nombreux, si maladroits dans l'obscurité, qu'ils se bousculaient, se piétinaient, s'invectivaient à voix basse. Quelques isolés recherchaient à tâtons un endroit relativement sec; ils pataugeaient dans la boue, glissaient dans les ornières creusées par les roues des Molotova, ou tombaient dans des trous de bombes emplis d'eau croupie, réveillant les moustiques en nuages vrombissants.

Chacun des nouveaux venus, d'où qu'il vienne, faisait l'apprentissage de la solitude. Plus rien ne comptait pour ces hommes épuisés, qu'un coin, même exigu, où ils pourraient poser leur corps, enlever avec leur sac cette chape de fatigue qui leur pesait entre les épaules.

Ils ne parlaient pas, ou peu, juste quelques mots, la plupart du temps des injures adressées au maladroit qui les bousculait dans le noir, à l'envahisseur qui venait essayer de leur voler un peu de cet espace vital chèrement conquis quelques instants plus tôt.

– *Scheiserei! Schweinkopf!*

– *N'hadin oualdik!*

– Fais gaffe, hé, Ducon!

Toutes les langues se mélangeaient, rapidement mises à la raison par un ordre nasillard et définitif lancé par un Bo doï invisible et omniprésent, un « *Im* » généralement appuyé d'un coup de crosse, lancé au hasard et qui atteignait un crâne, un dos, une épaule.

Les hommes ne pensaient pas. Ils n'étaient qu'un monument d'accablement. Crevés de faim, de fatigue, de dégoût, ils se ratatinaient dans une somnolence sordide. Ne pas bouger, serrer les genoux, crisper le ventre. La bataille, la défaite, le fracas des derniers combats, la défaite finale, ils y penseraient plus tard. Pour l'instant, c'était l'ahurissement et la pluie. Ne pas remuer, garder le peu de chaleur chichement coincée entre chemise et peau, ne pas perdre les quelques centimètres carrés où ils avaient logé leurs fesses.

Ils étaient ainsi des milliers, rassemblement nocturne de calamiteux entassés à force autour d'une mince clairière, et qui attendaient le jour. Un jour qui résoudrait tout, du moins l'imaginaient-ils.

Éparpillés, il y avait ceux qui essayaient de dormir pour accélérer le temps, engourdir la faim, oublier la lassitude, concrétiser la rupture avec l'univers d'avant pour se préparer au monde de demain qu'ils devinaient hostile, sans exactement imaginer l'aspect qu'il prendrait. Il y avait ceux qui farfouillaient dans leur musette, ceux qui attendaient, déjà résignés, ne tenant pour acquis que l'instant présent, n'avançant qu'au ralenti dans l'incertain du moment d'après.

Le flot des arrivants ne se tarissait pas. Souvent, des brancards de fortune compliquaient encore cette progression. Au hasard des quinze kilomètres du chemin, les soldats viêts avaient réquisitionné des prisonniers de rencontre auxquels ils avaient ordonné de s'atteler aux poignées de bois. Aucun des porteurs ne se connaissait, les groupes avaient éclaté dès le début de la marche. Et le blessé n'était, pour eux, qu'un fardeau anonyme.

Pour l'instant, ils se montraient encore prévenants, attentifs même. Ils respectaient le courage ou la malchance. Mais, à quelques mouvements, d'une brusquerie exaspérée, l'on pouvait deviner déjà que cette mansuétude ne tarderait pas à disparaître. Elle n'était qu'un mince vernis, un héritage de la fraternité de la bataille. Qu'en serait-il demain, lorsque les combattants ne seraient plus que des prisonniers, où tout serait confondu dans une même envie élémentaire de survivre, où toutes les différences seraient abolies, que l'on soit gradé ou simple soldat, héros ou lâche, valide ou blessé, bien portant ou malade?

Pour l'instant, les Bo doïs veillaient. Non point par souci de bien traiter les invalides, seulement parce que la consigne leur avait été donnée de vider Diên Biên Phu de toute présence ennemie, afin de pouvoir effectuer en toute tranquillité la grande razzia qu'ils escomptaient.

Norris le para, Margoz le légionnaire, Azam le gendarme et Basquet, l'ancien rat de la Nam Youm, n'avaient pas échappé à leur ange gardien malgré la pluie, la cohue, la nuit, la longueur du parcours. Leur Viêt restait accroché à eux, les couvant comme s'ils avaient été pour lui la chose la plus précieuse au monde. Il avait même poussé le sens du service jusqu'à s'opposer violemment à un gradé qui voulait réquisitionner le quatuor pour brancarder un agonisant.

Ils avaient, tous ensemble, fini par échouer, misérables et trempés, au bord de la clairière où leur Bo doï leur avait ménagé une place, les aidant à tendre, entre deux arbres, la couverture de laine que Norris avait arrachée à Basquet. C'était du reste un mauvais calcul. Si cette couverture les avait protégés pendant le premier quart d'heure, l'eau qui tombait des frondaisons, après avoir imbibé la laine, avait constitué une large poche qui s'égouttait maintenant, en un filet continu et glacé.

Les quatre camarades étaient réduits à se blottir, épaule

contre épaule, accroupis à l'annamite, fesses aux talons, coudes ramenés.

A les toucher, la sentinelle avait déployé un petit carré de toile de nylon, sorte de parapluie informe qui lui faisait une silhouette de fantôme blême.

– As-tu une cigarette? demanda Norris à Basquet.

– Je t'ai déjà dit que je ne fumais pas, renvoya l'autre, aigre.

– Au fait, intervint Margoz, tu ne nous as toujours pas raconté ce que tu transportes dans ton sac.

– Cela ne te regarde pas.

– Au contraire, contredit Azam, à voix basse, nous devons tout mettre en commun. Moi, par exemple, je possède un paquet de biscuits de guerre. – Il s'interrompit, fouilla dans sa musette, poussa un juron étouffé et expliqua : C'est de la bouillie...

Il en extirpa une poignée, qu'il tendit à ses compagnons.

– On dirait du papier mâché, soupira Norris.

– Du moment que ça va dans l'estomac...

Basquet ne fit aucun commentaire. Mais sa façon de dire « merci » montrait qu'il soupçonnait Azam de lui avoir réservé la part la moins copieuse. Il pensa :

« Ce n'est pas demain la veille que je partagerai avec ces salauds. Ils essaient de me brimer par tous les moyens... »

– Je fumerais volontiers, reprit Norris. – Après un pareil banquet, une cigarette serait la bienvenue.

– Demande au Viêt, suggéra Margoz.

– Je ne suis pas un mendiant.

Pourtant le Bo doï avait entendu. Il se contorsionna, fourragea dans sa poche de poitrine, en extirpa une cigarette qu'il cassa en deux avant d'en proposer une moitié à Norris, qui commença à refuser avant d'accepter, poussé du coude par Margot qui lui glissa :

– Une bouffée chacun.

– Il aurait pu nous la donner entière...

– Viêt-nam, c'est beaucoup pauvre, articula lentement le soldat.

– Bien fait pour moi, souffla Norris.

– C'est un brave bougre, au fond, commenta Basquet. –

Tu as eu tort, tout à l'heure, de t'en prendre à lui. Après tout, il obéissait à ses chefs. C'est un soldat, comme nous.

– Comme toi, peut-être, riposta Margoz. – Pour moi c'est un Viêt.

Le Viêt avait l'ouïe fine. Il prit un ton aigre pour observer :

– Vous, c'est mercenaires colonialistes. Pas aimer soldats de l'armée populaire. Mais les soldats gagner la guerre.

– Une bataille, corrigea Azam. Pas la guerre. Pas encore.

– Nous c'est quand même gagner la guerre, contre les mercenaires colonialistes et les fantoches de Bao Daï!

– Le moment est mal choisi pour discuter politique, observa Margoz, placidement. – Demain matin, nous reprendrons cette intéressante confrontation. Les points de vue me semblent cependant assez inconciliables. – Il bâilla, bruyamment, annonça : Je dors.

Trois secondes plus tard, il ronflait.

Norris appuya son front sur ses genoux, croisant ses mains devant ses tibias. Son esprit dérivait, hors des souvenirs de la bataille qui lui semblaient loin, dans le temps et l'espace, comme s'il les avait vécus en rêve, hors du présent qui lui apparaissait en bribes hachées et discontinues. Un paysage, d'une douceur infinie, défilait devant ses yeux. Une plaine moutonnante, aux couleurs tendres, la Beauce vue de la fenêtre d'un train en marche. Il s'endormit enfin...

2

Dès les premières gouttes de l'averse, Michel Mallier avait sauté, hors de la piste, dans le ravin qui s'ouvrait, au-delà du mince rideau d'épineux. Il s'était laissé glisser, ne s'arrêtant qu'une fois arrivé au milieu du lit de la Nam Youm, cette rivière qui, en amont de la « cuvette » de Diên Biên Phu, n'était encore qu'un torrent de montagne aux berges abruptes, au lit profond, parsemé de rochers.

Son geste n'était pas prémédité. C'était seulement un réflexe, né d'un moment d'inattention des Viêts, surpris par l'orage, et qui s'étaient un instant détournés de lui. Peut-être, au fond de lui-même, existait-il un refus de la défaite? Peut-être était-ce une façon de poursuivre un combat dont il n'avait aucunement décidé qu'il était fini? Il était soldat, il le demeurerait, quoi qu'il arrive, libre de ses actes, libre de disposer de sa vie.

Il refusait même d'envisager l'avenir, et sa musette, légère, ne contenait qu'une toile de tente, une gamelle et une poignée de riz. Tout en le mettant hors la loi, sa décision le livrait nu et sans défense à tous les pièges de la jungle. De plus, il était tout à fait conscient que sa position marginale lui interdisait désormais les garanties accordées aux prisonniers de guerre.

L'important, pour lui, était de s'extirper du misérable cortège des vaincus, de marquer sa différence en face des fatalistes, des résignés, des lâches, ou tout simplement de ceux pour qui la fatigue était une excuse.

Michel Mallier n'était pourtant pas un soldat d'élite. En tout cas pas dans le sens habituel du terme; il n'était ni parachutiste, ni légionnaire. Il était plus prosaïquement un caporal de l'infanterie coloniale, servant comme chef de groupe dans un bataillon Thaï. Ses hommes n'étaient ni de farouches guerriers, ni des kamikaze. Simplement des paysans qui avaient cru protéger leur indépendance et leur culture face aux envahisseurs tonkinois, ces petits hommes au dos courbé qui peinaient là-bas, dans le delta, les pieds dans la boue et qui venaient chez les Thaï apporter leur bible rouge et leurs mauvaises manières.

Ces partisans n'étaient pas faits pour subir des tirs d'artillerie, ni pour vivre comme des rats, le cou dans les épaules, terrés au fond d'un trou. Leur domaine, c'était la forêt et les rays, ces carrés de rizières sèches gagnées par le feu sur la jungle. Leur vie, c'était surtout les cours d'amour, les chansons et, de temps à autre, la fumée de la pipe à eau. Leurs femmes étaient belles, douces, plaisantes.

Ils ne voulaient pas mourir et pourtant, par amitié pour leur caporal, ils étaient restés auprès de lui, subissant tout parce qu'il était leur invité et qu'on n'abandonne pas un invité seul sous l'orage.

Pendant la bataille, ils s'aventuraient hors du camp

retranché, se glissaient entre les lignes et rendaient visite à leur famille, qui s'était repliée dans les villages du pourtour. Ils en revenaient au matin, portant des salades, des fruits et des légumes qui agrémentaient le riz blanc, seule denrée octroyée par l'Intendance.

Ce matin, lorsque tout s'était tu sur le camp retranché, Michel Mallier avait compris que c'était fini. Il avait alors rassemblé ses hommes et leur avait dit :

– Rentrez chez vous. Faites-vous oublier, reprenez le cours de votre vie, essayez de durer. L'avenir vous dira ce que vous devez faire...

Ils s'étaient longuement concertés. Puis, un peu avant midi, ils avaient entassé leurs fusils et avaient gagné le centre du camp retranché. Michel Mallier avait observé qu'ils s'étaient débarrassés de tout ce qui rappelait leur appartenance à l'armée, ceinturons, pataugas, chapeaux de brousse. Ils étaient vêtus de leur pantalon de toile noire, d'une chemisette et s'étaient coiffés d'un béret basque, de couleur bleu marine [1].

Il ne devait plus les revoir, même pas après le cessez-le-feu, à 5 heures.

Et maintenant, il était seul, trempé et transi, cherchant son souffle avant d'escalader la berge abrupte au nord de la rivière. Il écoutait, redoutant que sa fuite ne soit découverte et que déjà les Viêts ne se soient mis à sa recherche. Mais hormis le crépitement des gouttes de pluie sur le feuillage, au-dessus de sa tête le silence était total. D'un coup de reins, s'aidant des mains et des genoux, il se dégagea, entama l'ascension, en s'agrippant aux branches basses d'un arbre qui plongeait dans la rivière.

Il escalada l'autre versant du ravin et, bientôt, retrouva un terrain plat et dégagé. Tout en marchant, il réfléchissait. Où aller ? Et comment ?

Il savait qu'il ne serait réellement un homme libre qu'une

1. Certains d'entre eux devaient profiter de l'attaque chinoise de 1979 pour choisir la liberté, passer en Thaïlande et gagner la France, après vingt-cinq années de « goulag ».

fois réglés les problèmes immédiats de survie, eux seuls conditionnant le bon déroulement de sa marche qu'il devinait longue, hasardeuse, éprouvante.

D'abord, trouver de la nourriture.

Pour avoir vécu longuement auprès des Thaï, il était assez familiarisé avec la forêt pour connaître, parmi les milliers d'espèces d'herbes, de baies ou de racines, celles qui étaient comestibles. Il possédait un couteau, et, dans son sac, un briquet à essence, ce qui, dans un premier temps, lui assurerait une certaine autonomie. Mais après ? Il décida que cela n'avait aucune importance, il serait toujours temps de voir.

Un détail insolite dissipa ses réflexions. En bordure de la forêt dans laquelle il cheminait, une bande claire, blême dans l'obscurité, faisait une ligne continue, à quelques mètres devant lui. Il ralentit le pas, s'approcha avec précaution, se baissa et, du bout des doigts, tâta la terre durcie qui dessinait, en creux, la marque d'un pneumatique de camion. Il tâta encore. Sous ses mains, se précisa le contour des empreintes, parfaitement identifiables. A n'en pas douter, les Viêts avaient tracé une piste au cœur de la forêt, selon approximativement une direction nord-ouest sud-est.

« Qu'y a-t-il, au nord de Diên Biên Phu ? » se demanda-t-il.

La réponse était évidente, il n'y avait que la position « Gabrielle », conquise en début de bataille, dans la nuit du 14 au 15 mars dernier, et les camions étaient sans nul doute les tracteurs d'artillerie chargés d'appuyer l'attaque des fantassins.

Il se releva et tendit l'oreille. Des hommes venaient vers lui, dans un cliquetis d'armes et un murmure de conversations. Des Viêts.

Michel Mallier se rejeta dans la brousse, accroupi, aux aguets. Les soldats étaient tout près. Ils progressaient en colonne décontractée, parfois fusait un petit rire. Les vainqueurs étaient joyeux. Il en ressentit une fureur soudaine, regrettant de ne pas avoir d'arme, il leur aurait volontiers montré que jamais rien n'était acquis. Il en fut réduit à crisper les poings, attendant que la colonne soit passée, une centaine de Bo doïs, qui trottinaient d'un pas allègre et rapide et qui se fondirent bientôt dans la nuit.

« Ils évacuent " Gabrielle ", pensa Michel Mallier. Plus rien ne les retient là-bas. »

Et l'idée germa dans sa tête. Puisque les Viêts ne sont plus sur Gabrielle, et qu'il n'y a aucune raison valable pour qu'ils s'y installent à nouveau, pourquoi ne pas y aller ? Je pourrai attendre, observer et voir venir. Une autre pensée s'enchaîna aussitôt : peut-être n'ont-ils pas entièrement vidé la position ? J'y trouverai alors des rations ?

Cette perspective eut pour effet de le rendre euphorique. Le hasard avait fourni pour lui la solution à ses problèmes. Il repartit et n'aperçut qu'au dernier moment la position d'artillerie, parfaitement camouflée au cœur d'une clairière, que rien ne signalait aux regards. Ce qui l'alerta, ce fut la masse compacte, en forme de pyramide, qui se dressait en travers de son chemin. Il s'accroupit, et constata qu'il s'agissait d'un canon antiaérien de gros calibre, encoconné dans une housse de filet, accrochée à la bouche, largement répandue et amarrée tout autour.

Le cœur battant, Mallier recula, et, à tâtons, entreprit de contourner l'obstacle, remerciant la Providence de l'avoir alerté à temps.

Le peu qu'il avait appris au contact des Viêts, cet après-midi, lui faisait redouter d'être traité, non pas en évadé, mais en partisan, en saboteur et immédiatement fusillé. C'était la promesse que lui avait adressée un gradé hargneux, un hépatique au teint de bile, qui portait dans le regard la haine des Français.

Il s'immobilisa, écouta, cherchant à repérer l'inévitable sentinelle. Il la découvrit enfin, adossée, nonchalante, à un arbre, dissimulant dans le repli de sa paume une cigarette au parfum de miel; une américaine.

« La récupération fonctionne bien chez les Viêts », pensa Mallier. C'était justice. Il se rappela, l'hiver passé, lors de la retraite qui l'avait conduit de Laï Chau à Diên Biên Phu, il avait lui-même fumé un paquet de « Tu Vu » trouvé dans la poche d'un Bo doï mort.

De toute façon, la sentinelle ne se méfiait pas. Mallier la dépassa, sans bruit, et, après avoir repéré le blockhaus où cantonnaient les servants de la pièce, il reprit sa route, à l'estime. Il ne pouvait se fier qu'à son sens de l'orientation et comptait sur un peu de chance pour atteindre l'ancien point d'appui « Gabrielle » avant le jour. Là, il choisirait un abri et pourrait s'y reposer avant de reprendre son chemin.

Son idée, qui se précisait peu à peu, était de contourner largement la cuvette de Diên Biên Phu par le nord, avant de redescendre prudemment vers le Laos. Avec logique, il s'imaginait que si les Viêts avaient tendu des bouchons d'interception autour du camp retranché, ceux-ci devaient en priorité barrer la vallée de la Nam Youm, la voie la plus naturelle, la plus commode aussi en direction de la Nam Ou, l'une des grandes rivières du Nord-Laos.

Il en était là de ses pensées lorsqu'il entendit des cris sur sa gauche, à une centaine de mètres en avant. Il vit un ballet de lampes électriques, qui éclairaient une rizière en friche, convergeant vers un point précis, à l'orée de la forêt d'en face. Un camion, jusque-là invisible, alluma ses phares.

Dans le halo des projecteurs, il entrevit une vingtaine de silhouettes agiles qui se hélaient, s'interpellaient en vietnamien, qui hurlaient aussi des injonctions à l'intention d'autres hommes qu'il ne voyait pas encore. Prudemment, il se tapit derrière une termitière et attendit.

Son cœur battait la chamade, il venait de prendre conscience d'un grave danger auquel il venait d'échapper. Il avait eu trop confiance en lui, en la chance, alors que ses épreuves ne faisaient que commencer. Il avait cru avoir franchi le cordon sanitaire placé par l'ennemi autour de la cuvette, il s'était trompé. Les Viêts étaient partout.

Il écarta les branches, continua d'observer la scène qui se déroulait sous ses yeux. C'était véritablement une chasse à l'homme. Les soldats galopaient, largement déployés, dans la lumière crue des phares du camion. Ils s'interpellaient, se prodiguaient conseils et encouragements.

Et soudain, ils ouvrirent le feu, fusils et pistolets-mitrailleurs tandis que leurs cris se faisaient plus aigus, hystériques. Ils s'excitaient de la voix.

Dominant le vacarme, un appel jaillit d'un trou d'ombre :

– Arrêtez, ça suffit!

Le feu cessa, mais les vociférations se firent plus pressantes.

– Approchez, les mains sur la tête, lança un accent viêtnamien.

Deux silhouettes se détachèrent des buissons. L'une, massive, solide, qu'accentuait encore la veste de parachutiste aux poches bourrées, l'autre, fluette, malhabile, trébuchante, aveuglée par la lumière crue.

Immédiatement entourés, les deux paras furent bousculés, injuriés, molestés. Mallier voyait les crosses qui se levaient et s'abattaient, dans un concert d'injures, un brouhaha indistinct, comme celui de la foule au moment du lynchage. Car il s'agissait véritablement d'un lynchage. Quand enfin le cercle des Bo doïs s'écarta, Mallier ne distingua plus que deux silhouettes tassées sur elles-mêmes, couchées à terre, et qui ne bougeaient plus.

Alors un Viêt arma son colt et, posément, un genou en terre, il acheva les deux parachutistes d'une balle derrière l'oreille.

Brusquement, Michel Mallier eut peur. La scène avait été trop rapide, sa conclusion trop brutale pour être immédiatement rangée, avec le reste, dans la mémoire. Pendant la bataille, il lui était arrivé, quotidiennement et même plusieurs fois dans une même journée, d'être confronté avec la mort, celle des ennemis, celle des camarades proches. Mais il y avait, tout autour, une ambiance de paroxysme et la vie, la blessure, la souffrance et la mort faisaient partie du paysage, de l'ambiance et de l'habitude. L'homme arrive à vivre malgré tout, quand il n'a plus que son savoir-faire et sa chance pour tout viatique.

Il avait eu peur, parfois, quand par exemple il n'était plus maître de son destin, qu'il se trouvait en équilibre instable entre deux mondes, le réel et l'inconnu, sous un bombardement d'artillerie aveugle et destructeur, quand il se déplaçait dans sa tranchée, ou quand les nécessités physiologiques lui imposaient de s'isoler, dans une posture ridicule, exposé plus que nu à la morsure des éclats.

Cette fois, c'était différent. Il avait assisté à un assassinat, froidement perpétré, une mise à mort clandestine dont personne jamais n'aurait à rendre compte.

Son premier sentiment avait été la fureur devant cet acte horrible, fureur augmentée par l'hilarité des Bo doïs qui insultaient les cadavres. On devait du respect aux morts, surtout à ceux qui tombaient, victimes de leur courage. Il était ainsi qu'il avait lui-même cessé de considérer les tués ennemis comme des adversaires et leur avait, chaque fois, fait rendre les honneurs militaires, même s'ils se réduisaient la plupart du temps à un rapide et bref salut militaire.

Sa fureur avait fait place à une immense pitié envers ces camarades inconnus, qui, comme lui, avaient refusé de se soumettre et qui, malgré la défaite, se voulaient encore soldats, et que la haine – la pire, celle des planqués de l'arrière – avait tués sous les huées.

Maintenant, il avait peur. Une peur ravageuse, qui lui tordait le ventre, qui liquéfiait ses membres, lui donnant l'impression de ne plus être qu'une poupée de chiffons, incapable du moindre geste. Il n'avait plus envie que de rester là, de se fondre au paysage, de se dissoudre dans la terre, de redevenir limon, racine, termite...

Il était terrorisé moins par la mort à laquelle il avait échappé, moins par la perspective du risque encouru que par la sauvagerie de la scène dont il avait été le témoin, cette férocité des hommes, cette furie du lynchage, et l'impossibilité qu'avaient eue ses camarades de se défendre, de s'expliquer.

Il se traitait de tous les noms, s'accusait de lâcheté, de couardise, se méprisait. Rien n'y faisait, la carcasse n'obéissait plus. Qu'il eût été découvert en cet instant et il aurait probablement tendu sa nuque au bourreau.

« Lève-toi, ordure! » se dit-il.

Il ne bougeait pas. Son cœur sautait dans sa poitrine, cognant si fort qu'il devait s'entendre à des lieues à la ronde.

Sa tête bourdonnait, ses entrailles gargouillaient.

Il ne bougeait toujours pas. Il se tassait, s'ancrait au sol, ses ongles s'incrustaient en terre, ses pieds poussaient des racines qui le maintenaient encore davantage.

Il vomit. Avec tant de violence que dans un même réflexe son estomac se contracta, sa bouche s'ouvrit et qu'un jet s'expulsa de sa bouche, crépitant sur les feuilles du buisson derrière lequel il était accroupi. Une odeur de bile emplit l'air.

Alors seulement, il reprit vie.

Sa montre indiquait trois heures du matin. Il était maintenant trop tard pour espérer gagner Gabrielle avant le jour. Il ne restait plus à Michel Mallier qu'une solution, se cacher en attendant l'aurore, ce qui lui permettrait aussi de se faire une idée bien meilleure du terrain, de son futur itinéraire et de l'implantation ennemie.

En réalité, il n'osa pas se l'avouer, cette décision était la conséquence de son accès de frousse, il ne se sentait plus le courage de continuer ainsi et remettait à demain le soin de décider.

Roulé en boule sous un taillis, les mains glissées sous les replis de sa veste, la tête contre une racine, il s'endormit, le cerveau vide, les muscles défaits.

3

La pluie avait cessé un peu avant l'aube. Le camp provisoire où étaient parqués, par milliers, les prisonniers de Diên Biên Phu ressemblait à une gigantesque cour des miracles, un caravansérail étonnant dont la caractéristique principale était le désordre. Un désordre total, absolu. Il y avait des hommes partout, entassés dans un espace qui ne dépassait pas l'hectare, où chaque parcelle de sol était occupée par un, voire deux soldats, toutes races, tous uniformes, toutes unités confondus. Une grandiose pétaudière dans laquelle se débattaient, dépassés par l'événement, plusieurs centaines de Bo doïs surexcités et affolés, courant en tous sens, éteignant ici un feu, bousculant là un rassemblement, distribuant coups de crosse et coups de gueule avec le plus grand sérieux, n'ayant pas encore compris qu'ils se battaient contre des moulins à vent, et que leur activité fébrile était neutralisée par l'inertie des prisonniers.

Pour ces derniers, une seule chose comptait survivre. Inconsciemment, ils se cramponnaient à la proximité de Diên Biên Phu, la seule chose qui les rattachait encore à leur univers, la seule issue pour retrouver Hanoi et la liberté. A l'orée de la captivité, ils se refusaient à avancer, comme des bœufs qui ont senti l'odeur du sang et qui renâclent à pénétrer dans l'abattoir.

De toute évidence, les Bo doïs n'avaient reçu aucune consigne particulière, et leur omniprésence avait d'abord été dictée par un légitime besoin de contempler leurs vaincus, ces soldats qu'ils avaient redoutés et combattus et qui étaient désormais à leur merci. Pour ces derniers, ce qui importait désormais tenait en un mot, un mot qui se traduisit bientôt par une clameur :

– A bouffer!

Grimpé sur un fût d'essence, un fonctionnaire en uniforme tenta d'apaiser les esprits. Imposant silence, il promena un long regard filtrant sur l'assemblée qui se pressait autour de lui. Il savait vraisemblablement les paroles que ces hommes attendaient de lui. Des détails pratiques sur leur vie nouvelle, l'annonce d'une distribution prochaine de nourriture, un commentaire sur la conférence de Genève qui démarrait lentement.

Il sourit, ce qui mit en évidence ses dents aurifiées, un sourire sans joie ni amitié, une grimace plutôt qui n'augurait rien de bon.

Il emboucha son mégaphone et sa voix déformée par l'amplificateur se fit entendre grinçante, aigre, agissant sur les nerfs comme le bruit d'une scie, ou le grattement d'une craie sur un tableau noir. Il cria :

– Mercenaires colonialistes! Vous avez été vaincus! A partir d'aujourd'hui vous devez – il insista sur le mot – être disciplinés. Vous devez obéir aux soldats de la vaillante armée populaire! Vous ne devez pas quitter cette forêt! Vous devez être patients.

– La quille! intervint un para anonyme, au milieu de la foule.

Le Viêt chassa cette interruption d'un petit geste agacé de la main, comme d'une mouche importune et poursuivit, d'un ton plus cinglant :

– Vous devez d'abord vous repentir, reconnaître vos fautes, comprendre vos erreurs. Vous devez vous les faire pardonner par cette population que vous avez martyrisée et qui, pourtant, est prête à vous accorder sa clémence.

– A bouffer! lança une autre voix, relayée aussitôt par un hourvari général.

Les prisonniers étaient imperméables aux abstractions; leur importait uniquement cette exigence triviale, mais impérieuse, immédiate : apaiser leur faim. Beaucoup d'entre eux en étaient à leur troisième jour de jeûne. Dans les dernières heures de combats, les soldats, paras et légionnaires notamment, n'avaient plus eu aucun contact avec l'arrière. Maintenant que l'excitation était tombée, balayée par la fatigue et cette nuit de gadoue, les estomacs réclamaient leur dû.

Et les prisonniers, en remettant leur sort à l'ennemi vainqueur, attendaient de lui qu'il les prenne en charge. Pour eux, c'était un acte de justice élémentaire, la contrepartie du marché qu'ils pensaient avoir passé avec lui : nous ne tirons plus, vous vous occupez de nous.

C'était mal connaître les Viêts. Un vaincu n'avait plus aucun droit et cette exigence, formulée de cette façon directe, leur apparaissait comme une insulte insupportable, la preuve que les Français n'avaient aucune notion claire de leur situation, qu'ils persistaient à se comporter en colonialistes exigeants et autoritaires. Ils en étaient ulcérés, ils en conçurent une acrimonie que le fonctionnaire debout sur son fût traduisit aussitôt par cette phrase cinglante, lancée moins comme un défi que comme un avertissement :

– Soyez satisfaits de ne pas avoir tous été tués! Nous vous avons fait grâce de la vie malgré tous vos brigandages! Vous devez mériter cette clémence que nous vous avons montrée, ne vous conduisez plus comme des criminels sans repentir!

Norris et ses camarades étaient au premier rang; la présence vigilante de leur ange gardien en vert leur avait valu cet honneur. Il se tourna vers Margoz :

– Ce type parle comme un curé, souffla-t-il. – Il dit « brigandage », mais j'entends « péché ». Nous exigeons l'application des élémentaires conventions de guerre, eux nous répliquent par la « morale ». Retiens bien ce mot : repentir. Cela risque de nous mener loin.

Margoz était Suisse. Pour lui, les choses étaient simples et claires :

– Un homme privé de liberté a tous les droits, émit-il sentencieux. – Celui de mentir, de voler, de tuer si son existence est menacée.

Comme pour concrétiser ce qu'il affirmait, il montra, dans le creux de sa main, le petit briquet d'aluminium qu'il avait subtilisé dans la poche du Bo doï.

Basquet intervint, d'une voix geignarde.

– Avec tes conneries, nous allons nous faire mal voir. – Il tendit sa couverture, dégouttante de pluie : Aide-moi plutôt à la porter. Elle pèse pis qu'un âne mort!

– Elle est à toi, que je sache. Porte-la toi-même.

– Vous étiez bien contents de vous abriter dessous! Je propose qu'on la transporte chacun notre tour.

Norris se retourna à demi :

– Garde ta couverture et passe-nous ton sac.

Basquet se renfrogna un peu plus.

– Arrête de me chercher...

– *Im!* lança le Viêt, qui avait retrouvé sa hargne.

Debout sur son tonneau, le commissaire politique entamait sa péroraison :

– Nous ne pensions pas que vous seriez aussi nombreux! Pour manger, il vous faudra beaucoup de patience.

Quelqu'un cria :

– Ramenez-nous à Diên Biên Phu, nos avions seront en mesure de nous ravitailler, eux!

Le Viêt se cabra comme s'il avait été souffleté :

– Vous êtes entre les mains de l'Armée populaire! Vous devez perdre l'habitude de nous mépriser! Vous serez traités sur un pied d'égalité avec nos propres soldats. Mais vous devrez aussi mériter la clémence que notre président Hô Chi Minh a décidé de vous appliquer.

– Et Genève? interrogea une voix distinguée.

Le Viêt sourit, comme s'il avait attendu la question. Il adopta un ton doucereux :

– Votre gouvernement refuse de parler avec le nôtre. Il est toujours mené par des fauteurs de guerre, liés à l'impérialisme américain, et aux fantoches de Bao Daï. C'est à vous d'exiger la paix, contre Bidault, Laniel, Navarre, ces hommes qui vous ont trompés! Ils vous ont dit que vous alliez combattre pour la liberté! Vous avez fait une sale guerre, dirigée contre le peuple du Viêtnam, au profit de Michelin et de la Banque d'Indochine! C'est cela la vérité! Il faut que vous le compreniez, il faut que vous demandiez votre pardon à la vaillante population viêtnamienne!

– Et la quille?

– Votre libération dépend de vous, des progrès que vous aurez faits dans la voie du repentir et de la lutte pour la paix aux côtés des peuples opprimés!

Le Viêt avait terminé. Il sauta à bas de son piédestal, se dirigea vers le Bo doï qui gardait le quatuor et lui adressa quelques mots auxquels la sentinelle acquiesça, obséquieux. Puis il se tourna vers Margoz auquel sa barbe grise conférait à ses yeux l'autorité de l'ancêtre.

– Vous allez tous les quatre retourner à Muong Thanh [1] : nous avons besoin de brancardiers pour s'occuper de vos blessés.

4

Cette fois, il en était certain, les Viêts avaient décampé. Michel Mallier les avait entendus, un peu avant l'aube, qui repliaient leur matériel, accrochaient les fourches des canons au cul des Molotova. Les moteurs rugirent, et, en ahanant, en grinçant, en peinant, le convoi d'artillerie antiaérienne avait pris la direction du sud-est. Mallier les avait comptées, il y avait onze pièces en tout, certaines d'un calibre énorme, peut-être même du 90 mm. Il pensa :

« Ces canons étaient dans l'axe de la piste. Je commence à comprendre le carnage de nos avions... »

Il ne bougea pourtant pas. Il préférait attendre le jour, il ne voulait pas prendre le risque de tomber sur quelque patrouille attardée qui lui ferait subir le sort des deux malheureux parachutistes abattus dans la nuit.

Il y eut une brève averse, accompagnant une aube blafarde et calamiteuse. Puis un timide rayon de soleil malade accrocha la cime des arbres, en face de lui, et se posa sur l'ocre rouge de la langue de terre couronnant la colline

1. Appellation réelle du village et du site de Diên Biên Phu.

qui bouchait l'horizon. « Gabrielle » était devant lui, à moins de deux kilomètres, de l'autre côté d'un thalweg encaissé traversé par une piste que les Viêts avaient rendue carrossable. Mallier distinguait nettement la trace qu'y avaient laissée la noria de camions qui, sans doute, avaient déménagé tout ce qui était utilisable.

Il se souvint de la scène à laquelle il avait assisté tout à l'heure et chercha, du regard, l'endroit où ses camarades avaient été abattus. Mais plus rien ne subsistait, qu'une trace noirâtre, dans l'herbe foulée. Les Viêts avaient sûrement enterré à la hâte leurs victimes afin de faire disparaître toute preuve de leur assassinat.

Il ne découvrit, un peu plus tard, qu'une casquette en tissu camouflé, comme en portaient les hommes de Bigeard. Il la ramassa, avec respect, comme une relique. Il la remettrait, en France, à la salle d'honneur du bataillon.

Il parcourut quelques centaines de mètres, suivant les traces du camion, mais son espoir caressé depuis la veille de s'approvisionner sur « Gabrielle » diminua sensiblement. Partout, il y avait des débris, caisses éventrées, jerrycans percés, lambeaux de parachutes déchirés. Tout ce qui présentait quelque utilité avait été raflé, ne demeuraient que des déchets.

« Je ne trouverai plus rien là haut », se dit-il.

De toute façon, il n'avait plus le choix. Il devait s'en tenir au plan qu'il avait arrêté. A moins qu'ils aient tout emporté, jusqu'aux poutres des blockhaus, les Viêts avaient au moins abandonné quelque trou, qui, pour Mallier, constituerait un refuge provisoire où il pourrait s'abriter, dormir, se reposer avant d'entreprendre sa longue marche.

Il se mit en route, avec circonspection, progressant par étapes d'une cinquantaine de mètres au bout desquelles, genou en terre, il attendait, observait, s'assurait que la voie était libre avant de repartir.

Pour arriver au pied du point d'appui, il lui fallut toute la matinée et le soleil était déjà haut lorsqu'il entama l'ascension du piton.

Sept semaines seulement s'étaient écoulées depuis la chute de « Gabrielle » et pourtant, déjà, entre les réseaux de barbelés rouillés, la végétation reprenait ses droits. Une herbe rase s'accrochait aux cratères des obus, des arbustes poussaient leurs branches sur le toit des blockhaus troués, contemplant la plaine de leurs créneaux, vides comme des yeux crevés. Mallier arriva au premier réseau de tranchées, un zigzag qui faisait vraisemblablement le tour de la position et dans lequel débouchaient des boyaux d'accès menant aux abris individuels, aux soutes et aux emplacements des divers postes de commandement. Il inspecta soigneusement chaque pièce, mais les Viêts étaient déjà passés, et, comme signature de leur venue, avaient souillé de leurs excréments la plupart des alvéoles, maintenant envahis de grosses mouches vertes.

Une odeur indéfinissable planait encore sur le point d'appui; moisissure, pourriture, humidité, se mêlaient pour exhaler des puanteurs méphitiques.

« Ce n'est pas très encourageant », pensa-t-il, le cœur soulevé.

Il lui fallait pourtant poursuivre son investigation, ne serait-ce que pour découvrir son prochain gîte. Peu à peu, certain d'être le seul occupant des lieux, il s'enhardit, courant d'un abri à l'autre. En vain. Un bataillon ennemi avait longuement cantonné là, à moins que « Gabrielle » n'ait servi de centre de repos à des unités de passage. Tout dénotait une occupation sans soins, ni précautions particulières d'hygiène.

Il commençait à désespérer, il avait faim, il avait soif, il avait sommeil. Au loin, par une échancrure du paysage, il découvrait la plaine de Diên Biên Phu, nimbée d'une brume bleutée d'où émergeaient, rouges ou gris pâle, les gros pitons des anciens « Dominique ». Il apercevait aussi, longue avenue brillante de métal, la piste d'aviation qui se couvrait lentement de pustules blanches. Là-bas, accrochés à des bambous, des hommes dressaient des parachutes, comme des tentes pyramidales. Il s'interrogea :

« La garnison est-elle revenue sur place? Attend-elle l'évacuation? » Il s'obligea à rire : « J'aurais bonne mine de m'évader au moment où nous allons être libérés... »

Il hésita, guère longtemps. Il venait de trouver enfin, sur le flanc sud du piton, un trou à demi effondré que les Viêts avaient méprisé au point de n'y pas stationner. Il posa son sac, s'allégea au maximum et redescendit dans la plaine, son bidon à la main, vers le petit ruisseau qu'il avait vu, serpentant au pied de la colline.

Persuadé de se trouver au-delà des lignes, dans le no man's land de l'arrière-pays, il ne prenait plus de précautions particulières. Un air imbécile lui trottait dans la tête, entendu quelques jours plus tôt sur son ANGRC9 qui captait « Radio Hirondelle », l'émetteur de Hanoi. Des paroles stupides, une scie qui ne le quittait plus :

« *Combien pour ce chien dans la vitrine, ouah, ouah!* »

Il était de bonne humeur, tout à la perspective de faire toilette dans une eau que ne pollueraient pas les cadavres, ni la boue, une eau qui le laverait de la sueur, de la poussière, de la fatigue et, pourquoi pas? des mauvais souvenirs de la défaite. La vie, soudain, lui apparaissait belle, remplie d'espoir.

Il s'engagea résolument à travers une chicane de barbelés, suivant une petite piste piétonnière, sans doute hier encore utilisée par les Bo doïs allant en corvée d'eau.

Dans le ruisseau, il se déshabilla, se frotta énergiquement puis s'étendit, de tout son long, la tête appuyée à un galet rond, tandis que ses vêtements, sa veste et son pantalon de treillis, ses chaussettes et son slip séchaient au soleil. Il n'avait pas envie de bouger, regardant des nuages légers qui s'enfuyaient au loin, vers le nord. Un avion passa, très haut, point lumineux filant vers le Laos, comme s'il lui indiquait la route à suivre.

« Les veinards, pensa-t-il en songeant à l'équipage. Dans une heure, ils seront à Luang Prabang, sous un ventilateur, les pieds sur une chaise, dégustant une bière fraîche. » Pour lui, en cet instant, la vision d'une chope couronnée de mousse blanche, nimbée de buée fraîche, lui paraissait être le sommet du bonheur. C'était si réel, si précis que la salive lui vint dans la bouche. Il se secoua.

« Allons, bonhomme, tout se mérite. Entre ce demi et toi, il y a encore quelques centaines de kilomètres. »

Cette injonction lui redonna le tonus suffisant pour se lever, s'habiller rapidement et remonter vers ce qu'il appelait déjà son « royaume »; un blockhaus en ruine aux flancs d'une colline.

CHAPITRE 3

8 mai

1

En queue de colonne, Georges Basquet ronchonnait en traînant les pieds. Aggravé par le poids de sa couverture dont aucun de ses compagnons n'avait voulu se charger, son sac lui sciait les épaules. Un sac dont, à aucun moment, il n'avait pu tirer le moindre parti; la vigilance de Norris, la suspicion d'Azam, la surveillance goguenarde de Margoz, lui interdisaient de profiter des trésors patiemment accumulés en vue de son confort. Il en était même réduit à refuser la bouffée de la demi-cigarette que le Bo doï avait offerte à Norris. Un comble.

Il avait faim, il avait soif, il avait envie d'une Lucky Strike qu'il s'imaginait dégustant à petites goulées, l'estomac bien calé à l'abri des regards.

Il en voulait au destin, il aiguisait sa haine contre ses compagnons de rencontre. « Je n'ai rien à voir avec ces salauds, pensait-il, des sanglots dans la gorge. Je ne suis pas un combattant, au contraire. » Pour un peu, s'il en avait eu le loisir, il l'aurait expliqué au Bo doï, au commissaire politique. « Après tout, je ne leur veux aucun mal, à ces Viêts. La preuve, je me suis arrangé pour ne pas les combattre... »

D'abord, lorsque le Can bô les avait désignés pour retourner à Diên Biên Phu, il avait espéré, à la faveur de cette contremarche, pouvoir échapper à cet encombrant voisinage, se fondre dans la foule, sa meilleure protection.

Au fil de la progression, leur petit groupe s'était agrandi, rejoint à la première halte horaire par d'authentiques infirmiers, choisis et emmenés par leurs médecins. Le Damany du G.M.9, Hantz le chirurgien de l'A.C.P.5 [1], Gindrey de l'A.C.M.44.

Ils croisèrent aussi les premiers prisonniers capturés dans la nuit sur le point d'appui « Isabelle », attaqué le 7 mai à la tombée du jour.

La route était très encombrée. Désignés pour regagner le camp retranché, de longues théories de brancardiers avaient fait demi-tour, ramenant leurs blessés. Des isolés erraient, sans but. Des fatigués, abandonnés dans la nuit le long de la forêt, remontaient vers le camp de triage, bousculés par des théories de Bo doïs galopeurs, investis d'une autorité nouvelle.

Cette affluence causa même un embouteillage à la sortie de la forêt, exactement à l'endroit où, la veille, Norris avait aperçu la jeune femme soldat.

– *Toï,* commanda la sentinelle, dépassée par les événements. Pas bouger, attendre ici!

– Essaie de nous trouver un peu de riz, suggéra Margoz.

Le Viêt promit, sans enthousiasme, puis se fondit dans la foule, à la recherche de consigne.

Norris le regarda partir, sans réaction apparente. Mais à peine avait-il disparu qu'il bondit sur ses pieds et agrippa Margoz par la patte d'épaule de sa veste de treillis.

– Allez! C'est maintenant ou jamais. On se tire, vite fait! Direction le Laos!

– D'accord, répondit le légionnaire. – Mais cela m'étonnerait que nous allions bien loin; le paysage grouille de Viêts.

1. Groupement mobile n° 9 initialement aux ordres du Lt. Colonel Gaucher (tué le 13 mars) et comprenant les 1er et 3e Bataillons de la 13e Demi-Brigade de Légion, et le III/3e Régiment de Tirailleurs algériens. A.C.P.5 : antenne chirurgicale parachutiste n° 5. Larguée en renfort au mois de mars.

– C'est une grave décision, énonça, sentencieux, le gendarme. – Elle va nous ranger définitivement dans le camp des irréductibles.

Norris le dévisagea, sans rire :

– La terre brûlée, les ponts sautés sont quelquefois l'unique moyen de défense contre les regrets.

Margoz siffla, extasié, admirant la formule.

– Je ne marche pas! protesta Basquet. Vous ne m'avez pas demandé mon avis. C'est un de vos coups tordus, nous allons être fusillés! Je reste ici.

– Ne me fais pas rire, j'ai les lèvres gercées, gouailla Norris. – Et puisque tu ne veux pas déplaire aux Viêts, continue donc à leur obéir : ils nous ont défendu de nous séparer!

– Et puis tu es notre garde-manger, ajouta Margoz.

– Moi? – Basquet s'étranglait d'indignation. – Qu'est-ce qui te fait croire ça?

– Ceci. – De sa poche de pantalon, Margoz avait extrait une boîte de bœuf assaisonné. – J'ai fouillé tes affaires pendant que tu dormais! Avec tout ce que tu transportes, nous sommes assurés de ne pas mourir de faim, au moins pendant une semaine. Si nous faisons attention.

– Nous allons être gentils, compléta Norris : nous te confions le poste d'intendant. C'est toi qui répartiras les rations.

– Maintenant, s'écria Azam, je sais où je t'ai vu! Cela me tracassait depuis hier, je n'arrivais pas à te situer. Cette fois, j'en suis sûr. J'ai failli te coincer la semaine passée quand tu pillais les colis de l'antenne chirurgicale. Si tu persistes à rester ici, je te dénonce aux toubibs!

– Salauds, vous êtes de beaux salauds.

Norris le cueillit par le devant de sa veste et le mit debout, en force.

– Tu te répètes, gronda-t-il. – Mais je vais te dire une bonne chose : le salaud, c'est toi. Tu as de la chance que nous soyons taulards et pour cette raison obligés de nous serrer les coudes. A Diên Biên Phu, je t'aurais collé une balle dans la tête. – Il avança le mufle, il ne souriait plus : Les Viêts vont nous fusiller, dis-tu? Eh bien, cela te fournira une occasion de mourir en héros au lieu de vivre comme une larve! Maintenant, assez discuté, on s'en va.

– N'essaie pas de te sauver, avertit Margoz. – Avec les Viêts, tu aurais peut-être une chance, avec moi, tu n'en auras aucune.

Adoptant le pas tranquille des prisonniers qui progressaient sur la route, les quatre compagnons s'éloignèrent, sans attirer l'attention, rebroussant chemin.

– A un kilomètre d'ici, dit Norris, j'ai repéré une amorce de piste qui file, sur notre gauche, plein sud. Nous allons la prendre, elle mène sûrement dans la cuvette, sur la face est des « Eliane ». Là, nous aviserons.

Ils ne mirent pas longtemps à trouver l'embranchement annoncé. C'était un véritable tunnel de verdure, invisible d'avion, qui avait dû servir à acheminer les renforts de fantassins au moment de la grande bataille du mois d'avril. C'était par elle aussi que les blessés viêts avaient dû être évacués. Çà et là, des pansements souillés demeuraient accrochés aux buissons, ou jalonnaient le sol. De place en place, des abris de fortune, des herbes sèches posées sur un maigre châssis ancré au sol par quatre piquets de bambou avaient sans doute servi de poste de secours provisoire. Norris marchait devant, suivi d'Azam qui précédait Basquet. Margoz fermait la marche, un œil sur les buissons, l'autre sur le sac de toile verte.

Le soleil déclinait. Dans moins d'une heure, il ferait nuit.

– Qu'y a-t-il au menu de ce soir? interrogea Margoz.

– De la merde, renvoya Basquet.

– Bonne idée, on te laissera le rab'.

– Vos gueules! souffla Norris. – Il y a du monde devant nous!

Prestes, ils sautèrent dans la brousse, s'allongèrent derrière un rideau de verdure, le cœur battant, le ventre noué.

– Ne t'avise pas de nous jouer un tour de cochon, avertit Margoz, sa main agrippée à la nuque de Basquet, le maintenant la face contre terre.

Une colonne de soldats ennemis passa, à petits pas pressés, encourageant de la voix une vingtaine de prisonniers, hagards, les treillis en loques, les bras attachés haut dans le dos, qu'une liane enchaînait les uns aux autres.

– Des évadés repris, chuchota Norris.– Le coin est mal fréquenté!

L'alerte était passée. Toujours tapis dans les fourrés, ils se concertèrent. Finalement Margoz trancha :

– Moins nous emprunterons les pistes, moins nous courrons le risque de tomber sur ces satanés Viêts! Je propose que nous nous dirigions, à l'estime, vers le sud. – Il montra le soleil qui dardait ses ultimes rayons vers un gros cumulus aux couleurs chatoyantes : Voilà l'ouest. Gardons notre cap.

La marche reprit, nettement moins rapide. D'autant moins que la végétation, le terrain, obligeaient souvent le petit groupe à des détours longs et pénibles. A la nuit, ils s'aperçurent qu'il leur était impossible de poursuivre davantage.

– On s'arrête, décida Norris qui tout naturellement s'était imposé comme le chef. – Basquet? Ouvre ton sac!

Basquet ne répondit pas. Mais, pour marquer son désaccord, il jeta sa musette à ses pieds et s'en désintéressa. Margoz l'ouvrit et, du bout des doigts, en fit l'inventaire. Il siffla d'admiration :

– Ben, mon vieux! Tu es encore plus prévoyant que je ne l'imaginais! Et tu as des cigarettes! – Il huma la cartouche, apprécia : Des américaines! Tu ne te refuses rien!

– Pas question de fumer, intervint Norris. – Ces saloperies se sentent à des kilomètres, elles nous feraient repérer. Gardons-les, elles nous serviront de monnaie d'échange avec des civils!

Raisonnables, les quatre camarades se contentèrent d'une boîte de thon pour deux et d'un bout de concrète de fruits. Le bidon d'eau fit le tour du groupe.

– Organisons un tour de garde, proposa Azam. – Je prends le premier quart, Basquet, le second...

– Vous n'avez plus peur que je vous abandonne? ricana l'intéressé.

– Tu peux t'en aller si tu veux, nous serons moins nombreux à partager, renvoya Margoz.

– Vous êtes de vraies ordures...

– Tu te répètes, et tu nous fatigues. La prochaine fois que tu l'ouvres, tu prends ma main sur la gueule! menaça Norris.

– C'est ce que j'appelle une ambiance de franche camaraderie, observa Margoz.

Ils étaient blottis, fesses à ventre, pour lutter ensemble contre le froid insinuant de la forêt. Norris s'endormait. Il fut brusquement tiré de sa somnolence par un bruit de branches froissées. Quelqu'un marchait, tout à côté. Il se dressa sur un coude, appela, à mi-voix :

– Azam? C'est toi?

– Non, répondit Basquet, geignard. – J'ai perdu une de mes Pataugas.

– Tu la retrouveras demain. Viens te coucher.

Quelques secondes passèrent. Basquet fourrageait toujours dans les broussailles :

– Tu l'as retrouvée?

– Non, j'ai perdu l'autre!

– Tu marcheras pieds nus! Viens te coucher ou je t'assomme!

2

Michel Mallier avait laissé éteindre son petit feu de brindilles. Dans sa boîte de rations utilisée comme gamelle, le riz achevait de gonfler, avec une bonne odeur tiède et moelleuse. Tout à l'heure, il le tasserait en boule dans un lambeau de parachute, comme il l'avait déjà vu faire à ses tirailleurs, puis, à chaque repas, il détacherait une mince lamelle de riz qu'il grignoterait, grain par grain. Il espérait ainsi pouvoir tenir trois, quatre jours. D'ici là, il aurait trouvé une solution. Plus les heures passaient, plus il était persuadé que « Gabrielle » n'avait pas livré tous ses trésors aux Viêts, qu'il devait obligatoirement rester, dans quelque blockhaus abandonné, un petit dépôt de vivres, une ou deux boîtes de rations, n'importe quoi pourvu que cela confirme sa certitude.

« Si je n'ai rien découvert demain soir, tant pis, je me lancerai à l'aventure. »

Les brindilles achevaient de se consumer, dégageant une fumée ténue qui maintenait, pour l'instant, les moustiques à l'écart. Il faisait bon; c'était l'heure où la forêt proche exhalait ses odeurs familières, ozone et chlorophylle.

Il s'allongea, mâchant une boulette de riz blanc, trompant sa faim. Il n'avait plus ni souci ni envie, que de rester ainsi, la tête vide, remettant au lendemain les décisions importantes.

« Au fond, se prit-il à penser, je mène une vie de rêve. Aucune responsabilité, entièrement dans la main de la Providence. »

Michel Mallier n'était pourtant pas un croyant convaincu. Il y avait longtemps qu'il avait cessé de pratiquer la religion, pour la seule raison que ce n'était pas de mode chez les tirailleurs thaï. Cela ne lui manquait guère et, en cet instant s'il évoquait la Providence, c'était avant tout pour conjurer sa solitude.

Sa solitude...

Brusquement, il se dressa, prenant appui sur les mains, tendant l'oreille, avec la certitude qu'il n'était plus seul sur ce piton abandonné. Le sentiment, aigu, d'une présence proche le ramena à sa condition précaire d'homme traqué. Par un réflexe irraisonné, il ramena ses jambes sous lui, cherchant inconsciemment à se fondre dans l'épaisseur de l'obscurité du fond de son abri, ultime refuge d'un animal pris au piège.

Et, enfin, il entendit des pas, précautionneux, hésitants. Quelqu'un gravissait la colline, juste en dessous de son abri.

« Si c'est un Viêt tout seul, se promit-il, je le descends. Tout, mais ne plus subir... »

Mais avec quoi le neutraliser? Il n'avait même pas de bâton. « La première chose à fabriquer », pensa-t-il encore. « Dès demain. » Il corrigea : « S'il y a un demain pour moi... »

Il entendit un vague juron, puis une réponse, donnée d'une voix plus basse. Ce n'étaient pas des Viêts. Dans le cas contraire, pourquoi les nouveaux venus se seraient-ils cachés? Après tout, il y avait plusieurs milliers de prisonniers et il était inévitable qu'ils soient nombreux à avoir la même idée, aller se cacher sur « Gabrielle ». C'était une solution logique.

Il attendit encore un peu. Les inconnus ne se trouvaient

plus qu'à quelques mètres sur sa gauche. Mallier rampa jusqu'à l'ouverture de son abri. Et il les vit. Ils étaient deux. Le premier, un grand diable, qui menait le train, s'arrêtant tous les cinq mètres pour attendre son camarade, plus trapu, plus malhabile, portant sur l'épaule, une curieuse charge de couleur blême, qui oscillait devant lui, horizontale. De biais, on eût dit une trompe d'éléphant.

Il s'enhardit, appela :

– Qui êtes-vous ?

D'un seul geste, les deux hommes se jetèrent à terre, devenus immobiles, comme des rochers. Mallier appela encore :

– Je suis le caporal Mallier, du 2e bataillon Thaï. Je suis tout seul.

Il faillit ajouter : et libre... Mais un sursaut de vérité retint ces deux mots dans sa poitrine.

– O.K., finit par répondre celui qui se trouvait le plus près de lui. – As-tu une place pour nous ?

– Bien sûr, nous nous serrerons un peu.

– Où sont les Viêts ?

– Partis d'ici. Mais ils peuvent revenir à tout moment, c'est pourquoi je me cache.

Le plus grand des deux soldats était maintenant devant lui, aussi à l'aise semblait-il que s'il se fût trouvé dans un salon. Il tendit la main :

– Je suis le maréchal des logis Frey, du 1er Chasseurs. Je pilotais le char « Conti ».

Mallier saisit la main tendue, avec chaleur. C'était le premier Français avec lequel il échangeait quelques mots depuis la chute de Diên Biên Phu. Depuis... Il s'aperçut que cela lui semblait loin, très loin, comme si cela s'était passé dans une autre existence, sur une autre planète.

– Mon copain, le sergent Wilder, du R.I.C.M. Le chef du char « Bazeilles », bazooké sur Eliane 2. – Il eut un petit rire : C'est mon futur beau-frère.

Wilder avait fini son ascension. Il souffla. Devant son visage la trompe blanche oscillait, de curieuse façon.

– Je t'aide à poser ton bagage ? proposa Mallier.

Wilder éclata de rire et, avec un accent alsacien à débiter les bûches, il répondit :

– Cela n'est pas ma charge. C'est seulement mon bras. Il est coincé dans un plâtre!

– Et tu veux t'évader ainsi?

– Non. Demain matin, je vais l'enlever!

Mallier précéda ses deux compagnons jusqu'à son antre et s'excusa :

– J'ai seulement un peu de riz cuit. Mes dernières réserves.

Frey remercia, appréciant le geste.

– Demain matin, promit-il, nous partagerons, nous avons quelques boîtes de rations.

Découper et retirer le plâtre du sergent Wilder ne fut pas une mince affaire, compte tenu des moyens du bord et les deux valides ne furent pas de trop pour scier, émietter et enlever la gangue solidement amarrée aux épaules du blessé. Wilder se montra patient et stoïque et se permit même quelques plaisanteries. Il dit aussi :

– Tu comprends, j'ai échappé aux Russes, en 45 à Prague. Ce ne sont pas les Viêts qui pourront se vanter de m'avoir pris!

A dix-sept ans, il avait en effet été incorporé de force dans la Wehrmacht et combattu, dans les rangs d'une unité d'assaut, jusque dans les Balkans. De replis en retraites, il avait atterri en Tchécoslovaquie où, encerclé par l'Armée rouge, il avait réussi à fausser compagnie aux Soviétiques, puis, à travers l'Autriche aux Américains pour rentrer, paisiblement, chez lui près de Sarrebourg avant d'être, quelques semaines plus tard, incorporé dans l'Armée française reconstituée.

– Tant que j'y étais, expliqua-t-il en conclusion, j'ai rengagé pour l'Indochine. Là, au moins, j'étais certain de ne plus avoir froid...

Mallier rit. Les conditions climatiques pouvaient constituer elles aussi une motivation acceptable. Meilleure en tout cas que bien d'autres, qui ne devaient rien au patriotisme, bien davantage à des circonstances moins avouables.

– Allons faire le tour du propriétaire, proposa Frey, qui confia à son « beau-frère » le soin de « garder la maison ».

Ensemble Mallier et Frey firent une visite détaillée de ce qui avait été le piton « Gabrielle », le point d'appui le mieux conçu, le mieux installé, qui bénéficiait des abris les plus solides et qui avait été défendu par l'un des bataillons réputés parmi les meilleurs de toute l'Indochine, le 7e Tirailleurs algériens. Les traces des combats, bien que déjà vieux de près de sept semaines, y étaient encore discernables. Tranchées éboulées, blockhaus éventrés, fouaillés par une préparation d'artillerie que l'on devinait précise, nourrie, formidable. Partout des entonnoirs, des trous, des bosses noircies, partout des poutres déchiquetées, des barbelés hachés, des toits défoncés.

Mais ce qui les impressionna le plus, ce fut le cimetière que les Viêts avaient implanté dans la plaine au nord de la colline. Un immense champ de mort, plusieurs hectares où les tumulus, alignés comme à la parade, attestaient de l'âpreté des combats.

– Il y en a au moins trois ou quatre mille! constata Mallier.

– Morts pour quoi? demanda Frey, pensif. – Pour la liberté du Viêtnam? Quelle escroquerie! J'ai vécu dans les pays « libérés » par les Rouges. Le pire des esclavages...

– Vous avez appartenu vous aussi à l'armée allemande?

– Waffen S.S., répondit brièvement le sous-officier. Et je sais pourquoi les Bolcheviks ont tellement combattu Hitler. Ils n'étaient pas ennemis, ils étaient concurrents. C'est pour cette raison que j'ai voulu m'évader.

Il secoua la tête comme pour chasser une pensée importune et changea de ton :

– Essayons un peu de découvrir quelque chose à manger qui aura échappé aux Viêts!

A midi, ils durent se rendre à l'évidence. Rien n'avait échappé à la vigilance des équipes de récupération. Pas un seul abri qui n'ait été visité, fouillé, débarrassé de tout ce qui pouvait présenter quelque utilité.

– Pas même une boîte vide! grogna Frey, découragé.

Mallier était fatigué. Il avait soudain pris conscience qu'il était tout aussi prisonnier qu'il l'était l'avant-veille. Prisonnier du pays, de sa pauvreté, de la distance qui le séparait de la liberté. La seule différence était l'absence de Bo doïs, mais ils étaient là, proches ou lointains, réels, faisant une barrière qui était loin d'être franchie.

Soudain, Frey poussa un cri de victoire.

– Ça y est! appela-t-il. – J'ai réussi à pénétrer dans l'infirmerie en arrachant le reste du toit. Viens voir!

A l'aide d'une torche improvisée, faite de brindilles de latanier arrachées à la couverture, Mallier suivit son camarade dans un antre qui sentait l'humidité, le moisi et le renfermé. Tout était dévasté à l'intérieur, des madriers encombraient la pièce, mais on distinguait encore les montants métalliques d'une table d'observation, ainsi que des rayonnages où s'alignaient bouteilles, flacons et boîtes de fer.

Mallier marcha sur une ampoule de verre qui éclata, répandant dans l'espace confiné une odeur sucrée d'éther.

– Je ne vois rien de vraiment consommable, dit-il.

– Patience! Nous n'en sommes qu'au début de nos investigations!

Un boyau s'ouvrait, tout au fond du local, obstrué au départ par un éboulis de sacs de paille de riz bourrés de terre. Un mur s'était effondré, sans doute peu après l'évacuation de l'infirmerie, au matin du 15 mars.

– Victoire! claironna Frey.

Dans une niche, creusée à même la paroi, il venait de découvrir deux caisses de bois clair, timbrées du sigle connu de tous les soldats du Corps expéditionnaire : « F.O.M. 103 » « Ration collective ». En dessous, un croissant indiquait qu'aucun des produits contenus dans la caisse ne recelait du porc.

– Cherche encore, suggéra Mallier qui avait rallumé une autre torche.

Frey s'obstina. En vain. Pour dégager la suite du boyau, il aurait fallu d'autres outils que le simple poignard dont il s'était servi jusque-là. Il insista d'autant moins qu'au-dessus de sa tête les bambous qui faisaient office de solives craquaient d'inquiétante façon et que de la terre commençait à pleuvoir.

– Nous avons tout juste le temps de filer d'ici avant que tout ne s'écroule sur nos têtes! lança-t-il.

Mallier s'extirpa le premier de l'abri, attrapa une à une les deux caissettes de bois, tendit la main pour aider Frey à évacuer les lieux. Le sol se creusait déjà sous leurs pas, achevant de combler la cavité de terre.

– Il était temps!

Ils regagnèrent l'abri où ils avaient laissé Wilder. Celui-ci s'était tout bonnement endormi, au soleil, son bras amaigri pendant sur sa poitrine. Il souriait aux anges.

L'inventaire des deux caisses fut vite établi. Outre le thon, les sardines et les inévitables concrètes de fruit, elles contenaient des cigarettes, des biscuits de guerre – moisis hélas – du thé en poudre et chacune deux boîtes d'un kilo, l'une de riz au poulet, l'autre de bœuf aux carottes. Un vrai festin en perspective.

Sans plus attendre, Mallier alluma un feu de bois de caisses, puis se proposa pour partir en corvée d'eau :

– Je connais le chemin, dit-il.

– Reviens vite, lui lança Wilder, Frey est un morfale, il est bien capable de dévorer ta ration!

Mallier s'élança dans la pente, le cœur léger. Finalement tout s'arrangeait. Il avait des vivres, il avait surtout deux copains, des soldats d'expérience, de vieux briscards qui n'en étaient pas à leurs premières armes. Wilder avait traversé l'Europe, Frey était passé au travers des mailles du filet tendu aux anciens de la Waffen SS. Ils l'aideraient, ils le guideraient, avec eux il retrouverait la liberté.

Une prière monta à ses lèvres, spontanément. « Merci mon Dieu! »

Passé la chicane, il fila droit devant lui, à travers les hautes herbes. Il avait des ailes, plus rien ne pouvait lui arriver. A moins de vingt mètres, la rivière scintillait, amicale, dans le soleil. Il l'atteignit, se pencha, plongea le premier des trois bidons qu'il avait accrochés à son ceinturon. Quand tout fut terminé, il trempa ses mains dans l'eau, s'aspergea le visage, une brève toilette de chat, puis, faisant demi-tour, il entreprit de regrimper la colline.

Son pied accrocha une liane, rampant au ras du sol. Il tira, d'un geste sec et, aussitôt, comprit l'erreur qu'il venait de commettre. Le temps ralentit, son oreille enregistra, bribe à bribe, tous les événements extérieurs. La mine qui fusait, brièvement, la détonation sourde de la charge de dépotage, le chuintement de la torpille qui montait, à la verticale et qui explosait, avec le craquement sec d'une branche foudroyée. Il pensa :

« J'ai déclenché une mine bondissante, je vais être truffé comme un perdreau... »

Il avait plongé, lâchant ses bidons, boulant sur lui-même comme un lapin. Mais les éclats le rattrapèrent. Il n'avait pas touché le sol qu'il ressentait un peu partout dans le corps comme une grêle de cailloux qui le percutaient avec une violence inouïe. Un éclair. Il se dit : « Je vais mourir... »

Il s'effondra, dans l'herbe, la face contre terre, mais il n'avait pas perdu conscience. « J'ai eu du pot... » songea-t-il encore. Le plus dur était passé. Maintenant, il lui fallait dresser le bilan des dégâts. Il ne souffrait pas vraiment, il avait seulement une vague douleur sans origine précise, les épaules, le dos, les cuisses, la cheville gauche...

« Voyons un peu. »

Il voulut prendre appui sur un coude pour passer sur le dos. Son épaule se déroba sous lui, un coup de poignard lui traversa la poitrine.

La fatigue déferlait, une fatigue douce, lente, mais totale qui l'emmenait sur un petit nuage cotonneux. Il eut un éblouissement, sa tête, lourde, l'entraîna. Il tomba, tomba, dans un gouffre sans fond.

« Voilà, je suis en train de crever. Ce n'est pas plus difficile que cela. » Il pensa encore, avec regrets : « Dommage, c'était bien parti... »

Un soleil ardent lui brûlait les yeux, jaune, éblouissant et chaud. Il ouvrit les paupières, les referma bien vite. Très loin, quelqu'un parlait.

– Tu es un peu amoché, disait la voix. – Mais tu t'en sortiras. Tu as eu de la chance dans ton malheur, c'était une mine viêt, à la poudre noire.

Mallier eut la force de sourire. Il avait reconnu le maréchal des logis Frey. Il demanda :

– Pouvez-vous m'aider ? Je vais remonter avec vous jusqu'à l'abri. Il ne faut pas laisser refroidir le riz. Je meurs de faim.

– Peux-tu te mettre debout ?

Mallier essaya de se redresser. Aidé par son camarade, il parvint à s'asseoir, mais sa cheville gauche lui refusait tout service.

– Il y a un problème, admit-il.

Il tentait de masquer, sous une apparente désinvolture, un effondrement intérieur. Il avait compris que désormais toute évasion lui était interdite. Frey l'examinait, avec des gestes doux et précis. Nettoyant les plaies du dos, sous l'omoplate, palpant la cheville brisée, posant une compresse ici après avoir répandu un peu de poudre de sulfamides. Cela lui prit du temps. Il dit :

– Le plus prudent serait de ne pas nous attarder ici. L'explosion a peut-être été entendue par un Bo doï qui a donné l'alarme, nous risquons à tout moment d'avoir une patrouille sur le dos.

– Je n'arriverai sans doute pas à remonter la colline.

– Je sais.

– Alors ? Que faire ?

Frey secoua la tête. Il n'aimait pas ce qu'il allait être obligé de décider. Ni pour lui, ni pour son malchanceux camarade. Il expliqua pourtant :

– Je vais t'escorter au bout du chemin, jusqu'à l'entrée de Diên Biên Phu, je te laisserai à la hauteur du P.A. en étoile.

Mallier hocha la tête. Autrefois appelé « Anne-Marie 3 », cette position avait été la sienne dans les derniers jours du mois de mars. Elle avait été implantée à l'extrémité nord-ouest de la piste d'aviation.

– Là-bas, reprit Frey, tu seras obligatoirement récupéré par une équipe de prisonniers qui sont en train de remettre en état le terrain d'atterrissage. – Il sourit : Des avions vont bientôt se poser pour récupérer les blessés graves. Avec un peu de chance, peut-être seras-tu parmi les libérés ?

Avec d'infinies précautions, il glissa son épaule sous l'aisselle du blessé.

– Allons-y, invita-t-il.

Il leur fallut plus de quatre heures pour arriver à destination. Au moment de la séparation, Frey donna à Mallier quelques boîtes de sardines et de thon, des cigarettes et une sirette de morphine.

– Ne l'utilise que si tu souffres trop. Tâche de te planquer pour la nuit, mais ne te fais pas de souci. Tout ira bien. – Il hésitait à s'éloigner. – Courage, tu seras à Hanoi avant nous!

Mallier regardait droit devant lui. Il ne détourna pas la tête, il ne voulait pas montrer à son compagnon son visage baigné de larmes. En cet instant, il se sentait orphelin, misérable, plus captif que jamais.

– Ne crois pas que nous soyons plus libres que toi, ajouta Frey, comme s'il avait deviné les pensées de son ami. – Nous en sommes tous au même point. Ce n'est pas parce qu'une guêpe prise au piège a encore la possibilité de voler qu'elle est libre pour autant. Nous aussi, nous tournons dans le bocal... [1]

3

Une main énergique secouait Norris, plongé dans un sommeil profond. Il avait mal dormi et n'avait sombré qu'au petit matin, en dépit d'un crachin glacial, distillé en gouttes épaisses par les hautes frondaisons. Il grogna, tourna sur lui-même, essayant d'échapper à la poigne vigoureuse qui lui malaxait l'épaule.

– Norris! Réveille-toi! Ce voyou de Basquet a foutu le camp!

Dans son sommeil, les mots, prononcés avec le débit lent à l'accent suisse de Margoz, se frayèrent difficilement un chemin jusqu'à la conscience du dormeur. Ils atteignirent enfin leur but. Norris se dressa, d'un bond :

– Que dis-tu?

– Je viens de m'apercevoir que Basquet avait filé. Il ne m'a pas averti pour mon quart, et quand je me suis réveillé, j'ai vu qu'il était parti.

– Et le sac?

1. Frey et Wilder devaient réussir leur évasion après trente-sept jours de marche à travers les montagnes du Laos. Ils furent recueillis à la mi-juin, à bout de forces, par des montagnards Méo qui les dirigèrent vers un maquis profrançais, au sud de la rivière Nam Ou.

– Parti lui aussi. Il nous a bien possédés! Pourtant il nous avait prévenus, nous aurions dû nous méfier.

– L'attacher? Cela n'aurait servi à rien. – Norris réfléchissait vite. Il enchaîna : Deux solutions. Ou bien il est paisiblement revenu en arrière, rejoindre le camp de regroupement dans la clairière...

– Ou bien il est allé nous dénoncer aux Viêts, compléta Azam, qui ne professait aucune sympathie pour l'ancien « rat de la Nam Youm ». – C'était une occasion de se dédouaner et de nous éliminer définitivement de son chemin.

– Que faire?

– En premier lieu, filer d'ici au plus vite. – Il hésita. – En second lieu, je crois que le plus sage est de retourner à Diên Biên Phu. J'y vois un double avantage, nous pourrons essayer de récupérer des vivres, et tenter de filer depuis la cuvette, la surveillance y sera moins stricte qu'au début... – Il lut sur le visage de ses deux compagnons un peu d'incertitude. – Naturellement, corrigea-t-il, si vous n'êtes pas d'accord, nous continuons, même le ventre vide.

Ce dernier argument les décida. En quarante-huit heures, ils n'avaient avalé qu'une demi-boîte de thon chacun et, déjà, la faim leur tordait le ventre. Margoz résuma l'opinion générale :

– Il n'y a pas de liberté lorsque l'estomac sonne le creux.

Azam l'approuva, avec des arguments plus prosaïques :

– Nous avions décidé de nous évader uniquement parce qu'il y avait le sac des provisions de Basquet. Plus de sac, plus d'évasion.

– Direction Diên Biên Phu, conclut Norris.

Il prit la tête, se guidant au soleil qui venait d'apparaître de l'autre côté d'une crête boisée et s'infiltrait, encore horizontal, à travers la brousse, réveillant mouches, moustiques et criquets de brousse. La forêt n'était qu'un bruit, un vrombissement continu, mais modulé, tantôt aigre, tantôt ténu, mais constamment repris, relayé, relancé par des myriades d'insectes volant, courant, tombant, essaims compacts, décourageants pour qui tentait de les écarter.

Ils avançaient lentement, le buste courbé, hésitant, guettant le moindre indice suspect annonçant une présence ennemie. Ils ne se sentiraient en sécurité qu'une fois hors de la forêt, à nouveau fondus dans le système.

Ils imaginaient maintenant le camp retranché comme une immense fourmilière, où des Bo doïs débonnaires gardaient les blessés tandis que les valides vaquaient à des corvées d'intérêt collectif. Pour eux, c'était une étape sur un long chemin, une halte qu'ils mettraient à profit pour refaire leurs forces, étudier le terrain et ajouter une chance à leur bagage.

Vers midi, Norris proposa une halte. La forêt n'en finissait pas, ils ne voyaient toujours pas devant eux l'envers des collines sur lesquelles ils s'étaient battus et qui, selon leurs estimations, auraient déjà dû leur apparaître.

– C'est drôle, dit Margoz, nous n'avons même pas croisé une des pistes par lesquelles ils acheminaient leurs renforts.

– Nous avons peut-être dépassé la latitude de Diên Biên Phu ? suggéra Azam. – Sans nous en rendre compte, peut-être sommes-nous bien plus au sud. – Il rit : Évadés sans le faire exprès ?

Norris secoua la tête. Leur allure n'avait pas été si rapide qu'ils aient parcouru une aussi longue distance.

– J'ai faim, constata Margoz.

– Moi aussi.

– Ma solde pour une bonne potée lorraine, évoqua Azam qui était originaire de Commercy.

Avec des expressions gourmandes, la lippe humide, il se mit à détailler la recette que pratiquait sa grand-mère.

– Ferme-la! grogna Norris, le moment est mal choisi!

Margoz émit un rire prudent :

– Je ne suis pas difficile, ni gastronome. Une boule de riz ferait bien mon affaire...

Ils étaient assis, face à face, bavardant sans conviction du bout des lèvres, pour tuer le temps. Ils ne parlaient pas d'eux, se gardaient de remuer des souvenirs trop récents, trop douloureux. Ils avaient même cessé d'en vouloir à Basquet. Il était balayé des préoccupations présentes. La faim les tenait dans une espèce de somnolence qui les amenait à économiser les gestes, réduits à l'essentiel, chasser une mouche, rejeter au loin une fourmi égarée...

– Ne pas bouger! lança une voix nasillarde, aiguë comme un sabre qui trancha d'un coup la gangue de sécurité dans laquelle baignaient les trois camarades.

– Debout, les mains sur la tête, ajouta la même voix.

Ils se dressèrent, obéissant ensemble à l'injonction. Ils étaient trop surpris pour éprouver autre chose qu'un sentiment de calamité. Ni peur, ni colère. Ils subissaient, c'est tout. Autour d'eux, rangés en cercle, une dizaine de Bo doïs les tenaient sous la menace de leurs AK 47 chinoises, braquées à hauteur de leurs ventres.

– Les cons! souffla Margoz, nous ne les avons même pas entendus venir.

– Ce salaud de Basquet, gronda Azam. – Si je le retrouve, il entendra parler de moi!

– A condition que nous nous en sortions, répondit Norris. Au moindre geste suspect, ils sont bien fichus de nous descendre.

Il éleva la voix, cherchant des yeux le gradé qui les avait interpellés :

– Nous avons été renvoyés sur Muong Thanh pour soigner les blessés, affirma-t-il. – Nous étions seulement en train de nous reposer.

Le Viêt marqua un temps d'hésitation.

– Si vous dites vrai, où est le soldat d'escorte?

– Nous l'avons perdu dans la foule.

– Vous mentez! Vous êtes des déserteurs.

Azam protesta. Le mot était infamant pour lui.

– Des déserteurs? Pas du tout...

– Si! trancha le gradé. – Vous étiez des mercenaires capitalistes que nous avions réduits à l'impuissance! Vous vous trouviez enfin dans le camp de la paix; au lieu de vous repentir, vous avez cherché à vous enfuir. Vous avez déserté pour rejoindre le camp de la guerre! Vous serez jugés par le tribunal populaire; vous êtes des criminels endurcis!

Il avait débité sa tirade d'un ton égal, alignant laborieusement ses phrases, comme une leçon difficilement apprise.

– Nous ne sommes pas des évadés, reprit Norris, aimablement. – Regardez-nous, nous n'avons rien, ni arme, ni provisions, ni vêtements de rechange.

Le Viêt était ébranlé.

– Venez avec nous, nous allons vous conduire à Muong Thanh. Je verrai si vous avez menti.

Du canon de son arme, il indiqua une direction, à travers les buissons. Norris poussa une exclamation de surprise. Ils avaient fait halte à moins de deux mètres d'une large piste, celle qu'ils avaient été surpris tout à l'heure de ne pas avoir franchie.

– Pour de la malchance, c'est de la malchance, lança Margoz.

Cette phrase lui valut un coup de crosse dans les reins et réveilla la suspicion du Viêt qui jeta un ordre bref. Deux minutes plus tard, les trois camarades avaient les bras attachés haut dans le dos par de fines lianes qui largement incrustées dans les chairs entravèrent très vite la circulation du sang. La marche, déjà difficile dans un terrain coupé de haies, de diguettes, de fondrières ou de fossés, prit des allures de cauchemar. Ils trébuchaient, obligés de maintenir, par le seul mouvement des épaules, une rotation du tronc, un fléchissement des genoux, un équilibre à chaque instant remis en cause.

Ils respiraient mal, le torse bloqué, cherchant un air rare, la bouche entrouverte.

Mouches et moustiques s'en donnaient à cœur joie; ils piquaient, suçaient, mordaient cruellement la peau sans que les victimes puissent esquisser le moindre geste de défense.

Devant eux, maintenant se dressaient les deux collines sur lesquelles, depuis le début du mois d'avril, les combats les plus âpres s'étaient déroulés, « Éliane 2 » à leur gauche, « Éliane 1 », sur leur droite.

Ils aperçurent aussi, sur les flancs de la colline qui avait été dynamitée la dernière nuit, le monument, parachutes et bambous, sorte de tour Eiffel en miniature, que les Viêts étaient en train d'édifier pour concrétiser leur victoire et honorer leurs combattants.

La nuit tombait quand ils débouchèrent enfin dans la cuvette. Le gradé ordonna une pause, dans un enclos de barbelés qui, naguère, avait protégé les blessés de l'infirmerie du point d'appui « Éliane 10 » entre colline et rivière.

– Pouvez-vous nous détacher? demanda Norris, à bout de souffle.

Pour toute réponse, le Viêt lui jeta un coup de pied.

– Regarde qui je vois? souffla Margoz, indiquant, du menton, un groupe de prisonniers, attachés à des piquets de fer, à quelques mètres.

– Mais c'est Basquet! s'écria Azam, partagé entre la rancune et la jubilation. – Ce con-là s'est fait reprendre!

– Une chose est maintenant certaine, ce n'est pas lui qui nous a dénoncés, observa Norris, qui enfla la voix, interpellant leur ex-compagnon : Salut, gars! Tu n'as pas été bien inspiré de nous larguer! Te voilà frais...

Basquet lui répondit par un maigre sourire navré.

– Ils m'ont pris pour un évadé, geignit-il. – Dites-leur que ce n'est pas vrai, je voulais seulement rejoindre le camp de regroupement. Je me suis perdu...

– Et ton sac? demanda Margoz qui ne perdait pas le sens des biens matériels.

– Confisqué. C'est le petit Bo doï qui l'a en charge. Il est assis dessus!

Le gradé était revenu. Il donna un ordre, les soldats défirent les lianes qui entravaient les trois camarades.

– Il semble que vous ayez dit la vérité, expliqua le Viêt. – Des consignes ont en effet été passées pour faire revenir les infirmiers sur Muong Thanh. Êtes-vous infirmiers?

– Bien sûr, affirma Azam, spontanément. – Je suis gendarme. Pendant la bataille, j'ai brancardé les blessés.

Norris se frictionnait les biceps endoloris, ouvrant et refermant les doigts de la main pour activer la circulation. Il grimaça, des picotements insupportables comme une onglée de gel endolorissaient ses extrémités. Il esquissa un geste en direction de Basquet.

– Notre camarade s'est perdu, lui aussi.

Quelques secondes plus tard, les quatre compagnons étaient de nouveau réunis.

– Je voudrais bien récupérer mon sac.

Le Viêt appela le Bo doï qui, de mauvaise grâce, rapporta la musette. Basquet allait s'en saisir. Le gradé l'en empêcha.

– Voyons un peu ce qu'elle contient.

Il l'ouvrit, la renversa, répandant sur le sol pêle-mêle boîtes de ration de survie, paquets de biscuits, cigarettes, fruits en bâtons. Il siffla entre ses dents, s'approcha de Basquet qu'il gifla, à la volée.

– Ce matériel constitue une prise de guerre! Il appartient à l'Armée populaire. Vous l'avez volé!

Basquet se défendait en geignant.

– Je n'ai rien volé, monsieur! Ce sont mes propres provisions que j'avais économisées en prévision de ma capture...

Il se tut. Il venait de remarquer que Norris et Margoz, qui avaient contourné le gradé, étaient en train de procéder à une récupération quasi totale de ses conserves. Il faillit attirer l'attention du Viêt sur ce que, dans un premier temps, emporté par son sens aigu de la propriété, il appelait déjà un « vol ». Il se retint, au dernier moment, la solidarité l'avait emporté et la certitude que ses compagnons effectueraient une redistribution équitable. Il avait aussi surpris le regard appuyé du gendarme, qui le fixait de ses yeux sombres. Il attendit.

– Demain matin, promit le Viêt, nous examinerons tout cela.

Il faisait complètement nuit maintenant. Le crépuscule avait été bref et s'était éteint d'un seul coup.

– Demain, dit Norris d'une voix calme, une autre page sera tournée. Nous serons des prisonniers volontaires. En quelque sorte des hommes libres.

CHAPITRE 4

13-23 mai 1954

1

Sur les vingt malades ou blessés, regroupés sous un parachute, tendu comme le chapiteau d'un cirque et pompeusement baptisé « hôpital », ils n'étaient plus que cinq. Michel Mallier, qui achevait de cicatriser les plaies de son dos et dont la cheville, maintenue par un plâtre léger, avait cessé de le tourmenter. Adler, son voisin de gauche, un sergent-major pleurnichard, était venu à Diên Biên Phu payer la solde de sa compagnie et n'avait jamais pu en repartir, bloqué là par le début de la bataille. Il maudissait son sort et supputait les chances d'être évacué, lui qui clamait à tous les échos son état de non-combattant.

– Tu es militaire, personne ne t'a obligé à endosser l'uniforme, lui répliquait « Jo » Allenic, un sergent de la compagnie Thaï d'Isabelle, un Breton rigoureux et intègre. Cesse de geindre et donne de toi l'image d'un sous-officier honorable.

Allenic avait avant tout le souci de l'attitude. Intransigeant pour lui-même, il encourageait ses camarades à montrer à l'ennemi que les Français demeuraient, même dans la défaite, des combattants sans reproches. Il prêchait d'exemple. Dans ce microcosme composé d'hommes uniquement préoccupés d'eux-mêmes et qui n'auraient pas hésité à mentir, à tricher, à marcher au besoin sur le ventre des voisins pour figurer sur la liste des libérés, Allenic s'était imposé par son calme, sa dignité, son refus de la moindre concession. Michel Mallier l'avait admiré dès le premier jour.

Il y avait aussi deux parachutistes, Delbay, un « béret vert », qui simulait une crise aiguë de coliques néphrétiques, un être veule et sournois, et Rémy, un colonial, bordelais hâbleur au visage pointu de fouine.

Les quinze autres occupants de la guitoune numéro 7 avaient quitté par petits groupes ce que les Viêts appelaient l'hôpital, pour être évacués, par les hélicoptères ou les petits avions sanitaires qui faisaient la navette entre Diên Biên Phu et Muong Saï, le dernier point d'appui français dans le nord du Laos.

D'heure en heure, l'espoir de libération s'amenuisait. Il y avait maintenant deux jours qu'aucun appareil ne s'était posé sur la piste. Pour Rémy, seule la météo était en cause, et il détaillait, avec une assurance de prétendu professionnel, les raisons techniques qui interdisaient les rotations aériennes. Adler et Delbay l'écoutaient religieusement, se cramponnant à ses explications comme des naufragés à leur espar.

Pour « Jo » Allenic, plus réaliste, la libération des blessés constituait, pour les Viêts, une arme psychologique, l'objet d'un chantage évident.

– Vous n'avez pas affaire à des philanthropes, affirmait-il. Ils nous évacueront si cela sert leurs intérêts, matériels ou politiques.

– Mais nous sommes des blessés, répliquait Adler. Les Conventions de Genève...

– La question leur a déjà été posée. Ils ont répondu qu'ils ne les avaient pas signées!

– En tant que blessés, nous avons droit à des égards!

– Nous n'avons droit à rien du tout. Les Viêts se moquent éperdument de savoir si tu vis ou si tu crèves! Tu n'es pour eux qu'un chiffre dans les statistiques! En 1943, les évadés de France par l'Espagne qui étaient internés au camp de Miranda étaient échangés par Franco aux Américains contre des sacs de blé! Le mieux qui puisse nous arriver est de bénéficier de ce même traitement.

Michel Mallier ne se faisait plus aucune illusion. S'il en avait nourri, dans les premiers jours, « Jo » Allenic s'était chargé de les dissiper, avec une amicale franchise.

– Nous sommes tous les deux dans le même cas. Des évadés repris. Moi, j'ai ramassé une balle dans la cuisse et je m'estime heureux de ne pas avoir été achevé sur place. Le simple fait d'avoir été ramené jusqu'à cet « hôpital » a épuisé tout mon capital de chance. Je sais déjà que je figure sur la mauvaise liste, je ne serai pas rendu. Ni toi non plus.

Mallier avait été découvert, le lendemain matin, sur son point d'appui, en bout de piste, par une corvée de prisonniers nord-africains chargée de déminer les accès de la piste Pavie. Ils lui avaient d'abord fait les poches, lui volant même son portefeuille, avant de le charger, comme un sac de riz, attaché à un long bambou et de l'accompagner jusqu'à la « salle de triage » où officiait un médecin français, étroitement surveillé par des gradés viêts qui limitaient ses interventions.

Il avait été sommairement pansé, ses plaies superficiellement nettoyées par une sorte de nabot scrofuleux, à l'aide d'un tampon de gaze, attaché à un bâton et régulièrement trempé dans une touque d'eau croupie qui n'avait probablement plus le souvenir d'avoir été bouillie.

Avant d'être transféré sous la « tente numéro 7 », il avait été longuement interrogé par une jeune femme, d'une étrange beauté froide, visage lisse aux yeux ardents de haine retenue.

– Comme les conventions m'en laissent le droit, avait d'abord tenté d'expliquer Michel Mallier, je ne vous donnerai que mon nom, et le numéro de l'unité à laquelle j'appartenais.

Elle n'avait émis aucun commentaire. De toute façon, cela ne l'intéressait pas. Ce qu'elle avait surtout voulu savoir c'étaient les complicités dont il avait bénéficié pour « déserter le camp de la paix », et les motifs de cette désertion.

– Le devoir de tout prisonnier de guerre n'est-il pas de chercher à s'évader ? Le jeu des soldats adverses – il avait hésité à employer le terme « ennemis » – est au contraire d'empêcher les évasions...

Elle l'avait interrompu, sèchement.

– Nous ne « jouons » pas! Vous n'êtes qu'un criminel de guerre, une machine à tuer! Et vous êtes encore plus coupable parce que vous avez corrompu des civils viêtnamiens afin de les obliger à combattre leur propre peuple!

Mallier faillit lui faire remarquer que les Thaï qu'il avait commandés n'avaient aucun lien de parenté avec les Annamites du delta tonkinois. Bien au contraire, ils les considéraient comme des envahisseurs. Il ne répondit pas. A quoi bon ?

Elle était sincère, passionnée aussi. Elle ne répétait pas une leçon apprise, mais au contraire mettait sa flamme au service de ses convictions. Elle respirait vite, et, en dépit du treillis vert, informe, boutonné jusqu'au menton, sa poitrine tendait le tissu grossier de sa veste. Par une brève échancrure, entre deux boutons d'uniforme, Mallier avait aperçu un peu de peau ambrée et l'amorce du sillon entre les seins. Avec une grande simplicité, il avait dit – et il avait su, en le disant, qu'il commettait une faute impardonnable, mais cela avait été plus fort que lui :

– Vous êtes très belle.

Le regard de la jeune femme n'avait trahi ni trouble, ni agacement. Avec une dureté incisive, elle avait observé :

– Vous n'avez jusqu'ici rencontré que des putains! Mais les femmes du Viêtnam ne sont pas des putains! Elles n'ont que faire d'être belles; elles se battent, aux côtés des soldats, pour la liberté de leur pays!

Mallier n'avait rien à répondre. Elle avait raison, il n'avait fréquenté que des taxi-girls aux charmes tarifés. Mais jamais il ne lui serait venu à l'idée de les trouver belles ou de le leur dire. Elles acceptaient ou elles refusaient de coucher avec lui et c'était tout. Lui expliquer que l'hommage vrai qu'il venait de lui rendre était la preuve qu'il la traitait comme il aurait traité une compatriote eût été du temps perdu. Mieux valait se taire, et attendre le verdict.

– Vous avez beaucoup de chemin à faire, d'efforts à accomplir pour devenir un véritable combattant de la paix, avait repris la jeune femme. – Et pour apprendre à respecter notre population! Votre cœur est rempli de préjugés racistes, vous ne voyez dans les femmes que des objets de plaisir! – Elle tendit le doigt : Avouez que vous avez déjà violé des civiles sans défense!

Mallier avait sursauté. Cette accusation l'avait pris au dépourvu. Il n'avait pas imaginé une seconde que son observation de tout à l'heure aboutirait à cette conclusion ahurissante.

– Jamais! avait-il protesté.

– Tous les soldats français violent les femmes! avait-elle tranché, péremptoire.

Elle avait alors enflé la voix, appelant la sentinelle auquel elle avait transmis des consignes. Deux minutes plus tard, deux brancardiers chargaient le blessé sur une civière.

– Chassez le vieil homme, devenez un homme nouveau qui s'engage sur la route du repentir! avait-elle dit.

Puis elle avait ajouté, à l'intention du Bo doï :

– *Nghia pha!*

2

Norris ne reconnaissait pas Diên Biên Phu tel qu'il en avait conservé le souvenir. Trois jours d'absence semblaient en avoir modifié la forme, les contours.

En réalité, cela tenait à ce qu'en édifiant le long de la piste d'atterrissage un rassemblement de parachutes, dressés comme des tentes et qui constituaient le point de rassemblement des blessés, ramenés des divers camps de triage, les Viêts avaient déplacé le centre des activités. Ils s'étaient eux-mêmes implantés autour de l'ancien P.C. français qu'ils faisaient en permanence visiter à des « touristes » venus de l'arrière-pays, tandis que des équipes de travailleurs, principalement des prisonniers nord-africains, comblaient les tranchées, abattaient les réseaux de barbelés, et rétablissaient tant bien que mal l'usage de la piste d'aviation, malmenée pendant la bataille.

Pour Norris, qui n'avait connu que les combats et le petit horizon rétréci de son point d'appui « Épervier », l'aspect nouveau de la cuvette était tout à la fois décevant et dépaysant.

Ayant perdu son aura d'héroïsme, le camp retranché n'apparaissait plus que comme un vaste terrain vague bosselé, encombré de détritus, sur lequel planait une odeur de cadavres. Norris vivait maintenant en surface, et le point de vue était différent de celui qui avait été le sien dans sa tranchée. Il pouvait se dresser, flâner, marcher à l'air libre et il découvrait que l'herbe repoussait, que les fleurs éclosaient, et qu'il pouvait fouler, sans risque, le glacis devant lequel il avait abattu tant d'ennemis...

Les premiers jours après leur retour dans le site de « Muong Thanh » avaient été pénibles. De l'aube naissante à la nuit tombée, ils n'avaient pas eu un instant de répit. Convoyer les blessés, dresser des « tentes », creuser feuillées et cuisines, participer aux corvées d'inhumation, tout cela pour quelques poignées de riz cru, avait eu raison de leur résistance. Ils étaient vannés et même Azam, le plus solide, le plus aguerri à la peine, n'ouvrait plus la bouche que pour grappiller, jusqu'au dernier, les maigres grains de leur pitance.

C'était le grand nettoyage. Ils allaient dans les tranchées, les blockhaus, au milieu des réseaux de barbelés, ramassaient les cadavres qu'ils ramenaient jusqu'à une immense fosse que d'autres forçats creusaient, quinze heures par jour.

Cinq ou six jours après leur arrivée, Norris, Azam, Margoz et Basquet avaient été appelés auprès d'un responsable de haut rang, reconnaissable à la broche d'émail représentant un déploiement de drapeaux rouges. Dans un français presque sans accent, cet homme important leur avait déclaré :

– Une équipe de cinéastes d'un pays ami va venir demain fixer, pour l'Histoire, les grands moments de la bataille. Je vous demande d'accepter de participer à cette reconstitution.

– Pour quoi faire ? s'informa Margoz.

– Jouer votre propre rôle.

Norris éprouva la tentation de demander si on leur rendrait leurs armes avec la permission de s'en servir.

– Vous serez payés, précisa le dignitaire.

– Combien ? interrogea Basquet.

Le Viêt lui jeta un regard torve :

– Nous sommes un pays pauvre, encore plus appauvri par les exactions des agresseurs colonialistes. Mais nous vous donnerons à chacun un paquet de cigarettes.

– Je préférerais avoir une ration supplémentaire de riz, observa Azam, morne.

– Vous devez savoir que nous avons très peu de riz! trancha le gradé. – A peine de quoi nourrir nos soldats... et vos camarades. Ce que vous exigez est exorbitant!

– Oh, je disais cela seulement pour causer...

– Parce que nous étions bien décidés à refuser votre proposition, compléta Norris. – Vous nous avez vaincus, mais n'attendez pas que nous jouions les guignols pour les besoins de votre propagande!

Pincé, le Viêt inclina le buste, feignant d'admettre les arguments de ses interlocuteurs. Mais, sans raison apparente, il se redressa et sa fureur éclata :

– Vous n'êtes que de la vermine colonialiste! hurla-t-il. – Vous ne comptez pas! Nous vous ferons tous mourir, comme des chiens! Qui vous croyez-vous pour imaginer que vous avez encore de l'importance? Même votre pays vous abandonne! Que vous rentriez dans vos familles ou que vous creviez sur le bord d'une route ne fera pas verser une larme à vos compatriotes! Vous êtes au bord du trou! Vous allez tomber dedans et personne ne lèvera le petit doigt pour vous en sortir.

Il les chassa, d'un revers de la main.

– Allez-vous-en! Vous venez de gaspiller la seule chance que vous possédiez encore de survivre!

Ils s'éloignèrent, encore quelques secondes poursuivis par les invectives du haut responsable.

– Plus vite nous prendrons la tangente, souffla Norris, plus vite nous serons débarrassés de cet énergumène!

La veille, il avait pris contact avec le lieutenant Maury du 31ᵉ Génie, chargé, avec sa section, de déminer les abords de la piste et des voies d'accès à la cuvette.

– Quelques heures avant la chute de Diên Biên Phu, avait expliqué l'officier, nous avons enterré deux fusils-mitrailleurs, cinq ou six carabines, des P.M., des grenades et des munitions. Si vous le voulez, venez avec nous, nous forcerons le passage vers le sud...

Norris en avait parlé avec ses camarades. A l'exception de Basquet qui trouvait que c'était payer de trop de risques personnels une hypothétique évasion, Azam et Margoz s'étaient ralliés au projet.

– Reste ici si tu veux, dirent-ils à Basquet. Mais ton sort est lié au nôtre. Si tu ne t'évades pas, les Viêts se vengeront sur toi et personne ne sera là pour te protéger.

– Allons, ajouta Margoz, conciliant : accepte d'être un héros malgré toi.

Sans répondre, l'ancien « rat de la Nam Youm » avait haussé les épaules. Une sorte d'acquiescement.

Tard, dans l'après-midi, Norris alla trouver le lieutenant Maury. Quand il revint, ses yeux brillaient d'excitation :

– C'est pour ce soir, souffla-t-il. – Rendez-vous à 11 heures, sur la face sud de l'ancien Camp de P.I.M.

Déjà, les quatre compagnons préparaient leur bagage, rangé dans des musettes de récupération, quelques lambeaux de parachute, une boîte de ration vide, deux ou trois boîtes de conserve sauvées du désastre, un flacon de rhum, donné par un infirmier de l'antenne chirurgicale. Des riens, une fortune comparée à la pénurie ambiante.

Ils échafaudaient des projets. Margoz s'inquiétait de savoir s'il hériterait d'un fusil-mitrailleur, Azam, s'il n'avait pas trop perdu la main au lancer de grenades. Norris rêvait :

– On m'a affirmé qu'il existait, dans le Sud, à la frontière du Laos, des maquis profrançais. Ce serait formidable de les rencontrer, surtout comme des soldats, les armes à la main...

Ils en étaient là de leur conversation lorsqu'un groupe de soldats se dirigea vers eux.

– Debout! cria le gradé.

Ils obéirent, reçurent, chacun, une bourrade qui les contraignit à effectuer un demi-tour. Aussitôt, les autres Bo doïs leur lièrent les bras dans le dos à l'aide d'un câble téléphonique.

– Ça, observa Norris, c'est un coup de ce salopard de ce matin. Il n'a pas digéré l'affront.

Ils passèrent la nuit, attachés les uns aux autres, au fond d'un cratère de bombe, en bordure de la rivière, sous une pluie glaciale. Basquet était secoué par une crise de paludisme et geignait, affirmant qu'il allait mourir.

– Tais-toi, le menaça Margoz, ou tu vas crever pour de bon; au besoin, je m'en chargerai. Nous avons déjà suffisamment d'emmerdements sans que tu viennes en ajouter!

Du sud, peu avant l'aube, leur parvinrent les échos d'une fusillade nourrie. Des cris retentirent, des Bo doïs passèrent près d'eux, en galopant, s'interpellant avec excitation. Cela dura près d'une heure et, malgré lui, Norris ne put s'empêcher de penser au lieutenant du Génie et à ses camarades.

Au lever du jour, le silence retomba [1].

– J'espère qu'ils ont chèrement vendu leur peau, dit Norris.

– Heureusement que les Viêts sont intervenus, eut la force de riposter Basquet. – Avec tes idées à la con, nous étions bons pour nous faire flinguer...

3

Dans le milieu de la matinée, une grande effervescence courut tout au long des enclos où étaient parqués les prisonniers requis pour les travaux collectifs. Précédé d'une jeep « Lada », gros insecte massif et pataud, garnie de feuillages, s'avançait une grue, installée sur le plateau arrière d'un Molotova. A voir l'empressement des gradés, et, d'une façon générale, de tous ceux qui portaient un insigne à la boutonnière, portraits d'Hô Chi Minh ou de Staline, drapeaux rouges, étoiles de diverses couleurs, on devinait qu'il s'agissait d'une visite importante.

De fait, le visiteur, un grand diable d'Européen aux cheveux blonds artistement dépeignés, vêtu d'un pull-over blanc et d'un pantalon de toile beige, entreprenait de visiter, à pied, le théâtre de la bataille, escorté d'une foule nombreuse qui jouait des coudes pour se trouver au plus près du premier rang.

Norris et ses compagnons avaient été détachés, et dirigés, ce matin-là, vers les « Huguette », l'un des hauts lieux des combats du mois d'avril. Leur mission était de ramasser les cadavres, amis et ennemis, et les transporter, à pied, jusqu'à une fosse commune creusée en bordure d'une rizière en friche, cinq cents mètres plus loin.

1. Témoignage du sapeur André Léger, 31e Génie, évadé de Diên Biên Phu le 23 mai.

Ils assistèrent, d'assez près, à la promenade du cinéaste soviétique, dont le Bo doï de garde leur révéla le nom, prononcé avec un respect frisant la vénération :

– Lui, c'est appeler « camarade Karmen », confia-t-il.

Un peu plus tard, dans l'après-midi, ils purent voir l'opérateur au travail. Grimpé sur un podium de bambou, un mégaphone en bouche, il dirigeait le jeu d'une vingtaine de Bo doïs dont le rôle était, semblait-il, de simuler la prise de Diên Biên Phu. Ils galopaient sur l'ancienne piste Pavie, courbés en deux comme s'ils saluaient des rafales imaginaires. De temps à autres, quelques machinistes traversaient le champ, portant des pots fumigènes au bout de longues perches.

L'exercice fut repris une bonne dizaine de fois, puis Karmen dut s'estimer satisfait car, sur un dernier appel du mégaphone, il quitta son perchoir et se fondit dans le paysage.

– Et voilà comment on écrit l'histoire, observa Margoz. – Je donnerais cher pour assister à la projection de ce film.

– Moi aussi, grogna Azam. – Mais je me lèverais au milieu pour crier : « Chiqué »!

– Ce qui me navre le plus, c'est qu'il se trouvera un jour un « historien » français pour nous montrer ces images et pour nous les présenter comme des documents authentiques.

Norris était plus écœuré que réellement furieux.

– Finalement, je regrette d'avoir refusé ma participation à ce tournage. J'aurais flanqué le bazar dans le dispositif!

– Ils auraient coupé ta séquence au montage!

Ils croyaient en avoir suffisamment vu. Ils se trompaient. Les jours qui suivirent marquèrent une escalade dans la fiction et le bluff. Le lendemain, Karmen fit entrer une centaine de prisonniers nord-africains dans les tranchées et les abris de ce qui avait été « Huguette 2 », puis les en fit sortir, les mains sur la tête. Il tournait probablement une « reconstitution » de la reddition du camp retranché. Cette séquence mit Norris en rage; pour la circonstance, les tirailleurs avaient été déguisés en parachutistes, revêtus de vestes camouflées et coiffés de casquettes ou de bérets.

– Personne ne marchera dans cette escroquerie! observa Azam.

– Plus c'est gros, mieux ça fonctionne, répliqua Norris.

Il y eut malgré tout des moments hilarants, auxquels assistèrent Norris, Margoz, Azam, ainsi que la plupart des prisonniers, transformés pour la circonstance en spectateurs rigolards. Ce matin-là, Karmen avait décidé de simuler la prise d'assaut d'un char Shaffee par une vague de petits Bo doïs en vert, armés de grenades et de cocktails Molotov.

Des heures durant, des mécaniciens « populaires » s'escrimèrent à remettre en route le moteur de celui des blindés qui leur semblait le moins abîmé par les engagements. En vain. Peu avant la chute du camp retranché, les cavaliers français avaient emballé leur moteur purgé de leur huile.

Les mécaniciens viêtminh avaient beau démonter les bougies, nettoyer les carburateurs, taper sur les carter à grands coups de masse, rien n'y faisait. Le moteur s'obstinait dans un silence décourageant.

Après s'être longuement concertés, peu soucieux d'être taxés d'incapacité par le grand frère soviétique, les Viêts prirent une décision radicale. Ils firent venir une équipe de spécialistes du chalumeau, jusque-là occupés à débiter les tôles des abris centraux, qui furent chargés de découper le plancher du blindé. Cela leur prit la journée.

Le lendemain matin, une vingtaine de Bo doïs s'introduisirent dans le char et entreprirent de le déplacer, à bras, poussant comme des damnés, sous les injonctions patriotiques de quelque Can bô, hurlant des slogans :

– *Ho Chu Tich...*

– *Muon nam!*[1] répondaient les esclaves, dans un chœur à l'antique, étouffé par l'épaisseur du blindage.

Suivant l'angle de prise de vues, on pouvait distinguer, dans les interstices entre les barbotins, des dizaines de pieds nus dont les orteils s'ancraient dans la boue de la piste.

Mais le Shaffee ne décolla pas d'un centimètre.

Les Viêts ne s'avouèrent pas vaincus. Ils décidèrent d'employer les grands moyens et accrochèrent, à l'avant du char, des câbles, des chaînes, des suspentes de parachute tressées entre elles. A ces filins, ils attelèrent tout ce que la garnison de Diên Biên Phu comptait de Bo doïs, d'anciens

1. Longue vie au Président (Chu Tich) Hô.

P.I.M. et, pour faire bonne mesure, les figurants de l'avant-veille.

Mais ces derniers renâclaient. Ils avaient été vedettes, il leur déplaisait d'être coolies. Ils se mirent en grève et s'allongèrent sur le bord de la piste.

Sur son podium de bambou, Karmen enrageait. Il multipliait les exhortations, hurlait des invectives, tempêtait, devenait écarlate de fureur. Les gradés s'agitaient, galopaient, menaçaient, frappaient, au hasard.

Leur obstination porta ses fruits. En apparence, car les tirailleurs, s'ils s'attelèrent malgré tout à leur chaîne, montrèrent des talents indéniables de comédiens, se contorsionnant, poussant des « hans » de bûcherons, leurs visages exprimant des efforts surhumains; mais ils se gardaient bien de tirer comme les y invitaient leurs sentinelles.

– Ça ne sert à rien, dit Azam, à l'image, on verra bien que ce char ne se déplace pas par ses propres moyens!

Cette pensée dut traverser également l'esprit de l'opérateur. Il lança une observation, et, aussitôt, une corvée de branchages fut organisée qui camoufla tant bien que mal les cordes et les filins.

– *Ho Chu Tich!* clama le chef du plateau.

– *Muon nam!* répliquèrent les ilotes, bien dressés.

En grinçant, le Shaffee consentit enfin à se déplacer. Il n'alla cependant pas très loin; l'une de ses chenilles avait été bloquée. Il amorça un début de quart de tour sur la gauche, la chenille roulante s'incrusta dans une ornière et il ne bougea plus.

– Tant d'efforts pour rien, laissa tomber Margoz, faussement apitoyé. – C'est immoral. L'expérience valait mieux que ça!

Norris ne répondit pas, il s'essuyait les yeux, secoué par un fou rire incoercible. La séquence était complètement surréaliste, d'un côté un char, obstiné comme une mule, qui se refusait à progresser, malgré ses dizaines de pieds qui patinaient dans la boue, de l'autre, des centaines d'hommes, agglutinés comme des fourmis sur une tartine de miel, qui se bousculaient, se montaient dessus, se gênaient tellement ils s'épuisaient de façon anarchique. Et, au-dessus, dominant la scène, un géant blond en pull-over blanc qui se livrait à une danse du scalp, prêt à exploser.

– Il ne manquerait plus qu'une corde casse, dit Azam.

Elle cassa. Et ce fut la plus belle mêlée à laquelle les spectacteurs devaient assister. Un magma humain, précipité dans l'ornière, au milieu des cris, des appels, des exclamations de souffrance ou de rage.

– C'est ça qu'il devrait filmer, dit Norris entre deux hoquets. – Il aurait à tous les coups la palme du film comique. Depuis Charlot, on n'a pas fait mieux!

La honte des Viêts se mua en irritation envers les spectateurs, de plus en plus nombreux. Ils avaient abandonné, qui ses corvées, qui sa couche d'hôpital pour assister à cette attraction imprévue et gratuite. Des lazzis fusaient, des applaudissements narquois crépitaient çà et là. Les gradés ne pouvaient pas tolérer de perdre ainsi la face devant leurs prisonniers. Ils réagirent, avec violence et brutalité, dispersant les attroupements à grands coups de crosse, de rafales tirées en l'air, de vociférations et de menaces.

– Remboursez! hurla un officier de parachutistes[1], immédiatement roué de coups et attaché, comme un saucisson, avec du câble téléphonique.

Du coup, rires et lazzis s'arrêtèrent. Net. Sous les coups de crosse, les groupes se dispersèrent, tête basse, chacun tentant d'esquiver, l'épaule ronde, la fesse fuyante, redoutant d'être remarqué, appelé, accroché et promis au même sort que le lieutenant.

Le soir même, les Viêts décrétèrent un rassemblement général. Ils firent aligner les prisonniers qui, depuis deux semaines déjà, participaient aux corvées diverses, soins aux blessés, dégagement des champs de mines, réparation de la piste d'aviation, inhumation des cadavres épars dans la cuvette, les tranchées ou aux abords des points d'appui.

Quelques blessés, une centaine, en état de marcher ou jugés tels par les « infirmiers » viêtminh, vinrent compléter le rassemblement.

Sacoche de toile verte en bandoulière, sans arme ni ceinturon, ce qui le plaçait dans la catégorie des commissaires politiques, un officier monta sur un tertre de terre et entreprit de haranguer la foule.

1. Le lieutenant Combaneyre, du 6e B.P.C.

– Prisonniers de Diên Biên Phu! commença-t-il. L'heure est venue pour vous de partir vers les camps. La route sera longue. Elle sera difficile. Mais il ne tiendra qu'à vous qu'elle se déroule sans incidents.

Il s'interrompit, le temps pour des interprètes, choisis au hasard parmi des volontaires, de traduire ses paroles en arabe et en allemand.

– Vous devrez vous montrer en toutes circonstances des hommes disciplinés, obéissant aux ordres de vos gardiens, qui sauront se montrer dignes de la clémence du président Hô Chi Minh.

Nouvelle interruption. Les interprètes traduisaient. Ou plutôt, comme le fit observer Margoz, ils « interprétaient » le discours.

– L'Allemand a expliqué, textuellement : « Ces cons-là nous demandent de leur obéir. Plutôt se faire enc... »

Impassible, le Viêt attendit la fin de la traduction et conclut :

– Vous allez vous organiser vous-mêmes en groupes de marche. Chaque groupe se composera de vingt hommes. Il élira un responsable.

Ce fut comme un signal, celui d'une débandade. Une sorte de ballet fou où les prisonniers tournaient en rond, se cherchaient, s'appelaient, se dispersaient, revenaient au centre du rassemblement, galopaient en tous sens, ou, plus simplement, s'asseyaient par terre. Certains groupes étaient pléthoriques, d'autres, squelettiques, certains prisonniers ayant déjà mauvaise réputation. Les plus entourés étaient ceux que leur autorité naturelle avait désignés depuis les premiers jours comme des chefs, ou, plus prosaïquement, ceux dont les sacs s'avéraient les plus garnis.

– Arrêtez! hurla le commissaire politique. – Vous ne savez pas vous organiser!

Il appela :

– Les tirailleurs sénégalais, alignez-vous colonne par un!

– Nous c'est pas tirailleurs sénégalais, protesta un grand Toucouleur, nous c'est artilleurs africains!

Le Viêt esquissa un geste agacé. De toute évidence, il ne saisissait pas la nuance. Pour lui, c'étaient tous des nègres. Ce qu'il faillit dire, mais il se reprit et cria :

– Tous les Noirs, rassemblez-vous!

Dociles, les artilleurs quittèrent les rangs et leur file s'allongea le long de la route.

Dans la foule, il y eut une bousculade, puis des cris, des protestations, des piaillements de gardes énervés. Quatre Bo doïs apparurent, traînant à leur suite un Antillais qui gesticulait comme un dément.

– Pourquoi ne voulez-vous pas rejoindre vos camarades, les soldats colonisés, vos frères, victimes du colonialisme français ?

– Parce que je suis français, né à Saint-Nazaire, parachutiste et fier de l'être, clama le récalcitrant, nommé Ducloux.

– Rejoignez les rangs, concéda le Viêt, perplexe.

Il ne comprenait pas qu'un homme de couleur puisse renier ses origines. Il n'était pas au bout de ses surprises.

Lorsqu'il appela les Viêtnamiens de l'armée « fantoche », une dizaine de parachutistes, extirpés de force de leurs brancards, il se trouva confronté avec un problème analogue.

Un Eurasien refusa d'être incorporé dans le groupe des « égarés »

– Comment vous appelez-vous ? interrogea le commissaire politique.

Le para se nomma.

– Vous voyez bien que vous êtes de notre peuple, dit le Viêt : vous vous appelez Phong.

– Pas du tout, corrigea l'autre. Mon nom s'écrit : Phongue. Jean-Louis Phongue! Moi aussi, je suis français et parachutiste!

Le Viêt soupira. Il en avait assez. Il quitta l'estrade et céda la place à une sorte de brute au faciès de singe, qui ne s'embarrassa pas de formules. Il ne parla que dans sa langue, aboyant des ordres brefs que les Bo doïs, terrorisés, exécutaient à la lettre. Mais lui non plus n'était pas au bout de ses peines.

Lorsqu'il convoqua les « tirailleurs marocains » (il avait prononcé : « tlaillor moroc ») les Algériens refusèrent d'obtempérer. Et pourtant, dans l'esprit du Viêt, il s'agissait de la même catégorie de prisonniers. Il y eut des palabres, des explications. Après vingt bonnes minutes de discussions, les Nord-Africains acceptèrent de se regrouper, sans pour autant fraterniser.

Vint le tour des Allemands, puis des légionnaires non germaniques, puis des Français.

La nuit tombait lorsque le convoi, enfin constitué, se mit en route. Il comprenait exactement quatre cents prisonniers, répartis en vingt groupes constitués par critères de races ou de nationalités [1].

– Vivement le camp, dit Basquet. Là-bas, nous n'aurons rien d'autre à faire qu'à attendre la quille.

– Le pire est à venir, prophétisa Norris. J'ai le sentiment que cette marche comptera plus que la bataille.

– Marcher ne me fait pas peur, dit Azam.

– Moi non plus, ajouta Margoz.

– Nous en reparlerons à l'arrivée. Si nous arrivons. Mais je vous donne un conseil : serrons-nous les coudes...

1. Répartition du « Convoi 42 » au départ de Diên Biên Phu, le 23 mai 1954 :

– Africains : 4 groupes de 20 = 80
– Nord-Africains : 8 groupes de 20 = 160
– Allemands et Est-Européens : 4 groupes de 20 = 80
– Européens non germaniques : 2 groupes de 20 = 40
– Français : 2 groupes de 20 = 40

Les Viêtnamiens servant dans l'armée viêtnamienne furent retirés du convoi et directement envoyés dans les camps de rééducation. Les Viêtnamiens servant dans l'armée française (principalement les paras) furent traités comme leurs camarades européens.

DEUXIÈME PARTIE

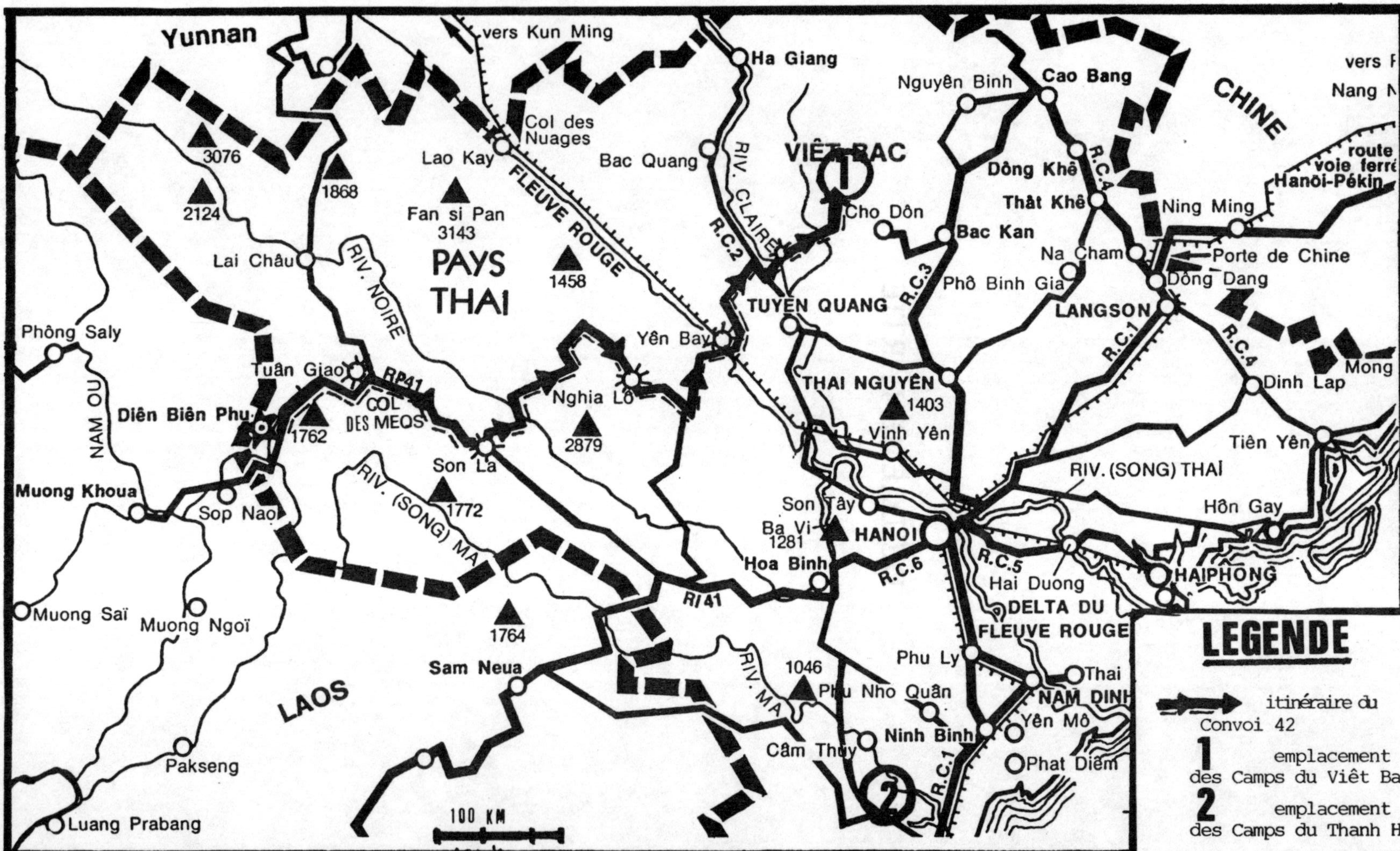
Yunnan
vers Kun Ming
Ha Giang
Nguyên Binh
Cao Bang
CHINE
vers F
Nang N
route
voie ferré
Hanoï-Pékin
Col des
Nuages
Lao Kay
Bac Quang
VIÊT-BAC
Dông Khê
Thât Khê
Ning Ming
3076
1868
2124
Fan si Pan
3143
FLEUVE ROUGE
RIV. CLAIRE
R.C.2
Cho Dôn
Bac Kan
Na Cham
Porte de Chine
Dông Dang
Lai Châu
RIV. NOIRE
PAYS
THAI
1458
R.C.3
Phô Binh Gia
TUYÊN QUANG
LANGSON
R.C.1
R.C.4
Phông Saly
Yên Bay
Mong
Tuân Giao
RP41
THAI NGUYÊN
1403
Dinh Lap
NAM OU
Diên Biên Phu
1762
COL
DES MEOS
Nghia Lô
2879
Vinh Yên
Tiên Yên
Son La
RIV. (SONG) THAI
Muong Khoua
Sop Nao
1772
RIV. (SONG) MA
Son Tây
Hôn Gay
Ba Vi
1281
HANOI
Hoa Binh
R.C.6
R.C.5
Hai Duong
HAIPHONG
Muong Saï
Muong Ngoï
R/41
DELTA DU
FLEUVE ROUGE
1764
LEGENDE
Sam Neua
RIV. MA
1046
Phu Ly
Thai
Phu Nho Quân
NAM DINH
LAOS
Ninh Binh
Yên Mô
Cẩm Thuy
Phat Diêm
Pakseng
R.C.1
100 KM
Luang Prabang
itinéraire du
Convoi 42
1 emplacement
des Camps du Viêt Bac
2 emplacement
des Camps du Thanh Hoa

CHAPITRE 5

1

Appuyé sur une canne de bambou qu'un infirmier compatissant lui avait donnée au moment de quitter l'hôpital, Michel Mallier boitait bas. Sa cheville, jusqu'au matin encore maintenue dans sa gangue de plâtre et qui ne le faisait plus souffrir, se révoltait, maintenant qu'elle était à nu, à peine protégée par la toile déchirée de sa chaussure de brousse. Il peinait, il souffrait, il était démoralisé.

Tout à l'heure, lorsque les Bo doïs avaient fait irruption sous leur « tente » de parachute, les cinq occupants avaient éprouvé un instant de fol espoir. Les avions allaient venir, ils étaient évacués. Dans quelques heures, ils seraient à Muong Saï, avec les copains, en sécurité, définitivement sortis de l'enfer.

Ils avaient vite compris. Au lieu de se diriger vers l'aire d'embarquement, les gardiens les avaient conduits de l'autre côté de la vallée, les obligeant à traverser à gué la Nam Youm, tandis qu'à quelque cinquante mètres en amont, le pont Bailey, débarrassé de ses barbelés et de ses pièges, servait de décor à une nouvelle séquence filmée. Les Bo doïs le franchissaient, en galopant, dans le brouillard artificiel des fumigènes, sous l'œil de la caméra installée dans sa grue.

Dans une sorte de cirque d'herbes, entre les « Dominique », ils avaient rejoint un rassemblement hétéroclite de soldats de toutes armes et de toutes races, qu'un Can bô – ils avaient appris que c'était ainsi qu'il fallait désigner les cadres du Parti en uniforme – s'efforçait de trier et de regrouper.

A la nuit tombée, les cinq camarades de misère, Mallier, Adler, Rémy, Delbay et « Jo » Allenic, s'étaient trouvés affectés au groupe numéro 2, exclusivement composé de Français. Ils s'y étaient immédiatement senti intrus. Ils n'y connaissaient personne.

A l'intérieur de ce groupe de rencontre, les hommes semblaient peu désireux de lier connaissance avec les voisins que le hasard leur avait donnés. Ils marchaient, murés dans leur silence, préoccupés par leurs misères, leurs angoisses, leurs soucis.

Mallier était obsédé par l'état de sa cheville. Le simple contact avec les aspérités du sol lui causait des élancements intolérables et il serrait les dents pour ne pas laisser échapper des gémissements.

– La première étape sera la plus dure, lui avait expliqué « Jo » Allenic, compatissant. C'est comme la rééducation. Plus elle est rude, plus elle est rapide. Dans deux ou trois jours, si tu fais bien attention à ne pas la tordre, ta cheville sera tout à fait en état. Courage.

Du courage, Michel Mallier en avait. Suffisamment en tout cas pour ne pas trop se lamenter sur son sort.

Ce qui n'était pas le cas de Delbay, le parachutiste légionnaire prétendument belge qui pleurnichait parce que son gardien lui avait repris un flacon de Ganidan qu'il avait subtilisé l'avant-veille en prévision d'une éventuelle dysenterie.

– J'ai les intestins fragiles, affirmait-il. – Si j'attrape la cliche, je vais me vider!

– Comme tu n'as rien dans le ventre, avait riposté « Jo » Allenic qui l'avait jaugé, tu n'as rien à craindre!

La marche, de nuit et sous la pluie de mousson, prit vite des allures de cauchemar. Si, sans doute, les groupes de tête avançaient à un rythme régulier, ceux de l'arrière étaient continuellement soumis à des arrêts, des piétinements entrecoupés de galopades insensées pour combler les vides.

Le convoi progressait à la façon d'un accordéon, s'étirant à l'infini avant d'être regroupé, dans des embrouillages monstres, avant les passages difficiles, rétrécissement de la piste, franchissement de ruisselets que l'eau venue du ciel transformait en bourbiers glissants et spongieux.

Les hommes tombaient, pestaient, se relevaient en jurant. Ils se télescopaient dans le noir, ils se dépassaient, injuriés par leurs voisins qui leur reprochaient ce qu'ils prenaient pour des excès de zèle. Certains s'endormaient tout en marchant; leur pied se tordait sur une racine, ils trébuchaient, perdaient le rythme, respiration haletante, cœur secoué.

Les Bo doïs appliquaient à la lettre les consignes reçues : ni traînard, ni fantaisiste. Seule comptait la file indienne. Malheur à l'imprudent qui tentait de ralentir, ou qui, plus prosaïquement essayait de satisfaire un besoin naturel et pressant. Un coup de bâton, ou de crosse avait tôt fait de le remettre dans le droit chemin.

Le plus inhumain était peut-être ce manque apparent de tout sentiment qui faisait agir les Viêts. Ils frappaient comme ils auraient accompli n'importe quelle autre tâche. On les aurait crus incapables d'un sourire, d'un geste secourable, tout comme d'une injure ou d'une brimade. Ils cognaient parce qu'ils obéissaient.

A toute demande, à toute explication, ils opposaient un : « *Di, di lên*! [1] » qui coupait court à tout autre contact. A moins qu'ils ne lancent un : « *Im*! [2] » hargneux, généralement assorti d'une bourrade ou d'un coup de crosse.

– Belle ambiance, glissa Norris à Margoz. – Les semaines à venir vont être joyeuses.

Ils marchèrent toute la nuit, perdant bientôt toute notion du temps. Les kilomètres s'allongeaient, tous semblables, tous marqués au coin de l'hébétude. La cadence était pourtant très lente, même si le dernier groupe avait l'impression d'avoir trotté sans répit. Les hommes oubliaient ces longues haltes, dans le noir, ces piétinements sans raison, qui n'étaient même pas une pause, simplement un ralentissement avant un obstacle. La faim même était reléguée bien loin, au-delà de la fatigue, elle-même devenue état second, engourdissement douloureux des muscles, brume dans le

1. Va, va vite!
2. Silence!

cerveau, pensée absente remplacée par un leitmotiv qui tournait, inlassablement et se résumait en trois mots, répétés jusqu'à la nausée :

– Il faut tenir...

L'odeur les renseigna. Ils étaient arrivés. Un odeur atroce, presque solide, qui révulsait les estomacs, pinçait les narines. Une odeur de merde et de mort.

Dans le noir, les quatre cents prisonniers s'installèrent, tant bien que mal – plutôt mal – sur le pourtour d'une clairière aux feuilles piétinées, parsemée de tumulus boueux et de trous débordants d'excréments. Depuis quinze jours, cette clairière avait constitué la première halte, obligatoire, pour tous les combattants de Diên Biên Phu en route vers les camps. Ils y avaient séjourné une nuit, souvent davantage, ils y avaient vécu, ils y étaient morts quelquefois, rapidement enterrés à fleur de terre. Et puis ils étaient partis, quatre cents chaque jour.

Des abris sommaires avaient été construits, quatre piquets de bambou supportant un bat-flanc de *cai phèn* [1] et un toit de feuilles de latanier tressées. Le seul avantage de ces édicules était d'éviter aux hommes fatigués le contact avec le sol humide et les insectes qui y grouillaient.

– A condition de pouvoir y tenir tous, constata Azam qui avait, à tâtons, mesuré la capacité de la cagna.

Ils étaient vingt. Ils se tassèrent les uns contre les autres, imbriqués fesses à ventre, se communiquant un peu de leur chaleur. Ils n'osaient pas un geste, même pour éloigner une nuée de moustiques assoiffés. Ils redoutaient d'être éjectés du lot, comme un furoncle et de devoir terminer leur nuit par terre. A un commandement, les gisants effectuaient une rotation de 180 degrés, pour détendre les muscles et soulager les corps meurtris par les aspérités du bambou. Ils dormirent un peu. Pas beaucoup, car le jour se leva très vite, déclenchant dans tout le rassemblement une effervescence de mauvais augure.

Norris se dressa de son bat-flanc, leva les yeux et observa :

– Tiens ? Le soleil se pointe du mauvais côté.

1. Bambou écrasé et entrelacé.

Son voisin, un garçon maigre, visage blême, treillis maculé, déchiré aux épaules, haussa les sourcils.

– Tu blagues? Et d'abord, qu'est-ce que cela peut faire? L'important est que le soleil se soit levé.

– Pour toi, peut-être. Pour moi, cela signifie que les Viêts nous ont fait tourner en rond. Nous devons être à quelques kilomètres seulement de Diên Biên Phu.

– Dans quel but les Viêts auraient-ils fait cela?

– Pour calmer nos ardeurs. – Il sourit, hocha la tête et se présenta : – Je m'appelle Norris. Benjamin Norris. Autrefois parachutiste au 8e groupement de commandos paras, présentement évadé repris...

Son voisin inclina le buste, comiquement cérémonieux et tendit la main :

– Caporal Mallier. Michel Mallier. Naguère chef de groupe au bataillon Thaï nº 2. Présentement évadé repris...

– Autant dire qu'aucun de nous n'a de cadeau à attendre de nos geôliers!

Mallier ne répondit pas. Il dressa l'index :

– Voilà pourquoi les Viêts nous ont fait tourner en rond : le secteur était encombré.

En effet, à quelque cinquante mètres de là, un convoi était en train de se former, sous les hurlements des Bo doïs, les appels des gradés.

– C'est comme le métro, observa un barbu, qui s'était présenté comme « Jo » Allenic. – Une rame ne peut entrer en gare tant que la précédente s'y trouve.

Assis en rond, les arrivants regardèrent s'ébranler la colonne de leurs camarades. Ils avaient l'impression de se voir dans un miroir, tellement l'allure générale était semblable à la leur.

Mallier eut le cœur serré en voyant passer devant lui un officier dont les deux avant-bras étaient maintenus dans des plâtres souillés.

– Je le reconnais, dit quelqu'un. – C'est le capitaine Hervouët, qui commandait les chars de Diên Biên Phu [1].

– Les Viêts auraient pu le laisser évacuer, observa Mal-

1. Témoignage du capitaine De Wilde, du 6e B.P.C. à l'auteur.

lier. – C'est scandaleux de faire marcher un homme dans cet état.

– Ils ont systématiquement refusé de restituer les officiers, précisa « Jo » Allenic. – A Diên Biên Phu, il en reste encore une quinzaine, blessés aux jambes, qui seront lancés sur la piste dès qu'ils seront en état de marcher. Ou jugés tels.

Les prisonniers n'eurent pas le loisir de s'attarder longtemps à la contemplation de leurs « doubles ». Déjà, leurs gardiens étaient là, vigilants, agités, taillés pour la course. Ce n'étaient plus les mêmes que la veille, mais au contraire, à une certaine façon d'être, précis, organisés, impersonnels, tous semblables, l'on devinait qu'il s'agissait de gardiens patentés, spécialisés dans le convoyage des prisonniers.

Norris fit le premier l'expérience de leur savoir-faire. Il était descendu jusqu'à la petite rivière qui serpentait entre les futaies, avait découvert une anse à peu près exempte de déjections, et, tout nu, avait entrepris une toilette complète. Le visage plein de savon, il se rasait, au jugé, l'œil au vague, palpant du bout des doigts les endroits où la barbe s'incrustait encore.

– Toi, là-bas! Reviens! clama une voix impérieuse.

Norris se retourna et vit l'inévitable mitraillette braquée sur son ventre. « Allons, bon. Qu'y a-t-il encore? » se demanda-t-il.

– J'exécute les consignes de la « lysiène », exliqua-t-il.

– Défendu de raser! jeta la sentinelle qui tendit la main en direction de l'objet prohibé, en l'espèce, un rasoir mécanique, tout à fait banal.

– Donne ça tout de suite!

– Attends, répondit Norris, d'un ton apaisant, laisse-moi terminer!

– Non!

D'un geste sec, le Viêt arma sa culasse. Il ne souriait pas et semblait bien décidé à faire respecter son ordre.

– Pourquoi?

– Parce que toi, tu veux t'évader!

De mauvais gré, Norris tendit l'objet du litige, mais il ne put s'empêcher d'ajouter un commentaire de son cru :

– Un rasoir Gillette n'est pas un tapis volant!

– Et mon cul ? lança la sentinelle, montrant ainsi qu'elle connaissait les subtilités du français.

Norris regagna son abri, à moitié rasé, furieux et malgré tout, perplexe. Quel rapport pouvait-il exister entre le souci de la propreté corporelle et l'intention de s'évader ?

Il s'en ouvrit à ses voisins, qui, comme lui, ne comprenaient pas les raisons pour lesquelles un gardien s'opposait à l'application des règles élémentaires de « la lysiène ».

Jean-Louis Phongue, l'Eurasien qui, la veille, s'était ouvertement rangé aux côtés des parachutistes français, avec une longue pratique de ses demi-frères, intervint. Il montra ses joues glabres :

– La barbe est un signe distinctif des Européens, et plus particulièrement des Européens prisonniers. Vous en avez fait un signe de supériorité, les Viêts ont retourné le raisonnement et vous comparent, dans leurs tracts, à des grands singes velus. Si l'envie vous prend de vous évader, vous êtes facilement identifiables, même de loin, grâce à vos barbes. Ils en concluent que si vous vous rasez, c'est pour camoufler votre condition d'homme-singe, donc pour passer inaperçus au milieu des hommes sans poils.

La conversation fut interrompue par appel, lancé par les gradés, pour rassembler les prisonniers du convoi.

– *Môt! Môt!* criaient les sentinelles.

– Ils nous invitent à nous mettre colonne par un! traduisit Phongue.

La longue chenille s'allongeait, serpentant dans la clairière, chacun s'interrogeant sur cette nouvelle lubie de la hiérarchie du convoi. Margoz, qui était allé en avant, revint et annonça :

– Il s'agit d'une fouille. Et sérieuse celle-là puisque nous n'aurons plus le droit de revenir ici. Les gars partent aussitôt pour un autre camp de triage, cinq cents mètres plus loin.

– Je m'en fiche, dit Mallier. – Il montra ses poches, vides. – Je ne vois pas ce qu'on peut me prendre.

– Tu ne possèdes vraiment rien ? s'apitoya Azam. – Tu vas être malheureux, celui qui n'a rien ici n'est rien.

– Bah, nous verrons bien.

Mallier était sincère. Depuis sa blessure et sa tentative

d'évasion ratée, il s'était entièrement remis entre les mains de la Providence. Cela ne signifiait nullement qu'il était résigné à subir son sort, au contraire. Mais il se bornait, pour l'instant, à vivre au présent, sans projets ni craintes, résolvant ses problèmes un à un sans se poser de question sur l'avenir. Sa cheville le faisait cruellement souffrir, malmenée durant cette première étape, mais il constatait avec soulagement qu'elle avait tenu, même si elle était bleue et légèrement enflée.

– Un peu d'exercice ne peut que lui faire du bien, affirmait « Jo » Allenic.

Mallier s'en alla, à pas prudents, rejoindre ses camarades qui prenaient la file, vers la fouille qui se déroulait tout au bout de la clairière. Les prisonniers étaient canalisés par une haie de Bo doïs formant entonnoir au bout duquel, presque nu, chaque soldat devait vider ses poches, et montrer le contenu de sa musette.

Les Viêts prenaient tout ce qui pouvait servir de monnaie d'échange avec des populations civiles. Ils fouillaient les portefeuilles, étalaient papiers et photos, confisquaient les objets en or, stylos, chaînettes, bracelets, alliances et montres.

– C'est du vol! protesta Azam, qui redoutait avec désespoir l'instant où il devrait retirer le petit anneau d'or qu'il portait à l'annulaire de la main gauche.

– Les Viêts te fourniront un reçu, signé et contresigné par un quelconque fonctionnaire, répliqua Norris. Ça leur donnera bonne conscience et apaisera les récriminations.

– Crois-tu qu'ils nous rendront nos objets à la libération?

– Bien sûr, si tu survis jusque-là.

– Merci de tes encouragements, répondit Margoz, avec une grimace. – Que fais-tu?

– Je découds le col de ma veste pour y cacher ma montre. C'est précieux, une montre. D'abord c'est un cadeau de ma fiancée quand je suis parti pour l'Indochine. Ensuite elle ne se contente pas de donner l'heure...

– Elle indique la direction du sud, tout le monde sait ça, compléta Margoz.

– Et c'est un objet rare. Les copains de Diên Biên Phu

m'ont raconté qu'au mois de novembre, ils échangeraient une montre contre un cochon!

« Jo » Allenic intervint, de son ton toujours placide.

– Avec les quelques milliers de montres qui auront échappé à la fouille, il faut t'attendre à une singulière dévaluation! Estime-toi heureux si l'on t'en offre son poids en riz.

Les vingt hommes du groupe n° 2 avaient été rassemblés, à la hâte, la veille au soir. Ils n'avaient pas encore eu le temps de se connaître. Ils y mettaient d'ailleurs peu d'empressement. Les quelques jours, passés en captivité leur avaient suffi pour apprendre la circonspection. Chacun observait, jaugeait, testait son voisin, cherchant à deviner celui qui pourrait devenir son compagnon.

Quelques équipes, déjà précédemment constituées, comme celle du quatuor Azam, Norris, Margoz et Basquet, ou encore celle de « Jo » Allenic, du major Adler, de Mallier, Rémy et Delbay, donnaient le ton. Quelques Français s'y associèrent. D'autres, en revanche, se tinrent prudemment à l'écart. C'étaient les méfiants, gradés pour la plupart. Ils ne tenaient pas à frayer avec des hommes de troupe, escomptant de leurs sardines ou de leur ficelle qu'elle leur épargne corvées et servitudes.

C'était notamment le cas de l'adjudant Vercruyse, un géant à la barbe rousse, qui promenait d'un air supérieur un casque de latanier recouvert de toile kaki, ce qui, pensait-il, devait lui attirer la sympathie de ses confrères de l'armée populaire. Il ne condescendait à parler qu'au sergent-chef Bornet, des tirailleurs algériens, arrogant et vindicatif. Durant toute la marche de la nuit, celui-ci n'avait cessé de s'en prendre à Delbay, qu'il avait choisi comme souffre-douleur.

C'était « Jo » Allenic qui, une fois encore, avait dû intervenir :

– Fiche-lui donc la paix! Il est malade!

– En d'autres circonstances, avait sifflé Bornet, venimeux, je t'aurais collé au garde-à-vous, à six pas! Mais j'ai une excellente mémoire. Nous nous retrouverons à la sortie.

– Si tu sors...

Bornet avait la haine vigilante et la rancune tenace. Il le montra dès son passage devant le gradé responsable de la fouille. Se retournant, feignant hypocritement de s'adresser à ses compagnons, il s'écria d'une voix assez forte pour être entendue du commissaire politique, nonchalamment adossé à un arbre à une dizaine de mètres de là :

– Je sais qu'il y en a, parmi vous, qui ont caché des objets pour les soustraire à la fouille! C'est un procédé que je ne saurais admettre. Il déshonore les soldats! Prouvons aux Viêts que nous sommes loyaux...

L'effet escompté fut immédiat. Le Can bô fonça vers les prisonniers.

– Tout homme surpris avec un objet interdit sera sévèrement châtié! promit-il. – Puis, s'adressant à Bornet : Vous avez bien fait d'attirer mon attention. Vous êtes vigilant. Il faut être vigilant!

Bornet rosit de plaisir. Mais il faillit gâcher la bonne impression produite en ajoutant :

– Donne-moi une cigarette.

Offusqué, le Viêt se redressa. Pour qui se prenait ce pouilleux pour oser lui adresser la parole? Il tourna les talons, gris de colère.

– Ce salaud s'est fait moucher. Et c'est bien fait, glissa Mallier à « Jo » Allenic.

– Je ne me fais aucun souci pour lui; il saura bien manœuvrer, trouver une autre astuce pour se mettre dans les petits papiers des gardiens et en tirer des avantages personnels. C'est le parfait petit collabo. – Un type comme toi ou moi n'y arrivera jamais, nous sommes trop cons!

La fouille avait pris fin. Sur les conseils de Norris, Azam avait dissimulé son alliance dans le fond de son slip. Il avait pourtant failli se faire prendre, il n'avait pas l'habitude de commettre des infractions et son trouble, au moment de l'examen, avait attiré l'attention du responsable qui l'avait rappelé et palpé de nouveau.

Maintenant, l'ensemble du convoi était rassemblé dans un enclos, cerné de barbelés, celui-là même où avaient été parqués leurs camarades qu'ils avaient vus, à l'aube, prendre la route.

Un peu avant midi, les Viêts se déployèrent autour du

parcage, puis une escouade de Bo doïs se présenta, sur la placette centrale, escortant l'un des commissaires politiques qu'ils avaient entrevus au matin, un grand escogriffe, le casque de côté, un mégot aux lèvres. Il prit la parole et montra, dès les premiers mots, qu'il possédait parfaitement le français, avec des intonations canailles et des termes d'argot parisien.

– Vous êtes dans un fichu pétrin! commença-t-il sur le ton de la conversation, qui contrastait avec l'emphase grinçante de ses prédécesseurs. – Vous êtes fatigués, vous êtes mouillés, vous avez mal dormi et vous avez faim.

Il laissa les mots faire leur chemin dans l'esprit des prisonniers, qu'il devinait embrumé. Il attendit aussi quelques murmures d'approbation, qui ne manquèrent pas, surtout quand il avait dit : « vous avez faim ».

– Vous pensez peut-être que tout cela est notre faute? Mais ce n'est pas nous qui vous avons demandé de venir à douze mille kilomètres de votre pays pour combattre le peuple du Viêtnam. Je veux croire pourtant que vous avez été trompés par vos chefs, Laniel, Navarre, de Castries (il prononçait Decas-try). Ils vous ont dit : vous êtes les plus costauds, vous allez écraser cette armée populaire qui est pauvre, mal armée, qui n'a pas d'avions, pas de canons. Mais nous avons gagné! Parce que nous nous battions pour notre patrie. Alors que vous combattiez pour la Banque d'Indochine, les plantations de Michelin, l'impérialisme américain et le grand capital!

Là encore, il marqua une pause avant d'assener sa conclusion.

– Et vous voilà, maintenant, dans un drôle de merdier!

Il espérait des rires. Il en eut, sans doute moins qu'il l'avait escompté, suffisamment toutefois pour enchaîner, sur un ton sarcastique.

– Qui va vous sortir de là? Hein? Laniel? Navarre? De Castries? Non. Personne d'autre que vous-mêmes à condition que vous abandonniez vos préjugés racistes, vos airs de supériorité. Regardez vos vainqueurs : ils sont, eux aussi, fatigués, ils sont mouillés, ils ont mal dormi et, tout comme vous, ils ont faim. La différence c'est qu'ils sont vainqueurs et que vous êtes vaincus!

« Mettez-vous bien ça dans le crâne. Vous êtes vaincus! Autrefois, lorsqu'il vous arrivait de capturer l'un de nos soldats, quel sort lui réserviez-vous? Rappelez-vous. Vous l'abattiez, sans jugement!

– C'est faux, crièrent quelques voix, outragées. – Nous faisions des prisonniers. La preuve : les P.I.M.!

– Les P.I.M.? Tout le monde sait que ceux que vous appelez P.I.M. n'étaient que des travailleurs civils que vous avez raflés au cours de vos criminelles opérations contre les populations sans défense, et dont vous avez ensuite fait les esclaves du Corps expéditionnaire!

Il tendit l'index le promena sur la foule, qu'agitaient des mouvements divers :

– Ne perdez jamais de vue que nous aurions pu vous tuer, tous! Nous en avions le droit!

Il changea de sujet, et, avant de reprendre la parole, il fit appeler un interprète arabe.

– Maintenant, commença-t-il, je m'adresse aux soldats originaires des pays colonisés par la France. Vous n'avez plus rien à craindre, nous vous avons libérés. N'écoutez pas les Français, c'est leur faute si vous vous trouvez ici, loin de vos villages, de vos familles, de votre patrie. Vous êtes prisonniers comme eux, mais ils sont prisonniers, comme vous! Voilà la vérité!

Les Français virent alors converger dans leur direction des centaines de regards sombres, dans des visages qui ne souriaient plus. De toute évidence, l'argumentation avait porté.

Du haut de son podium improvisé, le Can bô poursuivit, d'un ton doucereux :

– Votre rôle consiste à leur ouvrir les yeux, à les aider, à les guider sur le chemin du repentir. Ils pensent, ils agissent encore comme des machines à tuer, ce qu'ils ont été pendant des mois, des années. A vous de leur faire comprendre qu'ils doivent s'amender, devenir des hommes nouveaux!

Il leva le poing gauche, paume tournée vers son public.

– *Ho Chu Tich, muon nam!*

Ce cri fut repris par le chœur des Bo doïs, mais seul le silence répondit dans les rangs. Il enfla la voix :

– Criez tous avec moi : vive la paix en Indochine!

Le résultat ne fut pas à la hauteur de ses espérances, mais il parut s'en contenter, et s'éloigna, en roulant les épaules. Il fut relayé par l'un de ses adjoints chargé de distribuer les consignes pratiques :

– Nous partirons ce soir à 5 heures, expliqua-t-il. Nous marcherons de nuit, le jour, vos avions viennent bombarder et mitrailler les convois de prisonniers!

– Et la bouffe? cria une voix.

– Exceptionnellement, vous toucherez chacun une ration de riz cuit. Mais, à partir de demain, vous devrez le cuire vous-mêmes.

« En attendant, vous allez désigner, dans chaque groupe, un responsable qui sera notre seul interlocuteur. Il veillera à la discipline, répartira les corvées et fera appliquer les consignes que nous lui donnerons. Il devra aussi empêcher les évasions, et nous tenir au courant des intentions de nuire de ceux qui se refusent à s'amender.

Le rassemblement se dispersa, et commencèrent discussions et palabres.

– Désignons le plus gradé d'entre nous, suggéra Michel Mallier, approuvé par ses voisins.

L'adjudant Vercruyse se récusa :

– Les Viêts n'accepteront pas que la hiérarchie militaire soit recréée dans notre groupe, objecta-t-il.

– Son argument est bon, mais je le soupçonne de se défiler. Il préfère rester en retrait, la critique lui sera plus facile, souffla Norris à l'oreille de Margoz.

– Alors, prenons « Jo » Allenic? dit Azam.

– Pas question, protesta Bornet : ce type a mauvais esprit, il nous fera mal voir par les Viêts.

– Merci, dit « Jo », avec un sourire en coin. – Tu ne sais pas le service que tu me rends.

Après de nombreux échanges, le consensus se fit autour de Norris dont le nom avait été avancé par Basquet. A quelques exceptions près, c'était un inconnu pour la plupart des Français du groupe, et il leur était égal que ce soit l'un ou l'autre, à condition qu'ils échappent à ce redoutable honneur.

– Je refuse, déclara Norris.

– Pourquoi? interrogea Vercruyse.

– J'ai l'intention de m'évader dès que cela sera possible, et je vois mal comment je peux me dénoncer moi-même, répondit l'intéressé, avec une désarmante sincérité.

– Accepte, insistèrent Azam et Margoz. – Tu es notre meilleure garantie contre la connerie ou le fayotage...

Norris se rendit.

– O.K., finit-il par dire. Mais rappelez-vous que je n'étais pas client! Mon rôle se bornera à distribuer les corvées. Quant au reste – il balaya l'air de la main, sans rien ajouter d'autre.

2

Ils marchaient maintenant depuis quatre nuits, sans arrêts autres qu'une brève pause horaire. Peu à peu, les prisonniers s'accoutumaient à ce rythme, les muscles retrouvaient leur souplesse et, n'eût été la fatigue qui, déjà, devenait une compagne vigilante, pesant sur les épaules et les reins, ils auraient pu espérer parcourir ainsi les six cents kilomètres que le chef du convoi leur avait annoncés.

Le processus était immuable. Le départ avait lieu un peu avant le crépuscule, précédé d'un long cérémonial au cours duquel les Bo doïs procédaient au comptage des groupes. Ils s'y reprenaient à plusieurs fois, les prisonniers mettant leur coquetterie à fausser les résultats, soit qu'ils déplacent une file, soit qu'ils s'arrangent pour être dénombrés plusieurs fois chacun.

Ce comptage terminé, le chef de camp adressait à ses ouailles quelques paroles d'encouragement – ou de critique – qu'il ne manquait jamais de clore sur un vibrant :

– Vive la paix en Indochine!

Il paraissait s'être accoutumé du peu de succès que remportait son exhortation à obtenir l'unanimité, en tout cas, il ne manifestait aucune contrariété au quasi-silence qui suivait l'envoi du slogan.

Le convoi s'ébranlait enfin. Un par un, les hommes cheminaient, groupe après groupe, dans un ordre différent, chaque jour modifié, comptés une fois encore par le gardien-chef suspicieux, son carnet de notes à la main.

Norris et ses camarades avaient fini par se faire une idée assez précise de la hiérarchie viêtminh.

A la tête, il y avait le commissaire politique au parler gouailleur, qui, parti avant tout le monde, était toujours sur place à l'arrivée. Faute de savoir son nom, ils l'avaient appelé : « Julot », sa dégaine et son accent évoquant tout à fait le style d'une escarpe de Barbès ou de la Bastille.

« Julot » avait deux adjoints, l'un politique, un Can bô maigre, et malveillant, qui commençait toujours ses harangues par le sempiternel « *tot ka* », ce qui signifiait « tout le monde » et qui lui avait valu son sobriquet. Le second, militaire et de toute évidence soumis aux deux autres, était responsable de l'escorte armée. Il était petit, râblé, taciturne, ne prenait jamais part aux réunions, mais sa haine des Français était visible, presque tangible. Lorsqu'au hasard d'une halte, il lui arrivait de côtoyer un prisonnier, il ne manquait pas de lui adresser un adjectif injurieux, quand ce n'était pas un coup, de pied, de poing, de crosse.

L'escorte des Bo doïs elle-même était scindée en deux équipes, chacune relayant l'autre au fil des étapes. Accompagner les prisonniers, dont le rythme de progression avoisinait les deux ou trois kilomètres à l'heure, était en effet une épreuve physique éprouvante.

A tour de rôle, l'une des équipes partait devant, à sa propre cadence. Elle installait le bivouac, surveillait la préparation du repas, tâche subalterne dévolue aux ex-P.I.M. qui, sans changer d'emploi, avaient changé de maître.

Pour les prisonniers, être désigné comme groupe de tête était considéré comme un avantage, avant de devenir une faveur. En effet il pouvait avancer d'un pas régulier, bénéficier intégralement des dix minutes de pause horaire, et choisir, à l'arrivée à l'étape, les emplacements les meilleurs.

Partir en queue était ressenti par les hommes comme une malchance. Ils s'aperçurent bien vite qu'il s'agissait d'une brimade, imposée par « Julot ».

Les Français ne s'y trompèrent pas, lorsqu'ils s'aperçurent qu'ils étaient systématiquement relégués à la fin de la colonne.

Le troisième soir, ils déléguèrent Norris auprès du chef

pour lui exprimer l'étonnement de tout le « Groupe numéro 2 » d'être privé de l'avantage de la première place. Il s'attira cette réponse, logiquement cynique :

– Apprenez à être les derniers! Votre groupe n'a pour l'instant montré aucune apparence de repentir! La meilleure preuve est cette démarche que vous tentez! Vous n'avez rien à exiger! Les soldats colonisés ont été exploités, il est juste qu'ils soient traités en hommes libres et considérés!

– Libres? – Norris n'avait pu s'empêcher de souligner le qualificatif. – Demandez-leur donc s'ils préfèrent être « libres » chez vous ou « exploités » chez nous!

Le Viêt ne daigna pas répondre. Pas directement en tout cas. Il appela son adjoint.

– Cet homme n'est plus responsable du Groupe numéro 2. Il sera attaché cette nuit, pour sanctionner son insolence!

Cette quatrième nuit de marche se prolongea jusqu'au milieu de la matinée suivante. Lorsque les Français arrivèrent enfin, ils débouchèrent dans une vaste cuvette, important carrefour de pistes, marqué de traces nombreuses de passages de convois routiers. Çà et là, des abris, parfaitement camouflés aux vues aériennes, étaient construits sur les flancs des collines, sous des bosquets d'arbres. Au centre, un petit mamelon rond était surmonté d'un immense mât, un tronc mince et gracile d'aréquier auquel était accroché un drapeau rouge timbré de l'étoile jaune.

A ses pieds, se dressaient encore les restes calcinés de ce qui avait dû être un grand village thaï dont les pilotis, hachés d'éclats de bombes, dressaient leurs moignons noircis vers le ciel. Plus près, les prisonniers s'aperçurent qu'il s'agissait en réalité d'une astucieuse mise en scène. Les cratères de bombes avaient été judicieusement choisis pour dissimuler aux avions l'entrée de galeries, de souterrains où devaient être implantés hôpitaux ou P.C.

– Je sais où nous sommes, souffla « Jo » Allenic. J'y suis passé voici deux ans en repliant mes supplétifs sur Son La : ce village s'appelle Tuan Giao. Nous avons parcouru un peu plus de cent kilomètres depuis Diên Biên Phu.

Sa remarque ne trouva pas d'échos. Ses compagnons de

route étaient au bord de l'effondrement nerveux. A bout de forces. Ils marchaient sur la piste depuis très exactement dix-sept heures.

Lorsqu'enfin la halte fut ordonnée, le groupe des Français s'aperçut, une fois de plus, que les meilleurs emplacements étaient occupés par les premiers arrivants, les Nord-Africains principalement. Ils avaient dressé le bivouac, tendu des toiles de tentes d'un arbre à l'autre, reléguant les nouveaux sur les bords de la forêt où ils durent se contenter d'un espace réduit qui leur laissait à peine assez de place pour s'asseoir, blottis les uns contre les autres, avec interdiction d'en bouger.

Norris était épuisé. Plus encore que la plupart de ses camarades. La souffrance était insupportable. Liés haut dans le dos, ses bras étaient gonflés, ses doigts ankylosés, la circulation sanguine ne s'effectuait plus, il avait l'impression d'avoir des barres de fer rouge aux creux des paumes. Ses épaules, tirées en arrière, bloquaient son torse, gênant sa respiration, l'obligeant à avoir la bouche ouverte sur un air difficile. L'impossibilité pour lui d'écarter tous les insectes volants qui vrombissaient autour de son visage, s'incrustaient dans son cou, ses bras, son front était une véritable torture. Il lui était même arrivé d'en avaler, et ce répugnant contact lui tordait l'estomac.

Il n'en pouvait plus. Dans sa tête enfiévrée tournaient des mots sans suite. Il plongeait souvent dans une hébétude moite, avec des éclairs rouges voletant devant ses yeux. Il ne se réveillait que secoué par des élans de fureur, de haine contre ses tortionnaires.

« Les salauds, les salauds... » Ces trois syllabes martelaient ses tempes, rythmaient ses pas. Un leitmotiv, en surimpression duquel surnageait cette affirmation : « Ils ne m'auront pas. Ils ne... »

Michel Mallier avait fait route à ses côtés, sans dire un mot, mais cette seule présence suffisait à sceller une amitié, une complicité naissantes.

Les sentinelles avaient depuis longtemps cessé de les bousculer sous leur sempiternelle rengaine :

– *Di lên! Di lên!*

Honte ou remords? Ou pitié? C'était difficile à dire, en

tout cas, elles avaient disparu pendant la marche pour se porter en tête du groupe, avec lequel elles avaient achevé l'étape.

Il était 11 heures du matin. Norris se laissa tomber sur le sol, lourdement, avec une exclamation de souffrance. Mallier appela le Bo doï :

– Il faut détacher mon camarade, fit-il observer. Sinon il risque la gangrène!

Le soldat se pencha, son fusil glissa de son épaule et vint frapper Norris, qui n'avait pas besoin de ce mauvais traitement supplémentaire. Il jura :

– Bougre de con!

Normalement, ce terme aurait dû lui valoir une riposte vigoureuse du Viêt. Curieusement, il encaissa l'insulte et se borna à faire observer :

– Moi, pas con. Moi appeler Lam.

– Lam, répondit Mallier : c'est regarder mon copain, ses bras ont mauvais aspect.

Le Viêt en convint.

– Attendre un peu, moi c'est parler chef de convoi.

Il s'éloigna, de son pas traînant, la crosse du fusil battant ses fesses maigres.

– Cet idiot a failli m'éborgner, grogna Norris. Et en plus, il s'est défilé. Il va aller dormir...

– Patience, il a une bonne bouille. Il va revenir. – Mallier ajouta, dents serrées : S'il n'est pas là dans cinq minutes, je te détache. As-tu faim?

– Question idiote. Je ne suis pas un pur esprit!

Norris était de mauvaise humeur, ou, plus exactement, il avait les nerfs à vif, son caractère s'aigrissait. Autour de lui, les hommes du groupe préparaient leur riz, chacun pour soi, dans son coin, dans une gamelle, un casque lourd, une boîte de rations.

– Je vais faire cuire ta ration avec la mienne, proposa Mallier.

– Dans quoi? demanda Norris, hargneux. – Je croyais que tu n'avais rien...

– Je n'ai rien en effet. Qu'une vieille boîte de sardines vide. Cela me prend du temps, mais j'y arrive, bouchée par bouchée.

Norris se radoucit.

– Prends ma musette, j'ai ma gamelle. – Il baissa la voix : Il me reste aussi un sachet de potage instantané. Mélange-le avec l'eau de cuisson, ça donnera du goût et des vitamines. Va...

Mallier s'éloigna, se dirigeant vers la rivière qui coulait au bas de la pente sur laquelle ils étaient installés. Il lava le riz dans l'eau courante, pour le débarrasser des impuretés et l'imbiber. Puis il remonta, creusa un trou dans la terre, disposa brindilles et branches mortes.

– Soldat ? appela-t-il. – Du feu s'il vous plaît ?

Le Viêt se retourna, arrogant, contemplant ce prisonnier sale et dépenaillé qui se permettait de l'interpeller. Il s'approcha, la lippe dédaigneuse.

– Pouvez-vous me prêter du feu pour allumer le foyer ? Je veux faire cuire mon riz et celui de mon camarade.

– *Khong biêt!* [1]

– Du feu, reprit Mallier, imitant du bout des doigts le fonctionnement d'un briquet. – *Leua,* ajouta-t-il, en viêtnamien.

Le soldat secoua la tête, d'un air supérieur.

– *Khong leua* [2], affirma-t-il.

Mallier hocha la tête. Puisque la sentinelle y mettait autant de mauvaise volonté, il suffisait de s'adresser aux voisins. Muni d'une poignée de brindilles, Mallier entreprit de solliciter un peu de la flamme qui brûlait sur le foyer du groupe d'à côté. Il dut déployer une grande diplomatie. Chacun des prisonniers se montrait jaloux de son maigre bagage, poussant jusqu'à la manie le souci de la propriété. Il n'était pas rare en effet que des disputes éclatent pour la possession d'un bout de suspente de parachute dont la propriété était contestée. Tout ce qu'ils auraient négligé ou dédaigné autrefois prenait, avec la pénurie, l'importance d'une fortune.

La flamme d'un feu difficilement allumé entrait dans la catégorie des domaines privés, et Mallier fut obligé d'user de persuasion pour « emprunter » de quoi allumer son fagot.

1. *Khong* est la négation viêtnamienne : *khong biêt* : je ne comprends pas.

2. *Khong leua :* je n'ai pas de feu.

Encore dut-il s'adresser à plusieurs compagnons de misère. Il se fit rabrouer deux ou trois fois et même le tirailleur auquel il s'adressa à la fin et qui consentit à le laisser approcher ses brindilles trouva-t-il le moyen de l'injurier sous prétexte qu'il avait dérangé l'ordonnance de son feu et que la cuisson de son riz risquait de s'en trouver compromise.

Mallier revint, protégeant sa précieuse flamme de sa paume repliée. Il s'accroupit, souffla sur les braises, redoutant de manquer sa mise à feu. Il s'imaginait mal recommencer une nouvelle quête. Le succès couronna ses efforts et il se redressa, soulagé et satisfait. Sous sa gamelle, les flammes avaient jailli.

– Dans dix minutes, put-il annoncer à Norris, le couvert de monsieur sera mis!

– Je préférerais être détaché d'abord!

– Je m'en occupe tout de suite.

Mallier appela Margoz et Azam.

– Faites le guet, leur dit-il. Je défais les liens de Norris.

Il contourna son camarade qui s'était mis à genoux, les fesses sur les talons. Et son cœur se serra. Les liens avaient profondément pénétré dans les chairs boursouflées, au point qu'il n'arrivait pas à distinguer les nœuds, invisibles dans les replis de la peau, noirâtre et tuméfiée. « Si seulement j'avais un couteau » songea-t-il avec désespoir. Mais il y avait longtemps que le moindre objet tranchant avait été confisqué par les gardiens.

Il introduisit l'index dans les replis des biceps, tâta le câble téléphonique à la recherche de ce maudit nœud. Il souffla :

– Ça y est. Je l'ai. Désolé si je te fais mal, je vais être obligé de tirer un peu sur le fil. Serre les dents.

Il fit comme il avait dit et eut la joie de sentir, sous ses doigts, le triple nœud qui se relâchait, commençait à se défaire.

– Vingt-deux! chuchota Azam. – Le Viêt!

Mallier leva la tête, le cœur battant. Il se rassura, c'était le nommé Lam qui revenait, avec un petit sourire amical.

– Moyen défaire, dit-il, en s'agenouillant auprès de Norris.

Il plissa le front :

– Qui c'est déjà défaire ? demanda-t-il.

– C'est moi. J'avais peur que tu ne reviennes pas assez tôt.

– Ce n'est pas bien, glissa-t-il. – Moyen attendre, autrement c'est monsieur Dang pas content, attacher encore !

Mallier ne répondit pas. « Monsieur Dang » – qu'ils avaient surnommé « Julot » – avait droit de vie ou de mort sur les prisonniers. Il se rappela les paroles prononcées quelques jours plus tôt, avant leur véritable départ :

– Quand vous aurez compris, il sera peut-être trop tard.

Une sorte d'angoisse lui noua le cœur. Peut-être une prémonition. « Il est là pour nous faire crever » se dit-il.

Tandis que le nommé Lam achevait de défaire les liens qui attachaient les bras de Benjamin Norris, Mallier était retourné surveiller la cuisson de son riz. L'eau bouillait, il était temps de recouvrir la gamelle, et de disperser les braises, ne laissant rien que quelques cendres chaudes. Le riz allait gonfler. Dans dix minutes, il aurait absorbé l'eau, il serait cuit à point, chaud et moelleux.

Une ombre s'intercala entre le soleil et Mallier, accroupi près de son foyer. Celui-ci leva les yeux ; il aperçut la sentinelle qui, tout à l'heure, lui avait refusé le feu.

– Fumée ! laissa tomber le Viêt, du haut de son mépris.

– Mais non, protesta Mallier. – C'est le feu *chêt.* [1]

– Fumée, répéta l'autre.

– Et les autres ? Ils ne font pas de fumée ?

L'ensemble du convoi, largement étalé sous les arbres, s'affairait pareillement autour de ses braises. Une fumée légère et ténue stagnait à hauteur d'homme.

– Défendu fumée ! reprit le Viêt. – Après, avions venir et bombarder ici.

Il estima sans doute son explication suffisante et jugea l'infraction d'une extrême gravité. Son pied se détendit, renversant la gamelle, répandant le riz dans les cendres qui chuintèrent en crachant leur vapeur.

Mallier s'était mis debout, d'un bond, le cœur chaviré, une immense détresse lui nouant le ventre. Un voile rouge passa devant ses yeux. Il eut soudain envie de tuer.

1. Mort.

Tout cela n'avait pas duré une fraction de seconde et, en se relevant, il n'avait obéi qu'à un réflexe de rage. Le Viêt prit peur, recula d'un pas, précipitamment, braquant son fusil à l'horizontale, en braillant des insultes.

Puis, du même geste, il retourna son arme, effectuant un moulinet, crosse en avant. Une crosse dont la partie plate atteignit Mallier sur le côté du visage. Celui-ci eut l'impression que sa tête éclatait sous le choc, il entendit les os craquer. Il ne put qu'étendre les mains devant lui et tomba, en avant, la face contre le sol.

CHAPITRE 6

1

Georges Basquet avait peur. Ils étaient tous fous, ils allaient au massacre. Les Viêts étaient vainqueurs, ils l'affirmaient assez! Pourquoi s'obstiner à leur tenir tête? Il fallait au contraire leur montrer que les Français ne demandaient qu'à obéir, à respecter les consignes et, pourquoi pas, à acclamer Hô Chi Minh et tous les personnages que « Julot » se plairait à proposer à leur admiration.

L'important était de sortir vivant de cette aventure. Qui se soucierait de savoir si les prisonniers avaient serré la main des Bo doïs ou s'ils avaient refusé de leur sourire, de coopérer? Quelle différence cela ferait-il à la libération?

« Nous étions forcés. » Voilà ce qu'il répondrait si on lui demandait des comptes.

Mais Norris, et maintenant Mallier, tous ces enragés risquaient de compromettre les chances de voir s'améliorer le sort de l'ensemble du groupe. Et c'est pourquoi il avait peur. Peur d'être catalogué, lui aussi, parmi les mauvais « combattants de la paix », les seuls, selon Tot Ka, à ne pas mériter de bénéficier de la clémence d'Hô Chi Minh. Peur surtout de ces copains, ceux qui approuvaient l'attitude suicidaire des deux meneurs, parmi lesquels Margoz et Azam, et les nouveaux venus, « Jo » Allenic et Jean-Louis Phongue. Ils se serraient les coudes, n'hésitaient pas à se montrer ouvertement solidaires des deux pestiférés. Ils n'étaient pas les seuls. Pendant la marche, pendant les haltes journalières, il les avait observés.

Le groupe, finalement, se scindait en deux clans, même s'ils n'étaient pas aussi tranchés. Ceux que Basquet appelait les provocateurs, ceux qui considéraient encore les Viêts comme des ennemis. Outre les copains de Mallier et de Norris, il y avait aussi les autres paras du groupe Rombardière et Camparo, deux infirmiers de l'A.C.P.3, et Davis du bataillon Bigeard. Et de l'autre, ceux qui se faisaient oublier, qui regardaient ailleurs lorsque l'un de ces « provocateurs » faisait acte de rébellion, Vercruyse et Bornet. Basquet les appelait les « sages »; des anciens, qui en avaient vu d'autres et qui étaient revenus de tout. Avec eux, Delbay, le para-légionnaire « belge », Remy le petit brun au nez pointu qui avait été parachutiste et s'appliquait à le faire oublier, ainsi qu'Adler, le sergent-major, qui s'était confectionné une allure de « civil » en retirant de son uniforme tous les attributs attestant sa qualité de soldat, et ne s'habillait plus que d'un flottant de sport, d'une veste de pyjama bleu pâle, et qui s'était confectionné un feutre mou en découpant avec soin les bords trop larges d'un chapeau de brousse.

Entre ces deux extrêmes se tenait la masse flottante des indécis, tantôt capables de rire des Viêts s'ils savaient ne risquer aucune sanction, la plupart du temps trop obsédés par la nourriture pour ne se préoccuper d'autre chose que de soupes de fougères, mitonnées en secret, ou de tout ce qui pouvait tromper leur manque de tabac.

Le tabac! Pour Basquet, plus sans doute que la perte des rations cachées dans sa musette et qui avaient été collectivement dévorées au cours de leur séjour à Diên Biên Phu, c'était le naufrage de ses Lucky Strike qui était le plus solide motif de la haine portée à Norris et à ses camarades. Une haine si tenace, si solide qu'il lui arrivait de rêver à des idées de vengeance et de meurtre. Quand il y pensait, il avait les mains moites, la gorge nouée, la respiration haletante. Il ne savait encore comment, mais il était certain qu'un jour, ils paieraient tout cela.

Pour l'instant, il attendait, s'obligeant à la patience. Il s'était peu à peu rapproché de l'adjudant Vercruyse et de son âme damnée le sergent-chef Bornet. Il leur rendait de menus services. Il savait qu'à l'issue de cette épreuve, ce seraient tous deux ses meilleurs avocats si quelqu'un, Azam par exemple, s'avisait de lui demander des comptes sur son comportement pendant la bataille.

« Le mieux, songeait-il parfois, serait que ce gendarme ne retrouve jamais la liberté. »

Cette pensée lui tenait, provisoirement, lieu de viatique.

– Nous devons maintenant désigner un nouveau responsable du groupe, dit, dans l'après-midi, l'adjudant Vercruyse. – Ce Norris a failli nous compromettre, nous devons choisir un type qui portera témoignage de notre bonne volonté.

Les vingt Français s'étaient rassemblés, en rond, les uns, assis contre les arbres, d'autres, allongés sur leurs toiles de tente, par équipes d'affinités. Comme à leur habitude, Mallier, Allenic et les compagnons de Norris faisaient bande à part, mais ils n'avaient encore émis aucune objection.

– Qu'en pensez-vous? demanda Vercruyse.

Quelques vagues murmures lui parurent assez approbateurs pour l'encourager à poursuivre. Il avait redouté d'être contesté alors qu'il cherchait avant tout à se présenter comme l'autorité morale, le véritable chef occulte, entre les mains duquel tout ce qui intéressait la vie du groupe passerait sans qu'il ait besoin de se compromettre personnellement. Vercruyse était rusé; il avait compris que la meilleure chance de survivre consistait à arrondir le dos, à laisser passer l'orage sans se faire remarquer en bien ou en mal.

– Je vois que vous êtes d'accord, reprit-il. – Je propose que nous désignions un camarade qui jusqu'ici a su se montrer solidaire, exemplaire dans toutes nos activités, qui ne s'est pas attiré d'observation de la part de nos gardiens...

– Un fayot? lança Margoz, entre haut et bas, soulevant quelques ricanements.

– Non, renvoya Vercruyse. – J'en ai un peu marre, et je ne suis pas le seul, de vos rodomontades qui ne servent à rien qu'à nous attirer des emmerdements! – Il s'échauffait au fil de son discours, haussait le ton, reprenait possession de ses fonctions d'adjudant de compagnie pendant un rapport. – Avec toi, Norris, qu'avons-nous gagné? Nous avons toujours été placés en queue de convoi, ce qui est la plus mauvaise des situations.

– Je vous avais prévenus! répliqua l'intéressé, d'une voix lasse.

Il avait mal, ses mains retrouvaient difficilement leur mobilité, des crampes atroces nouaient ses doigts, et le sang, en affluant trop rapidement, lui causaient d'insupportables fourmillements. Et même si ces camarades s'étaient privés d'un peu de leur ration de riz pour compenser la perte de la sienne, la faim lui tordait les entrailles, son estomac gargouillait, un début de dysenterie l'obligeait à s'isoler de plus en plus souvent dans les feuillées. Il était las.

– Tu songeais à t'évader?

– Un prisonnier qui ne songe pas à l'évasion s'enferme lui-même dans sa prison!

– Tu voulais partir, et pourtant tu es toujours là! Fous le camp, ce sera le meilleur service que tu pourras nous rendre!

– Et le plus tôt sera le mieux, ajouta Bornet.

Il se passa alors quelque chose que ni Norris, ni ses camarades n'auraient pu soupçonner quelques heures plus tôt. Une grande partie des membres du groupe prirent parti pour les deux sous-officiers.

– C'est vrai, tu nous empoisonnes l'existence, lança le major Adler.

– On en a par-dessus la tête, de tes grands airs! ajouta Delbay, le prétendu Belge. – Tu oublies qu'ici, ce sont les Viêts qui commandent.

Des bruits approbateurs montèrent de l'ensemble. Le vent avait tourné. Norris était désormais ressenti par ses compagnons comme un trublion dangereux pour leur maigre et précaire confort.

Il allait protester, injurier Vercruyse. D'une pression de la main sur l'épaule, « Jo » Allenic le calma :

– Laisse tomber, souffla-t-il. Les gars sont crevés, ils disent n'importe quoi. Ça les occupe et ça les défoule! Si tu insistes, ils sont capables de t'écharper!

– Veux-tu accepter d'être notre responsable de groupe? demanda Vercruyse à Delbay.

– Si vous m'en croyez capable, pourquoi pas? répondit le « Belge », feignant la modestie.

– Qu'en pensez-vous, vous autres?

– C'est très bien, approuvèrent les prisonniers, indifférents.

Leur excitation était retombée, ils se moquaient pas mal de savoir qui les représenterait auprès de l'autorité; la plupart estimaient ce poste peu enviable; s'il mettait l'intéressé à l'écart des corvées, il imposait par ailleurs trop de servitudes dont ils ne tenaient pas à s'encombrer, comme ces longues palabres qui duraient parfois deux ou trois heures. Deux ou trois heures, autant de temps de repos en moins.

– Va trouver « Julot », dit Vercruyse. Présente-toi de façon réglementaire et annonce-lui que c'est toi qui désormais es notre délégué élu.

Delbay revint un peu plus tard. Son visage exprimait une vive satisfaction :

– Bonne nouvelle, les gars! lança-t-il aussitôt. – Je suis chargé de vous annoncer qu'il n'y aura pas de marche cette nuit. Nous pouvons nous reposer. La prochaine étape sera difficile, nous franchirons le col des Méos, que vous pouvez apercevoir d'ici, à plus de huit cents mètres au-dessus. Monsieur Dang m'a dit de vous conseiller d'économiser vos forces, il faudra marcher vite. Les avions enne... (il avait failli dire « ennemis », il se reprit à temps) les avions français bombardent la piste à peu près toutes les nuits.

Delbay bombait le torse, se rengorgeant comme si cette nuit de repos inespérée avait été arrachée par ses bonnes manières ou sa diplomatie. Il s'en attribuait le bénéfice, attendait sans doute des bravos. Il ne recueillit que quelques « c'est très bien ». Il en fut déçu. Il avait tort, les hommes n'étaient plus capables d'enthousiasme.

– Autre chose, reprit Delbay d'un ton plus bas, en s'adressant cette fois à Vercruyse en qui il avait reconnu le vrai chef. – Les Viêts vont nous affecter un nouveau.

– Un nouveau?

– Oui, un officier qui a déserté un convoi précédent et qui a tenu la brousse pendant plus d'une semaine avant d'être repris.

– Merde! s'exclama Bornet. – Nous avions neutralisé

Norris, voilà que s'amène un casse-pieds de plus. Quel est son grade ?

– Lieutenant. Le lieutenant Dubourg, un para.

– D'abord, trancha Vercruyse, il n'y a plus de galons. C'est Dubourg. Tout simplement.

Il redoutait que l'autorité que lui conférait son grade, le plus élevé jusque-là, soit battue en brèche par l'arrivée d'un officier, évadé de surcroît. – Il sourit à Delbay : Ne te fais aucun souci, tu restes le responsable. Je le dirai moi-même au nouveau.

– Le nouveau va être pris en main par Norris et ses petits copains, intervint Bornet, venimeux.

– Norris ? A propos, où est-il ? Evadé ? Ce serait trop beau !

En effet Norris n'était plus là. Prétextant un besoin urgent, il avait quitté le groupe voici plus d'une heure. Personne ne l'avait revu. Mallier, Allenic et ses compagnons commençaient à s'inquiéter. Il n'avait sûrement pas tenté une nouvelle évasion, elle eût été suicidaire, dans l'état de fatigue dans lequel il se trouvait après cette nuit de cauchemar.

– Il a peut-être eu un malaise ?

Les regards se tournèrent vers Azam dont l'imagination n'était pas la qualité prédominante et qui trouvait toujours la plupart du temps avec raison des explications simples aux problèmes apparemment les plus compliqués.

– Un malaise ? Impossible, les Viêts nous auraient déjà requis pour aller lui porter secours.

C'était en effet l'une des règles imposées par « Julot » lors d'un de ses derniers entretiens. Chaque groupe était collectivement responsable de chacun de ses membres. La veille, les Africains avaient été tenus de brancarder l'un des leurs, atteint de béri-béri, incapable de marcher [1].

– Il a rencontré « Tot ka » qui l'a expédié effectuer une corvée ? hasarda Mallier.

– Il va encore revenir en mauvais état, déplora Allenic. – Il n'a pas de chance...

1. Maladie provoquée par la carence en vitamine B1, caractérisée par des œdèmes et des troubles nerveux (déséquilibre).

En réalité, Norris n'était pas loin. Lorsqu'il avait achevé, pour la cinquième fois de la journée, de reboutonner son pantalon, son attention avait été attirée par des aboiements proches.

« Qui dit aboiement dit chien, pensa-t-il aussitôt, enchaînant : qui dit chien, dit civil. Qui dit civil dit maison. Qui dit maison dit provisions de bouche...

Il avait suffisamment écouté les récits de Mallier et de « Jo » Allenic, dépeignant les civils thaï comme des gens de bonne compagnie, hôtes courtois et attentifs, pour estimer qu'il ne risquait rien à tenter une petite visite. « Les Thaï n'aiment pas les Viêts, ils préfèrent les Français » affirmait Jo. C'était le moment de vérifier cette assertion. « Qui sait? Peut-être vont-ils me donner un peu de riz, une feuille de tabac? »

Du bout des doigts, il avait vérifié la présence de sa montre, toujours incluse dans le revers de son col de veste. « Au besoin, je pourrai peut-être l'échanger contre des œufs, une carcasse de poulet, une poignée de bananes séchées? »

Il avait faim, mais il pensait d'abord à rapporter à ses camarades de quoi compenser la part de leur ration qu'ils lui avaient offerte.

Prudemment, il s'engagea sur une petite piste qui louvoyait entre les arbres, l'œil avivé, l'oreille tendue. De loin lui parvenait la rumeur assourdie du bivouac; des Allemands chantaient, des Arabes se querellaient, des Viêts discutaillaient.

La nuit était proche. « Raison de plus pour aller vite », pensa-t-il encore. Il pressa le pas et déboucha sur une minuscule esplanade, au bord d'un ray. Une cagna sommaire y était plantée, misérable hutte au toit pointu posée de guingois sur quatre pilotis graciles. Assis sur le seuil, les pieds reposant sur les degrés les plus hauts de l'échelle menant à une étroite terrasse, deux hommes riaient à gorge déployée en s'assenant de formidables claques sur les cuisses. Ils regardaient, à leurs pieds, les évolutions d'un gros animal, attaché par le cou, qui aboyait furieusement.

Le spectateur de gauche était un civil, justaucorps noir, béret basque, visage buriné. Celui de droite était un Bo doï d'âge mûr, la joue enflée par une chique de bétel. De temps à autres, il puisait dans un panier posé à côté de lui quelques grains de riz qu'il jetait, du haut de son piédestal, à l'animal qui jappait alors ses remerciements, en se dressant sur ses pattes de derrière et en agitant ses antérieurs.

En soi, la scène n'avait rien d'aussi désopilant que l'hilarité des deux hommes pouvait le laisser supposer. Norris observa mieux. Et il se raidit, statufié.

Trompé par le crépuscule, ce qu'il avait d'abord pris pour un gros chien était un homme. Et un homme blanc.

Il avait les cheveux noirs et bouclés, qui lui tombaient sur les épaules et masquaient une partie de son visage dont le bas disparaissait sous une épaisse barbe grise de crasse. Ses bras étaient d'une saleté repoussante, couverts de boue et de griffures dont le sang avait coagulé. Il était vêtu de loques, mais la coupe de sa veste indiquait qu'il s'agissait d'un parachutiste.

« Depuis combien de temps est-il là ? se demanda Norris. Ce n'est pas un soldat de Diên Biên Phu, il n'aurait pas les cheveux aussi longs. Peut-être une année ? »

Son cœur se serra. Il pensait à ce que devait subir son infortuné camarade pour arriver à survivre de quelques grains de riz. Que d'humiliations endurées, que de rage étouffée!

Il sut qu'il commettait une grave imprudence en pénétrant dans la clairière, bien en vue des deux personnages qui s'étaient aussitôt arrêtés de s'esclaffer. Mais ce fut plus fort que lui. Aider un frère d'arme était un devoir sacré. En même temps, il se disait qu'il n'allait pas lui être d'un grand secours; il ne possédait rien que sa compassion.

Du bras, le Bo doï lui intima, de loin, l'ordre de rebrousser chemin.

– *Di!* cria-t-il. – *Di vê. Maolên!*[1]

Mais Norris continua d'avancer. Le Viêt arma son fusil.

– *Di!* cria-t-il encore. – *Coï chung mai*[2]*!*

Mais Norris était hors de lui, étranger à toute peur. Il fit

1. Va-t'en vite!
2. Prononcer « Coï tioung » : attention. Gare à toi!

encore quelques pas. A mesure qu'il approchait, il percevait des détails qu'il n'avait pas discernés auparavant. Le para avait les chevilles enserrées dans de gros bracelets de fer reliés par une chaîne. Autour du cou, un collier de métal était attaché à une longue laisse de cuir tressé, fixée à un piquet.

– Vous n'avez pas le droit de traiter ainsi un prisonnier de guerre! hurla-t-il.

Le Viêt s'était dressé. Dans sa main, le fusil n'était plus aussi assuré.

– Pas moyen venir! lança-t-il, rassemblant sans doute ses maigres connaissances de français.

Entendant la voix de Norris, le prisonnier avait fait face. Il était d'une maigreur effrayante. Par les trous de sa veste, l'on voyait saillir les côtes. Les yeux profondément enfoncés dans les orbites, les joues creusées, la bouche ouverte sur un peu de salive, son aspect était terrifiant.

– Puis-je faire quelque chose pour toi? demanda Norris, soudainement mal à l'aise.

Pour toute réponse, le para montra les dents, gronda en tirant sur sa laisse et se remit à aboyer, comme un chien furieux. Il était fou, fou à lier.

Norris recula, épouvanté. Au-dessus de lui, sur leur balcon, les deux hommes se tordaient de rire, en prodiguant des encouragements à leur victime. Norris en devinait le sens :

– Allez, vas-y! Mords-le!

Les mains plaquées sur les oreilles pour ne plus entendre, ni les hurlements de fauve du malheureux, ni les éclats de rire de ses geôliers, Norris prit la fuite. Il était au bord de la crise de nerfs, tout son corps tremblait. Il courut, courut comme un dément, jusqu'à ce qu'il s'effondre, au bord de la piste, le dos soulevé de hoquets incoercibles.

Et il éclata en sanglots.[1]

De retour au bivouac, il se laissa tomber près de ses amis, sans pouvoir prononcer un mot.

1. Témoignage recueilli par le colonel Trinquier (cf. *Les Maquis d'Indochine*, S.P.L. éditeur).

– Que t'arrive-t-il? souffla Allenic, prévenant. Et où étais-tu?

Il fallut longtemps à Norris pour raconter ce qu'il avait vu dans la clairière. Chaque évocation trop précise le mettait au bord des larmes. Quand il eut terminé, il se fit autour de lui un grand silence.

– Qui pouvait être ce type? demanda Azam, le plus réaliste.

– Sans doute un cadre des maquis antiviêtminh, hasarda « Jo ». L'an passé, lorsque nous avons évacué le Centre retranché de Na San, nous avons laissé derrière nous des unités de supplétifs, Thaï ou Méos, chargés de mener sur les arrières du Viêtminh des actions de guérilla, d'installer l'insécurité sur leurs axes de communication. Des officiers, des sous-officiers parachutistes étaient chargés de les encadrer, de les instruire, de les mener au combat. Au mois d'octobre de l'année dernière, les Viêts ont envoyé en Haute Région, juste de l'autre côté du fameux col des Méos que nous franchirons demain, toute une Division d'infanterie avec mission d'écraser ces maquis.

« Ceux-ci se sont bien battus. Sans appui, sans secours, tout seuls. Ils ont tenu près de quinze jours, luttant pied à pied contre un ennemi bien supérieur en nombre et en matériel.

« Mais c'était un baroud d'honneur. Les Viêts ne leur ont pas fait de quartier. Ils ont fusillé les chefs coutumiers, ils ont torturé les cadres français avant de les pendre comme « bandits » ou « pirates ».

« Je pense que le para que tu as vu est l'un des rares rescapés de cette tragédie.

– Rescapé, releva Mallier. C'est beaucoup dire. Mieux vaudrait qu'il fût mort plutôt que de supporter cette infamie.

– Le plus grand service à lui rendre, ajouta Margoz, serait de lui donner le coup de grâce.

– Il est fou, objecta Norris. – Cela vaut sans doute mieux pour lui, il ne se rend pas compte...

« Jo » Allenic laissa passer une longue seconde avant de dire :

– Je n'ose pas imaginer par quelles abominables tortures

il a dû passer pour ainsi perdre la raison!... – Puis il ajouta, et Norris devait toujours porter en lui cette réflexion, comme une devise : Jusqu'où peut-on accepter de descendre dans la déchéance pour survivre?

2

– Monsieur Dang nous demande si nous acceptons de signer une pétition pour demander notre libération, annonça Delbay, à l'aube du lendemain.

– Qu'en pensez-vous, tous? interrogea Vercruyse qui, aussitôt, avait pris la situation en main.

Il y eut peu ou pas de réponses. La plupart des hommes du groupe n° 2 vaquaient à leurs petites occupations quotidiennes, allumer les feux, interdits pendant la nuit, laver le riz, partager leurs provisions sous l'œil suspicieux des voisins. D'autres pratiquaient une traque au pou. Depuis quelques jours, ces parasites avaient investi les vêtements, leur cachette favorite était le renfort de la ceinture du pantalon. Certains, plus subtils, logeaient dans les doublures ou les ourlets.

Pour la plupart des prisonniers, signer une pétition était une occupation sans bénéfice immédiatement escomptable. Comme le résuma l'un des « irréductibles » :

– On n'en a rien à foutre.

– Mais c'est important, plaida Delbay. – La libération!

– Dis à ton Viêt qu'il peut se la mettre au cul.

La remarque, énoncée d'un ton paisible, sans aucune marque d'acrimonie, fit converger tous les regards vers celui qui l'avait émise, un grand échalas au visage à peine envahi d'une maigre barbe aux reflets blond-roux. Il avait l'œil clair, le sourire goguenard, et, dans la voix, quelque chose de cassant qui dénotait une habitude du commandement.

– Je suis arrivé cette nuit, reprit le nouveau venu. Je suis le lieutenant Dubourg.

– Vous vous attendez probablement à ce que nous vous souhaitions la bienvenue? répondit Vercruyse, doucereux. – Les Viêts nous ont prévenus, vous êtes un évadé repris. Et, dans ce groupe, nous tenons à avoir la paix! A bon entendeur...

Le lieutenant haussa les épaules.

– Rassurez-vous, je ne vais pas vous encombrer longtemps.

– Vous ferez aussi bien. Ici, tout le monde doit filer doux. Compris ?

– Je ne sais pas qui vous êtes, répliqua Dubourg, sans se retourner vers l'adjudant Vercruyse. – Mais je vous serais obligé de dire « mon lieutenant » quand vous vous adressez à moi. Ou alors, abstenez-vous de me parler. C'est au fond ce que je préfère.

– Ce connard de Vercruyse s'est fait moucher, souffla Norris à l'intention de Mallier, qui lui frictionnait les biceps pour en faire disparaître les ecchymoses. – Espérons que cela va calmer ses ardeurs collaborationnistes!

Dubourg avait l'ouïe fine.

– Je constate avec plaisir que ce groupe n'est pas entièrement constitué de larves!

– Sérieusement, reprit Delbay, pleurnichard. – Que vais-je répondre au chef de convoi ?

– S'il te plaît? implora Margoz, simulant l'intérêt. – Fais-nous la lecture de cette intéressante pétition ? Ça doit être très instructif.

Delbay s'exécuta :

« Les soldats vaincus de Diên Biên Phu adressent respectueusement leurs souhaits de longue vie au président Hô Chi Minh. Ils l'assurent de leur ardent désir de lutter pour que s'instaure une juste paix au Viêtnam. Ils lui font part de leur sincère repentir et espèrent, de sa Clémence, qu'elle leur vaudra un prompt rapatriement dans leur pays où ils sauront se montrer les défenseurs de l'idéal de paix et de fraternité qui unira désormais les peuples français et viêtnamien. »

Il abaissa son papier et plaida :

– Ce n'est pas si méchant. Et, en plus, nos familles sauront que nous sommes en vie.

– Parce que, en plus, les Viêts ont l'intention de publier nos signatures au bas de ce torchon ? demanda Allenic.

– Bien sûr que oui. Du reste, tous les autres convois ont signé le même.

– Ce n'est pas une raison. Pour ma part, c'est non.

– Qui accepte de signer ? Je ne peux tout de même pas revenir bredouille !

– Montre l'exemple, lança Allenic à l'intention de Vercruyse.

Celui-ci haussa les épaules et, moitié fureur, moitié défi, attrapa le porte-plume de Delbay et apposa son paraphe au bas du document. Quelques prisonniers suivirent son exemple, Bornet, Adler et Rémy, le para au profil de fouine.

Une demi-heure plus tard, Delbay revint, la tête basse.

– Monsieur Dang a dit que tout le monde devait signer. Ou personne.

– C'est ce qu'on appelle le libre choix ! Et si personne ne signe ?

– Il a dit que notre refus serait interprété comme une insulte envers le peuple du Viêtnam et contre son Président qui use de clémence à notre égard. Il a ajouté qu'il tirerait lui-même les conséquences de notre rébellion.

– « Ah ! quel plaisir d'être fait aux pattes.

« Quand on l'est par les démocrates », chantonna Allenic, gouailleur.

Ces vers de mirliton enchantèrent le lieutenant Dubourg qui enchaîna :

– Les démocrates vont au-devant d'une cruelle désillusion !

– Alors, personne ne signe ? s'inquiéta Delbay.

– Question idiote, répliqua Dubourg, soulevant l'hilarité générale.

La réaction viêtminh ne se fit pas attendre. Au rassemblement du soir, où devaient être fixées les modalités de la prochaine étape, « Julot » prit la parole :

– J'ai une mauvaise nouvelle pour vous, les gars. – Il arborait pourtant un sourire canaille et avait adopté un ton familier. – Je viens d'apprendre que le camion qui devait apporter votre ration de riz pour quatre jours n'a pu franchir le col des Méos, à cause d'un bombardement de l'aviation française.

– Il raconte n'importe quoi, souffla Margoz. – S'il y avait eu un bombardement, nous en aurions entendu les échos.

– Vous marcherez donc le ventre vide. Si vous avez des reproches à formuler, adressez-vous au général Navarre!

– Cette décision est contraire aux conventions de Genève, lança une voix, venue du groupe numéro 1.

« Julot » lança dans la direction du trublion un large sourire aimable et répliqua :

– Relisez donc ce que disent les conventions de Genève avant d'en exiger l'application. Je cite : « les prisonniers seront nourris et soignés selon les possibilités locales! » Il se trouve que les « possibilités locales » nous interdisent de vous fournir, provisoirement, la ration réglementaire de riz! Cet empêchement ne nous est pas imputable. – Puis, il conclut : Une journée de jeûne n'a jamais tué personne.

Il laissa passer quelques secondes, attendant peut-être une réaction qui lui permettrait de relancer son discours. Mais les prisonniers étaient trop accablés pour réagir. Il dit alors :

– Vous étiez une armée de riche, vous mangiez trop! Il vous faut prendre des habitudes de sobriété.

Généralement, « Julot » ne quittait pas le rassemblement sans lancer son sempiternel « longue vie au président Ho Chi Minh! » Pour la première fois, il faillit à cette tradition, et se borna à laisser tomber :

– Nous partirons demain matin à 5 heures. Comme nous franchirons le col des Méos en plein jour, vous devrez vous couvrir de branchages pour échapper aux vues aériennes. – Il ricana : Vos aviateurs ne respectent rien, pas même les prisonniers!

Il faisait nuit. Les prisonniers dormaient, par petits groupes frileux, ressassant des rêves de nourriture. Quelques-uns, qui possédaient encore quelques bribes de riz, les avaient avalées, en cachette de ceux qui n'avaient plus rien.

Norris s'était arrangé pour se trouver aux côtés du lieutenant Dubourg. Il interrogea, à mi-voix :

– Mon lieutenant? Dormez-vous?

– Non.

– Êtes-vous toujours décidé à vous évader?

– Bien sûr, mais je ne crois pas indispensable de le clamer sur les toits!

– J'aimerais vous accompagner.

Dubourg ne répondit pas tout de suite. Il réfléchissait. Finalement, il parla, assez longuement.

– De mon escapade en brousse, pendant dix jours, j'ai tiré quelques leçons. La première est qu'il ne faut rien improviser, ce fut mon erreur, j'ai obéi à un réflexe... juvénile. La seconde est qu'il faut parfaitement savoir où l'on va et le meilleur itinéraire pour y parvenir...

– Il faut donc partir avant d'avoir franchi le col des Méos. Après, il sera trop tard pour retourner vers le Laos.

– Justement, il faut attendre. Le col des Méos est en effet une frontière entre deux bassins, d'une part, à l'est, le Mékong, d'autre part, la Rivière Noire et le Fleuve Rouge. Mon projet est d'atteindre la proximité de la Rivière Noire et de la suivre jusqu'au Delta, Hoa Binh ou, mieux, le confluent de Sontay [1].

– Autrement dit, vous allez rester avec nous?

Dubourg émit un petit rire.

– Comme diraient les commentateurs du Tour de France, les jours à venir constitueront des étapes de transition. Je reprendrai des forces et je referai des provisions de riz.

– Reprendre des forces? – Norris releva le terme. – Vous en avez de bonnes! Le système mis au point par les Viêts vise au contraire à nous obliger à gaspiller nos énergies. Vous verrez, demain, dans l'ascension de la montagne.

– Et tu veux m'accompagner? Je te trouve bien défaitiste!

– Je suis toujours partant, mon lieutenant.

– Justement. C'est la troisième leçon que j'ai tirée de mon évasion manquée, il faut savoir les risques encourus. Une fois partis, pas question de flancher, il faut aller jusqu'au bout, quitte à en crever. – Il demanda: Es-tu un évadé repris?

– Je me suis évadé, mais je ne figure pas sur la liste. Je suis seulement une victime des circonstances; trop compliquées à expliquer.

1. Cf. carte, p. 94.

– Tant mieux. Un récidiviste de l'évasion risque d'être abattu.

– Cela ne vous effraie pas ?

– Je n'y pense pas. J'aurais pu être tué pendant la bataille. J'aurais pu être passé par les armes après ma seconde capture. J'aurais pu, tout aussi bien, mourir d'épuisement quelque part en forêt, misérable et solitaire. L'important, c'est de tout tenter, de ne jamais baisser les bras.

– D'accord avec vous. Voulez-vous de moi comme compagnon ? A deux, nous pourrons nous entraider.

Dubourg fit simplement « hum, hum ». Puis il se tut. Norris pensa qu'il avait fini par s'endormir. Il se promit de poser à nouveau sa candidature le lendemain matin, et allait, à son tour, sombrer dans le sommeil. Il fut surpris par la question :

– Que vont dire tes copains ? Que tu les laisses tomber ?

– Non. Honnêtement, je ne les crois pas en état de partir. Mallier a des problèmes de cheville, « Jo » Allenic est blessé et, en plus, il est catalogué comme évadé repris. Margoz est trop vieux, et Azam ne sait pas nager, il me l'a dit.

– Laisse-moi réfléchir. Je ne veux pas m'embarquer avec n'importe qui. – Il corrigea : Ne te vexe pas, mais je joue ma peau. Je te donnerai ma réponse après le passage du col des Méos.

D'un seul coup, ce fut pour Norris comme si le ciel s'ouvrait, lumineux. Il se sentit léger, le cœur gonflé d'allégresse, toute fatigue oubliée. Jusqu'à sa faim, qui se fit moins impérieuse. Il était impatient du jour qui allait venir.

3

Le franchissement du col des Méos devait, dans la mémoire des prisonniers du Convoi 42, demeurer comme le passage d'un seuil infernal. Il y avait eu « l'avant-col », où ils se sentaient encore inconsciemment rattachés au monde des vivants. Mille liens les retenaient à l'univers des combattants et Tuan Giao n'était que la grande banlieue de Diên Biên

Phu. Il y eut, brusquement, « l'après-col » où ils eurent le sentiment d'être dépouillés de tout. Ils devinrent, réellement, des prisonniers, avec cette impression débilitante d'être désormais dans un autre monde, sans possibilité de retour en arrière, comme s'ils avaient été jetés dans un cul-de-basse-fosse.

La journée commença par le rassemblement, dans la clarté blafarde du petit jour, mené tambour battant par les Bo doïs hargneux, mal réveillés, qui se vengeaient sur les prisonniers de leur propre fatigue. Cris, insultes, coups, rien ne fut épargné aux quelque quatre cents malheureux dont les estomacs criaient famine, et qui, dans la pénombre, avaient de la peine à retrouver leur maigre bagage, quand ils n'étaient pas complètement à la dérive, ayant perdu leurs copains, leur groupe.

– Coupez des branchages, tout le monde, ordonna Tot Ka.

– Avec quoi ? Avec nos dents ?

– J'ai dit : coupez des branchages, répéta le Viêt.

– Ça, c'est commander ! remarqua Dubourg. – Cela me rappelle mes classes : « Balayez la chambrée ! » « Y a pas de balai. » « M'en fous, veux pas le savoir... »

Norris rit. Il fut le seul, mais il était aussi le seul à avoir des raisons de conserver le moral. Tout autour de lui, mornes, ses camarades arrachaient, en poussant des soupirs à fendre l'âme, branchettes et hautes herbes dont ils couvraient leur sac, leur coiffure, leurs épaules.

Le résultat ne fut sans doute pas ce qu'en escomptait Tot Ka, puisqu'il fit prolonger l'opération pendant un bon quart d'heure encore. Et quand, enfin, le convoi s'ébranla sur la piste, on eût dit une étrange chenille processionnaire, hérissée de feuillages qui, déjà, se fanaient.

– Le Corso fleuri, observa Dubourg, disparaissant lui-même sous une sorte de houppelande feuillue qui se terminait en pointe au-dessus de sa tête. Il avait simplement construit une hutte, sous laquelle il s'était glissé et qu'il transportait avec lui, comme une tortue sa carapace.

Et le soleil se leva.

La marche, déjà difficile en raison de la dureté de la pente, tourna rapidement au cauchemar que les hommes vécurent dans l'hébétude et la douleur.

Ils avançaient, tête baissée, les gestes mous, le pas automatique, l'œil fixé dans le vague, sur les talons de celui qui les précédait. Ils ne pensaient plus à rien, simplement préoccupés de leur propre souffrance. Plus que la fatigue, bien au-delà même de la faim, ce fut la soif qui fut ressentie comme l'épreuve la plus effroyable. Une soif dévorante, qui leur faisait la bouche irritée comme par un papier de verre, la langue dure comme un caillou. Les gorges se contractaient sur des salivations inexistantes, provoquant des toux sèches qui cassaient le rythme respiratoire. Ils étaient tous au bord de l'asphyxie, se traînaient, plus qu'ils n'avançaient vraiment.

Quelques-uns titubaient, leurs jambes, molles, ne les supportant plus, ils zigzaguaient sur la piste comme des hommes ivres avant de s'effondrer, bras en croix, sur le talus.

– Allez, criaient les gardiens. – Debout! Paresseux!

Roué de coups de pied, de crosse, menacé par le canon d'un fusil, l'homme reprenait lentement conscience et se redressait pour repartir, du même pas de zombie.

La marche avait débuté à 6 heures du matin. A midi, le groupe numéro 2, parti en queue de convoi, était encore à la moitié de la montée.

– Je n'en peux plus, se plaignit Mallier dont la cheville avait doublé de volume et qui présentait des zébrures violacées, en étoile autour de la cicatrice.

– Viens avec moi, proposa « Jo » Allenic. – Je vais t'aider.

– Non. Au contraire. Laisse-moi, ne gaspille pas tes forces, tu en as tout juste assez pour toi.

Le Viêt était déjà sur eux, le rictus mauvais, la crosse haut levée. C'était le même qui, l'avant-veille, avait renversé leur gamelle de riz.

– *Di! Di lên!*

Mallier en eut soudain assez. Il n'arriverait jamais en haut de ce foutu col des Méos. Il pensa : « Crever pour crever, qu'est-ce que cela change si je dois crever ici. Un peu plus tôt, un peu plus tard... »

Il s'arrêta, se laissa tomber sur le bord du talus, entendit au-dessus de sa tête le bruit métallique d'une culasse vivement armée, puis verrouillée.

– Debout! cria le gardien.

Mallier ne sursauta même pas au contact brutal de l'acier contre son cou. Il souhaita seulement que l'autre appuie vite, que tout finisse là, maintenant.

Il n'éprouvait plus qu'une morne indifférence envers sa pauvre vie. Il attendait la mort, comme une délivrance. Il se souvenait d'une phrase, entendue pendant la bataille, les derniers mots d'un copain qui voyait jaillir tout son sang par une horrible blessure à la cuisse, l'artère fémorale déchirée.

– Je n'ai pas peur de la mort, seulement de mourir.

Sur le moment, Mallier n'avait pas bien saisi la différence. Il comprenait, maintenant, le sens du message. Le plus dur était l'attente de la mort, ce bref instant avant que tout bascule, le passage...

Dans une sorte de coton, il entendit une voix, au-dessus de lui. Une voix qui disait :

– Fous-lui donc la paix!

Comme par enchantement, Mallier ne sentit plus contre sa nuque le poids du canon du fusil. Il ouvrit les yeux, leva la tête. Dans le soleil, il aperçut trois silhouettes. Celle du Viêt, que le casque plat faisait ressembler à un champignon, et celle de deux Français, Norris et le lieutenant Dubourg. C'était ce dernier qui avait invectivé le gardien.

Celui-ci se rebiffait déjà. Il leva son fusil, crosse en avant, mais Dubourg, placide :

– Du calme, Jojo! Que fais-tu de la clémence du président Hô Chi Minh?

Entendant le nom vénéré, le Viêt hésita. Il ne comprenait pas le sens de la phrase, il hurla, mollement, à tout hasard :

– Moi, pas « Jojo »! Moi soldat viêtnamien!

– Mais bien sûr, concéda l'officier. – Tu ne t'appelles pas « Jojo ». Mais tu laisses mon camarade tranquille. Il va se remettre en route.

La situation se décanta en quelques secondes. Du haut des lacets de la route, loin au-dessus, retentirent les accents plaintifs des trompes d'alerte. Les avions.

Poussés, halés, bousculés, harcelés, tirés, propulsés, les prisonniers se jetèrent au fossé, le dos rond, immobilisés.

Certains, influençables, se prirent à redouter un bombardement sévère. Pour les autres, plus nombreux, cette alerte constituait avant tout une halte inespérée.

Mallier se retrouva, lui aussi, allongé le long du talus, encadré par ses deux voisins, Dubourg et Norris. A quelques centimètres de son visage, il voyait les pieds de la sentinelle, nus dans les sandales « Hô Chi Minh », une semelle taillée dans un pneu, attachée à la cheville par des lanières découpées dans une chambre à air.

Vue d'en haut, incongrue, étirée le long des lacets dénudés de la piste menant au col, la chenille hérissée de feuillages ne pouvait qu'attirer l'attention des observateurs ou des pilotes. Cet alignement de buissons était aussi visible qu'un palmier au milieu du Sahara.

C'était l'avis du lieutenant qui observa, à mi-voix comme s'il redoutait d'être entendu d'en haut :

– Espérons seulement que nos petits camarades de l'Armée de l'Air auront suffisamment de jugeote pour deviner à qui ils ont affaire...

Les avions, deux *Corsair* en maraude, franchirent le col, dans le rugissement de leur moteur, immédiatement pris à partie par une batterie de D.C.A. installée en dessous, à l'orée de la cuvette de Tuan Giao. Les deux appareils grimpèrent aussitôt, en chandelle, avant de faire demi-tour et d'effectuer un second passage au-dessus du convoi, qu'ils survolèrent à basse altitude. Dubourg, qui les observait, vit qu'ils battaient des ailes.

– Ils nous ont repérés, dit-il. – Ce sont des gars bien.

– Des pilotes de l'aéronavale, ajouta Norris.

– C'est comme s'ils m'avaient adressé un clin d'œil complice. Nous ne sommes pas seuls, ni oubliés...

Il se redressa. Tout en haut de la pente, les trompes sonnaient la fin de l'alerte. La sentinelle hargneuse était déjà debout; elle n'avait pas oublié l'incident et reprit exactement la conversation à l'endroit où elle avait été interrompue.

– Parler mauvais pour moi! cria-t-elle.

– Oublie-moi, répliqua paisiblement Dubourg qui aidait Mallier à se remettre sur ses pieds.

Le Viêt se pencha, crocha dans le haut de la manche du lieutenant et hurla :

– Salaud de soldat colonialiste...

Jean-Louis Phongue, l'Eurasien, était arrivé à sa hauteur. Il s'interposa, et, en quelques phrases aimables, tenta d'apaiser la fureur du Bo doï. Il usa sans doute de diplomatie, puisqu'il obtint que le Viêt relève son fusil, l'accroche à son épaule et s'éloigne, en maugréant.

– Merci, dit, sobrement, le lieutenant.

– Pas de quoi. – Phongue souriait : J'ai déjà discuté avec lui. Il est fatigué, c'est le deuxième convoi qu'il escorte. Il a parcouru plus de huit cents kilomètres en un mois!

Au-dessus, le convoi s'étirait, lamentable, sur la piste. C'était l'hécatombe. Les groupes se mélangeaient, inextricablement, les traînards de l'un s'imbriquant dans la tête des autres, en dépit des cris et des objurgations des sentinelles, chiens de berger tentant vainement de rameuter le troupeau.

Pour ajouter à la confusion, une colonne de camions, hérissés de branchages, remorquant des pièces de D.C.A. – celles-là même qui, tout à l'heure, avaient tiré sur les avions – s'était engagée sur les lacets menant au col, rejetant au fossé les malheureux piétons, obligés, s'ils ne voulaient être, ni bousculés, ni écrasés, de cheminer hors de la route, en zigzaguant entre les cratères de bombes.

– Astucieux, commenta le lieutenant Dubourg. – Les Viêts devinent que les pilotes ont rendu compte, à Hanoi, qu'un convoi de prisonniers gravissait le col des Méos. Notre aviation se gardera d'intervenir aujourd'hui. Ils ont profité de l'aubaine et savent qu'ils peuvent circuler en toute impunité.

– Ils prennent un gros risque. Si les bombardiers reviennent, nous allons en prendre plein le portrait! répondit Norris.

– Mais non. Les Viêts comptent sur notre sens de l'honneur. Ils ont raison, c'est pour cette raison que nous avons perdu la bataille. Ils n'ont pas de ces scrupules, eux.

– On m'a pourtant raconté qu'ils avaient proposé un jour une trêve pour nous permettre de récupérer nos blessés de « Béatrice ». Ils sont, eux aussi, capables d'un geste!

Dubourg émit un rire sans gaieté :

– Tu te fourres le doigt dans l'œil. C'était pure tactique : pendant cette « trêve », ils ont exigé qu'aucun avion ne survole le camp retranché. Nous avons accepté cette condition, alors, ils ont profité de cette absence d'observation aérienne pour déménager paisiblement leurs canons et les amener à portée de tir du point d'appui « Gabrielle ». S'ils avaient dû effectuer cette translation de nuit, cela leur aurait demandé deux ou trois jours de plus.

Il ajouta, définitif :

– Rappelle-toi, ils n'ont jamais respecté les croix rouges, peintes sur les avions qui devaient évacuer nos blessés.

Il était près de six heures du soir. Il y avait exactement douze heures qu'ils avaient quitté la cuvette de Tuan Giao, et le col était encore à franchir, même s'il était juste au-dessus d'eux, au bout du prochain lacet.

Dubourg et Norris avançaient, tout à fait en queue de colonne, remorquant Mallier qui serrait les dents, le visage crispé par l'effort, la fatigue et la souffrance. De temps à autre, ses deux camarades croisaient leurs mains pour en faire une sorte de chaise sur laquelle il s'installait, en s'excusant de la fatigue supplémentaire qu'il leur imposait.

– Ne te casse pas la tête, répondit Norris. – Peut-être seras-tu amené à nous rendre le même service. Qui sait ?

– Mais non. Je sais que vous allez vous évader ensemble. Je suis désespéré de ne pas être en état de partir avec vous. Que vais-je devenir ?

– Il te reste des copains : Margoz, Azam et surtout « Jo » Allenic. Aucun ne te laissera tomber, tu le sais bien.

Dubourg reposa doucement le blessé et décida de s'octroyer une petite pause. Immédiatement, la sentinelle fut sur eux :

– *Di!* cria-t-il. – *Di lên!*

Dubourg affecta de l'ignorer. Il observa :

– Notre copain « Jojo » a peur d'arriver en retard pour la soupe !

– Moi, pas « Jojo » ! répéta le Viêt, d'un ton las, comme s'il avait compris que ses protestations ne changeraient rien.

– *Di! Di lên!*

Dubourg daigna lui répondre.

– Ne t'excite pas! Regarde devant : le convoi est arrêté.

En effet, quelque cinquante mètres au-dessus, un attroupement s'était formé, grossissant de minute en minute avec l'arrivée de nouveaux venus. Au centre de la foule, une dizaine d'Européens discutaient véhémentement avec une poignée de Bo doïs surexcités.

Dubourg et Norris s'approchèrent, fendirent les rangs, afin de savoir le motif de cet arrêt et de la discussion, qui ne s'apaisait pas.

Les protagonistes s'affrontaient, chacun dans sa langue, ce qui risquait d'embrouiller des explications, apparemment déjà compliquées.

– Il s'agit du groupe numéro 4, expliqua « Jo » Allenic qui était déjà là depuis le début de l'algarade. – Les « Européens » non germaniques. Leurs Bo doïs d'escorte ont découvert, dans le fossé, un prisonnier abandonné et ils veulent à toute force que le groupe le prenne en charge et le brancardent pendant tout le reste de l'étape.

Cette exigence paraissait logique. « Julot » et « Tot Ka » l'avaient précisé au départ de Tuan Giao : chaque groupe était collectivement responsable de ses membres. Si l'un d'eux tombait malade, s'il était hors d'état de poursuivre, il ne pouvait être question de le laisser en arrière, ses camarades devaient le brancarder. Partis à 20, ils devaient arriver à 20.

– Où est le problème? demanda Dubourg, s'adressant à celui des légionnaires qui semblait avoir pris en mains l'ensemble des discussions, un Italien volubile qui moulinait de grands gestes des bras.

– Ce type-là, c'est pas un type à nous! C'est un *Tedesco* du groupe numéro 6!

Jean-Louis Phongue était, lui aussi, arrivé auprès du lieutenant. Il traduisit, en quelques phrases brèves, les explications de l'Italien. Le gradé, responsable de l'escouade, hocha la tête soudainement compréhensif, un peu comme s'il se sentait solidaire de ses ouailles, faisant bloc avec eux contre les confrères du groupe numéro 6.

De proche en proche, les Bo doïs s'interpellèrent, transmettant l'information. Celle-ci finit par atteindre la tête du convoi qui stoppa, une nouvelle fois.

Un quart d'heure plus tard, « Tot Ka » était là, gris de fatigue et de fureur. Il commença par injurier copieusement ses subordonnés, qui l'avaient obligé à redescendre la centaine de mètres d'un dénivelé qu'il avait déjà gravi.

Ce que fit observer Norris, s'attirant la réponse pleine de bon sens du lieutenant :

– D'abord, c'est son boulot. Ensuite, il a le ventre plein!

Retrouvant à la fois son souffle et son calme, Tot Ka prit enfin la décision que tous espéraient :

– Faites revenir le groupe numéro 6. Ils se chargeront de cet homme.

L'homme en question était presque déjà oublié. Tous les regards convergèrent sur lui. C'est un grand diable de Poméranien, d'une maigreur effrayante, les joues creuses, mangées d'une barbe clairsemée qui blanchissait déjà par endroits. Les jambes enflées par un œdème de carence, le pantalon souillé d'excréments, ce n'était plus qu'une loque qui n'avait probablement plus très longtemps à vivre.

– J'imagine ce qui a dû se passer, observa Norris. – Dans l'impossibilité de continuer, il n'a pas voulu imposer à ses camarades une charge supplémentaire et a dû leur demander de le laisser là, en le cachant derrière un talus. Manque de chance, les Bo doïs l'ont découvert.

– Manque de chance? releva Dubourg. – Pour qui parles-tu? Pour cet agonisant ou pour ses copains?

Norris se sentit rougir jusqu'à la pointe des oreilles. Il s'aperçut qu'à la place des Allemands du groupe numéro 6, il aurait peut-être agi de la même façon. « Mon cœur est en train de sécher » se dit-il. « J'en arrive à penser qu'un homme condamné, fût-il un camarade, doit être abandonné à lui-même. La survie d'une équipe passe avant le secours envers un copain... »

Il se rassura tout de même un peu. N'avait-il pas, avec le lieutenant, pris tout à l'heure en charge Michel Mallier?

Quatre Allemands arrivèrent bientôt, portant une toile de tente qu'ils tenaient, chacun par un coin. A première vue, ils ne semblaient pas dans un état physique meilleur que le malade qu'ils se préparaient à transporter. Avec des gestes mous, incertains, ils basculèrent leur camarade au centre de la toile, et se relevèrent.

– *Di! Di lên!* ordonna leur gardien.

Ils s'ébranlèrent en titubant, d'un pas hésitant, le visage crispé, mais le regard vide. Ils effectuèrent une dizaine de mètres, frôlant dangereusement le bord du ravin.

Et, brusquement, ce fut le drame. Était-il prémédité ? Fut-ce l'effet d'un tragique hasard ? Norris se posa lui-même longtemps la question. Personne, hormis les porteurs, n'aurait pu le dire tellement tout était allé vite. L'un des porteurs lâcha le coin de la toile, déséquilibrant son voisin qui à son tour la laissa échapper. Sans doute inconscient, le malade tomba, roula dans la pente, pantin disloqué ricochant sur les rochers pour s'immobiliser, une vingtaine de mètres en dessous. Il n'y avait pas eu un cri. Il n'y eut pas un geste.

Figés d'horreur sur le bord du talus, les spectateurs ne pouvaient détacher leur regard de cet homme qui se mourait, tout seul, hors de portée de tout secours.

– Allez le chercher! ordonna un gradé.

Les Allemands ne bougèrent pas. Alors, Tot Ka saisit le fusil d'une des sentinelles. Il voulait en finir. Il arma la culasse, épaula et visa soigneusement. Puis il tira et les prisonniers virent clairement l'impact de la balle faire tressaillir le mourant dont le dos se teinta de rouge. Tous crurent que c'était fini. Ils se trompaient. Le Poméranien remua une main, poussa un long gémissement et appela :

– *Wasser! Wasser, bitte!*

Tot Ka tira une seconde balle. Mais le blessé vivait toujours. Dans la foule des prisonniers, il y eut des grondements de colère.

– Ce salaud tire comme un cochon! gronda Norris.

– C'est de la boucherie! cria une autre voix.

L'instant d'avant, tous étaient prêts à admettre que la meilleure solution était, en effet, d'abréger les souffrances de ce malheureux. Maintenant, ils trouvaient que la maladresse de l'adjoint était criminelle, elle ne faisait qu'aggraver les choses; le Poménarien ne voulait pas mourir.

Il fallut encore trois balles pour qu'enfin, le crâne éclaté, la victime consente à ne plus bouger.

4

La nuit s'annonçait lorsque Dubourg et Norris, escortant toujours Mallier qui reprenait courage, atteignirent enfin le sommet du col. Ils n'étaient plus les derniers. Dans les ultimes lacets, malgré le rythme ralenti de leur marche, ils avaient dépassé près d'une centaine de retardataires qui cheminaient, accablés et mornes, solitaires ou par petites escouades, transportant un malade, un éclopé, ou, simplement, avançant à leur cadence. Depuis longtemps, les Bo doïs eux-mêmes avaient renoncé à maintenir la cohésion de l'ensemble.

Le Convoi 42 s'effilochait, sur des kilomètres. Il y avait plus de quatorze heures qu'il s'était mis en route. Et la fin de l'épreuve n'était toujours pas en vue; il restait encore à redescendre dans la vallée.

Le col présentait un aspect de fin du monde, tellement le terrain était bouleversé, creusé, aplati, boursouflé par les centaines, les milliers de cratères de bombes, petites ou grosses qui l'avaient frappé.

Au point qu'il n'y avait même plus de piste. Les piétons devaient se faufiler, en équilibre sur le rebord des entonnoirs, ou bien là où ceux-ci avaient été partiellement comblés. Ils avaient cette impression dépaysante d'être des géants marchant sur la lune.

Les Viêts firent une fois encore stopper les prisonniers, pour laisser passer une colonne d'artillerie, dont les camions défilèrent, en se déhanchant, d'une ornière à l'autre.

Quelques servants des pièces, rendant les prisonniers responsables de leur inconfort, leurs lancèrent des insultes.

La halte fut de courte durée et les prisonniers entamèrent la descente. Ceux qui avaient espéré qu'elle marquerait la fin de leurs épreuves changèrent rapidement d'avis. Elle devait rester gravée, dans leur mémoire, comme une sorte de piétinement titubant, du talus au ravin. Les genoux durement sollicités, les muscles des cuisses tétanisés par l'effort, le dos secoué par les à-coups de la marche, tout leur était sujet de souffrance. Ils avancèrent, dans un état second, proche de l'hallucination, automates privés de conscience, tombant parfois dans le ravin, roulant jusqu'au lacet suivant, vingt, trente mètres en dessous. Ils restaient alors là, abasourdis et larmoyants, attendant d'un camarade de rencontre compatissant, ou même d'un Bo doï énervé, qu'il les remette sur leurs pieds.

Ils marchèrent, tous groupes confondus, jusqu'au petit matin.

Ils arrivèrent enfin dans une prairie, en bordure de rivière et s'y laissèrent choir, indifférents aux moustiques et aux sangsues qui se lançaient à l'assaut, étendus, bras en croix, n'arrivant pas à croire que c'était fini et qu'ils étaient vivants.

Dans le courant de la matinée, six prisonniers moururent d'épuisement, d'insolation ou de déshydratation. Beaucoup d'autres parmi les rescapés ne devaient jamais se remettre de cette marche à la mort : ils étaient restés vingt-trois heures sur la piste, sans manger ni boire, sans dormir et sans pouvoir se reposer une heure d'affilée.

Et c'est devant un troupeau hagard et amorphe que « Julot », goguenard, tira les leçons de l'épreuve :

– Peut-être y en a-t-il, maintenant, parmi vous, qui commencent à comprendre ? jubila-t-il. – La clémence du président Hô Chi Minh ne peut s'appliquer qu'à ceux qui la méritent. Elle ne concerne pas les coupables ! – Il hocha la tête, avec commisération, en désignant les six tumulus à peine achevés : Mais n'allez pas croire que vos camarades qui sont morts étaient les seuls coupables !

– En quoi l'auraient-ils été ? interrogea, à haute voix, le lieutenant Dubourg. – Ce sont vos victimes !

« Julot » devait aimer les interruptions, elles lui permettaient de dialoguer. Il répondit :

– Ils ne sont les victimes que d'eux-mêmes et de leur refus du repentir ! Mais ce ne sont pas les plus coupables. Les vrais coupables, je les connais. Ce sont ceux qui n'ont pas renoncé à leurs préjugés, qui pensent encore avoir raison, qui méprisent le peuple du Viêtnam...

– Et notre riz ? lança Norris, pratique.

– Soyez patient ! riposta « Julot ». – Ces morts d'aujourd'hui sont une partie du prix que vous devez payer pour vous racheter ! C'est à vous d'être vigilants, c'est à vous de rechercher les coupables, de les découvrir parce qu'ils se cachent, de les raisonner et leur montrer le bon chemin.

– Ou de les dénoncer, souffla Dubourg.

Comme s'il l'avait entendu, « Julot » conclut :

– Vos cadres, vos gardiens même seront près de vous pour vous expliquer où se trouve la vérité.

– Qu'est-ce que je disais...

Norris esquissa une grimace :

– Je ne comprends rien à ce discours. Si, au moins, il nous exliquait clairement ce qu'il appelle « le bon chemin », cela nous montrerait exactement ce que nous ne devons absolument pas faire. Mais il reste dans le vague.

– Il procède ainsi volontairement : il veut nous faire participer à notre rééducation. Ce serait trop facile et encouragerait notre paresse naturelle. Et puis, les Viêts douteraient, avec raison, de notre sincérité!

Comme s'il avait voulu entériner ces propos, le Can bô ajouta :

– Vous trouverez la vérité par un long et patient travail de réflexion et d'analyse! Il vous faudra plonger en vous-mêmes, penser aux fautes que vous avez commises, apprendre à ne plus les recommencer, et découvrir la façon de les expier.

Il se tut, il pensait sûrement avoir été très loin dans la voie des explications.

– C'est tout pour aujourd'hui. Ne croyez pas que je vais vous mâcher le travail!

Mallier secoua la tête. Tout en massant sa cheville, il maugréa :

– Dans le genre sadique, comparés aux Viêts, les Nazis étaient des petits garçons! Dans leurs camps de concentration, ils tuaient les déportés. Ils ne leur demandaient pas, en plus, d'adopter leurs idées et de se condamner eux-mêmes!

CHAPITRE 7

1

– Si, un jour, plus tard, quelqu'un me demande comment on s'évade, je répondrai, bêtement : il faut marcher. Je risque de décevoir, marcher n'est pas glorieux. Ni extraordinaire.

Le lieutenant Dubourg émiettait distraitement une boulette de riz dont il grappillait les grains, un par un, les mastiquant chacun lentement, pour tromper sa faim. Faim et fatigue étaient ses deux compagnes, familières, avec lesquelles il lui fallait vivre, au ralenti, la pensée elle-même participant à l'économie de l'effort. Depuis deux jours maintenant, il ne parlait que par lieux communs, entièrement préoccupé du présent, comme s'il n'avait pas voulu entamer sa volonté par des idées oiseuses.

Norris, qui l'avait suivi, s'était habitué à ces longs silences au bout desquels, soudain, tombaient une ou deux phrases d'une banalité d'évidence. Pourtant, cette fois, il répondit :

– La différence entre la marche forcée du convoi et celle-ci réside dans le fait que nous avons choisi. J'essaie de me persuader que nous sommes en balade. En tout cas, nous sommes déjà libres.

Dubourg fit « hon, hon », sans autre commentaire. La liberté était un but, pas encore une réalité.

– La Rivière Noire est-elle encore loin ? demanda Norris, pour relancer le dialogue.

– Je n'en ai aucune idée. A vue de nez, et pour autant que j'aie encore en mémoire une carte de la Haute Région, lorsque nous sommes partis nous étions à peu près à une quarantaine de kilomètres au sud. Mais, compte tenu des circonstances de notre évasion, tout cela ne peut être qu'approximatif. Nous avons sensiblement marché plein nord. – Il haussa les épaules : Nous ne pouvons pas la manquer.

Rien, en effet, ne s'était déroulé comme ils l'avaient prévu.

Sitôt franchi le col des Méos, de triste mémoire, et après la halte de vingt-quatre heures concédée par les Viêts, le Convoi 42 s'était engagé dans la longue vallée de Tuan Chau menant à Son La, l'ancienne capitale provinciale. Selon les prévisions du lieutenant Dubourg, c'était là qu'ils seraient fixés sur leur sort. Il avait expliqué :

– Ou bien nous filons vers le sud-est, par Chieng Dong et Moc Chau, vers Hoa Binh et la zone refuge du Thanh Hoa, au sud du Delta tonkinois. Ou bien, au contraire, nous remontons, par Ta Khoa et Nghia Lo, vers les camps du Viêt Bac, à la frontière de Chine [1].

« Nous aviserons. Si le convoi prend à droite, nous aurons une chance de rejoindre la Rivière Noire qui ne se trouvera qu'à une vingtaine de kilomètres. S'il prend à gauche, nous le suivrons jusqu'au bac de Tha Khoa. Là, nous n'aurons qu'à plonger dans l'eau et... vogue la galère.

« En attendant, repose-toi, reprends des forces.

Une bouffée de joie avait envahi Norris. Cette fois, plus de doute, le lieutenant l'avait accepté comme compagnon de route.

Ils avaient encore cinq journées devant eux, assez pour constituer quelques provisions de route en économisant, sur la ration quotidienne, un peu plus du tiers de riz cru que les Viêts leur octroyaient, avec pourtant bien de la parcimonie.

En principe, ils ne leur donnaient jamais plus de quatre

1. Voir carte, p. 94.

jours de vivres. L'explication fournie étant qu'ils auraient été incapables d'en porter davantage. En réalité, ils voulaient précisément éviter que les candidats à l'évasion ne fassent des réserves.

Norris avait confiance et calculait, mentalement, les kilomètres le séparant du grand départ.

Brusquement, et sans qu'ils l'aient voulu, la situation évolua.

Tout s'était passé la seconde nuit de marche après le passage du col des Méos. Ils avaient cantonné, la veille, à proximité d'un assez important village thaï que Dubourg avait appelé Ban Chieng Phuoc. Ils avançaient, péniblement, sur une route empierrée dont les aspérités faisaient cruellement souffrir les pieds, bien mal protégés par des semelles qui, pour la plupart, donnaient des signes évidents d'usure.

Et puis l'orage s'était déchaîné. Un orage comme jamais encore ils n'en avaient subi. Ce n'étaient pas les grosses gouttes tièdes des averses de mousson, mais un véritable déluge, un rideau liquide qui effaçait tout, qui empêchait même de voir l'homme qui marchait devant soi. Pour ne pas se perdre, les prisonniers avaient dû accrocher le bas de la veste, ou de la chemise du voisin.

Les Viêts eux-mêmes, en dépit du carré de plastique qu'ils avaient déployé au-dessus de leur tête, se trouvaient dépassés par l'ampleur des cataractes. Ils avaient bien essayé d'allumer des faisceaux de bambou, comme des torches, pour tenter d'entrevoir la route. En vain, à peine avaient-elles commencé à brasiller, la pluie les éteignait.

Finalement, Tot Ka avait dû ordonner la pause, et fait pénétrer le convoi à l'intérieur d'un hameau thaï, frileusement blotti au milieu d'une clairière, cinq ou six paillotes sur leurs pilotis de lim, le « bois de fer ».

Mettre à l'abri environ quatre cents prisonniers dans un si petit espace relevait du défi, ou de la gageure. Mais les sentinelles, elles-mêmes tenaillées par l'envie de se mettre au sec, usèrent de tous leurs moyens pour y parvenir.

Jamais maison thaï n'avait connu pareille affluence et le mince plancher de *cai-phèn*, prévu pour supporter au maximum le poids d'une dizaine d'habitants, fut brusquement soumis au piétinement d'une soixantaine de *Tou-binh*[1] caracolants, cherchant, chacun pour son propre compte un endroit où s'asseoir.

Par endroits, le plancher céda, précipitant dans les sous-sols, au milieu des cochons et des volailles, quelques malchanceux qui, s'ils ne se blessèrent guère, éprouvèrent le désagrément d'avoir à passer la nuit dans la promiscuité de ces animaux malveillants et, de plus, couverts de vermine.

Norris fut l'un d'eux. Il tomba, lourdement, sa tête portant sur le levier d'un pilon à décortiquer le riz. A demi assommé, il allait se relever. Il reçut, sur les épaules, le corps d'un autre prisonnier qui avait, par mégarde, emprunté le même chemin que lui.

Il poussa un juron sonore et se préparait à lui exprimer vertement sa façon de penser.

– Chut! répliqua le nouveau venu. – J'ai fait exprès de te suivre!

– Vous avez failli me démolir l'épaule, riposta Norris, qui avait reconnu la voix du lieutenant Dubourg.

– Ce trou est providentiel, ne comprends-tu pas? Demain matin, les Bo doïs surveilleront les prisonniers qui sortiront des cagnas par l'escalier principal! Ils ne penseront pas à regarder en dessous! Ne bougeons pas!

– En somme, nous sommes déjà des évadés?

– C'est un clin d'œil de la Providence, te dis-je!

Tout s'était, depuis, passé de façon tellement simple qu'ils n'en étaient pas eux-mêmes vraiment revenus. Le convoi avait repris la route un peu avant le lever du soleil, de façon à gagner au plus vite la halte prévue sur le tableau de marche. Il n'y avait même pas eu d'appel.

Il avait donc été facile aux deux amis de ne pas bouger de leur abri, d'attendre que le dernier des prisonniers ait regagné la route, pour se faufiler hors du village et se glisser dans la brousse proche.

Seul instant d'émotion, un chien était venu, tout près,

1. *Tou binh :* prisonniers de guerre.

pour les renifler, mais il était reparti, probablement écœuré par l'odeur qu'ils transportaient avec eux, faite de fiente de canard et de suint de porc.

Un peu plus tard, dans la matinée, après avoir parcouru, à l'estime, cinq ou six kilomètres, ils avaient pris le temps de se nettoyer et de laver leurs vêtements. Ensuite, ils avaient repris leur progression, ne s'arrêtant qu'un peu avant la nuit pour allumer un petit feu discret sur lequel ils avaient fait cuire une poignée de riz. C'était peu, la portion congrue mais, comme l'avait dit le lieutenant Dubourg avec un solide bon sens :

– Plus nous serons légers, mieux nous flotterons.

Son idée, celle que les circonstances lui avaient imposée en tout cas, était de suivre le fil de la Rivière Noire, en se laissant porter par le courant, jusqu'à son confluent avec le Fleuve Rouge.

– Je sais, tu vas me dire que si nous avions attendu un peu, nous aurions pu voler un coupe-coupe et construire un radeau. Mais le mieux est l'ennemi du bien et peut-être un radeau nous aurait-il fait repérer. Je crois aux coups de chance et je suis certain que c'est mon fidèle ange gardien qui m'a incité à sauter dans le trou de la cagna derrière toi !

Norris ne demandait qu'à se laisser convaincre, d'autant plus qu'il avait, une fois pour toutes, remis son sort entre les mains de l'officier. C'était un homme au caractère bien trempé et, quoique très jeune – il avait à peine vingt-deux ans – il montrait, en toutes circonstances, le calme d'un vieux soldat. Avec, en plus, ce qui ne gâtait rien, une certaine forme d'humour.

– Il reste encore une heure ou deux de jour, dit-il encore. Je propose que nous marchions encore un peu. Disons jusqu'à la prochaine crête.

Les collines succédaient aux vallées, toutes pareilles, la forêt succédant à la forêt, pas très dense, au milieu de laquelle, de temps à autre, ils traversaient un ray, ces rizières sèches, conquises par le feu sur la jungle, et qui donnaient une saison ou deux un riz rond, mou, qui devenait gluant à la cuisson. Souvent, à proximité du ray, une modeste paillote les abritait comme elle avait abrité, l'année précédente ou plus loin encore dans le temps, les paysans aux champs.

Ils marchaient, environnés de l'escorte ordinaire des taons, des mouches et des moustiques. Leur peau, recuite par le soleil qui savait se montrer ardent entre deux averses, devenait maintenant plus résistante à leurs attaques, même si leur zonzonnement irritant leur mettait parfois les nerfs à vif. Norris rêvait d'un pays sans insectes.

– Chez moi, observait-il, la saison que je préfère est l'hiver. Le seul bruit d'ambiance, quand tout est enseveli sous la neige, est le crépitement du feu dans la cheminée.

– Où est-ce, ce chez-toi fabuleux? demanda Dubourg, ironique.

– A côté de Darney, près des sources de la Saône.

– Je vois. Dans ton pays, il n'y a que deux saisons, un long hiver séparé par une saison des pluies... Pourquoi avoir choisi l'Indochine? Personne ne t'avait dit qu'il y faisait très chaud?

– Vous vous moquez de moi, et vous avez raison. Tout ce que je connais de ce pays, c'est ce que m'en ont raconté les copains. Je suis directement passé du bateau dans un bureau, et du bureau dans la cuvette de Diên Biên Phu. – Il eut un petit geste du menton : Je n'ai même pas eu le temps d'embrasser une fille d'ici. Le paradis, au dire des connaisseurs.

Il s'arrêta, il eut soudain peur de choquer l'officier. Il se rappelait l'avoir surpris, le soir à la halte, agenouillé dans un coin, priant avec ferveur. Lui parler de filles n'était sans doute pas son sujet de conversation préféré. Mais Dubourg rit, d'un rire très clair :

– Tu as raison de rêver. Le rêve élève l'âme au-dessus des sordides petits besoins naturels, ou des obsessions grossières, fatigue ou faim. Le souvenir des filles d'Indochine sera pour tes camarades, quelque chose de sain : si ce n'étaient à tout prendre que des prostituées, elles étaient exemptes de vulgarité...

Devant eux, au bout d'une longue pente couverte de *tran*, l'herbe à éléphants, un arbre centenaire semblait leur tendre les bras. Il avait un air à la fois fraternel et vaguement familier.

– On dirait un chêne de chez nous!

Norris disait vrai. Dubourg suggéra de s'y arrêter pour y dresser leur bivouac nocturne.

– Avec sa situation dominante, ajouta-t-il, nous pourrons peut-être apercevoir la Rivière Noire ?

2

Depuis deux jours, Delbay ne décolérait pas. Et pourtant, aussitôt qu'il s'était aperçu de la disparition du lieutenant Dubourg et de Norris, il n'avait fait qu'un bond chez M. Dang auquel il avait rendu compte, avec ce qu'il fallait d'indignation dans la voix pour, il l'espérait, s'épargner des sanctions.

– Vous n'ignorez pas qu'un chef de groupe est responsable du comportement de ses hommes ? lui avait répliqué « Julot », glacial.

– Je le sais bien, mais ils ont profité de la nuit et de la pluie...

– Vous avez donc manqué de vigilance.

Baissant la tête, Delbay avait adopté l'attitude humble et repentante d'un coupable qui attend son châtiment. Un châtiment qui se faisait attendre. M. Dang n'était pas pressé.

Son premier mouvement, vite refréné car il avait l'habitude de se contrôler, avait été de punir cet imbécile, de le relever de son rôle de chef de groupe, et de lui faire passer la nuit, sans manger, attaché à un arbre. Mais ce n'était pas, comme il le disait lui-même parfois, « la solution correcte ».

Sanctionner Delbay eût été le maintenir dans son rôle passif d'irresponsable, de prisonnier encore victime de ses préjugés. Or le moment était venu de le faire progresser dans la voie menant à la vérité, de commencer son éducation de « combattant de la paix ».

M. Dang avait une mission, bien au-delà du simple acheminement des prisonniers de Diên Biên Phu en direction des camps. Il devait, en cours de route, trier, comme il l'avait appris autrefois, lorsqu'il était un enfant sage au catéchisme : « le bon grain de l'ivraie ».

Pour y parvenir, il devait avancer masqué, ne rien livrer de ses intentions. Le faire eût été pousser ses ouailles à la révolte du désespoir ou bien, ainsi que l'avaient fait ces deux irréductibles, les contraindre à tenter l'évasion.

Il comprit que ce Delbay, qui se faisait toute humilité, tout repentir, pouvait être, auprès de ses camarades, son meilleur auxiliaire. Il savait, parce que les Bo doïs chargés d'encadrer le groupe n° 2 le lui avaient expliqué dans leur rapport quotidien, que Delbay n'était pas le véritable chef. Il avait été précisément choisi parce qu'il ne représentait rien, qu'il n'avait pas d'importance et qu'à la libération c'était lui qui « porterait le chapeau » (M. Dang affectionnait les expressions populaires). Les vrais leaders, c'étaient ce grand ex-adjudant rouquin et cet officier plein de morgue et de sentiment de classe. Mais l'officier avait déserté. « Il ne me reste plus qu'à neutraliser l'adjudant, lui faire croire que je suis dupe de ce Delbay ».

Il se décida :

– Vous avez manqué de vigilance, reprit-il. – Mais je veux bien croire que vous avez des excuses. Pour ce qui concerne vos deux camarades qui ont abandonné le convoi, n'ayez pas de souci, ils seront repris. Quant à vous...

Delbay releva la tête, posa sur le Can bô un regard apeuré.

– Quant à vous, répéta M. Dang, en vertu de la clémence du Président Hô Chi Minh que je suis chargé d'appliquer, je ne vous sanctionnerai pas pour cette fois.

Comme il l'avait pressenti, un élan de gratitude transfigura le visage du légionnaire. Il était prêt à tout pour prouver sa reconnaissance.

– Mais, si vous tenez à conserver votre poste, vous devez affirmer votre autorité sur vos camarades, devenir leur guide qui les éclairera sur leurs devoirs. Il faut les stimuler car ils ont, comme tous les Français, des habitudes de paresse.

Delbay hochait la tête. Il débordait de bonne volonté, même s'il ne voyait pas encore très bien comment il assumerait le rôle qui lui était dévolu. Dang le mit sur la voie :

– Désormais, soyez vigilant. Vous connaissez ceux de vos camarades qui sont encore habités par la haine de notre peuple, les ennemis de la paix. Il faut les convaincre.

– De quelle façon? demanda Delbay, timidement.

« Julot » sourit, encourageant. Il répondit, fraternel :

– Venez me voir, nous parlerons. Je suis là pour vous conseiller.

D'un geste qui se voulait distrait, il fit glisser devant lui, tourné vers son interlocuteur, un paquet de « Troupes » ouvert. Delbay le vit, ne le quitta plus des yeux. Il n'osa ni se servir, ni même en demander la permission. Il se rappelait comment Bornet s'était fait rabrouer, l'autre jour, au moment de la fouille.

Dang le guettait. Il sut que Delbay n'entendrait plus rien, obsédé par la cigarette.

– Prenez-en une, proposa-t-il. – Il y en aura d'autres lorsque vous viendrez me rendre visite.

De retour dans le groupe, Delbay ne souffla mot de l'entretien qu'il venait d'avoir avec le commissaire politique. A Vercruyse, qui le questionnait, il répondit, évasif :

– Je me suis fait drôlement assaisonner.

D'être à nouveau parmi ses camarades lui procurait une sorte de malaise. Il avait vaguement le sentiment de les avoir trahis, et cette mauvaise conscience fit germer en lui une haine farouche envers ceux qui l'avaient mis dans cette situation.

Faute de pouvoir s'en prendre aux vrais coupables, Dubourg ou Norris, il la reporta sur leurs amis, Margoz, Azam, Allenic, Phongue et, naturellement, Michel Mallier. Ce dernier, le plus vulnérable de tous, devint vite la cible privilégiée des brimades du clan des « repentis », Vercruyse, Bornet, Adler et Basquet, ouvertement hostiles.

Déjà affecté par le départ de ses deux amis, Mallier se désespérait. L'équipe l'avait soutenu autant qu'elle pouvait le faire, s'arrangeant pour l'inclure dans la distribution du repas qu'ils préparaient, à tour de rôle, le stimulant durant les étapes, l'encourageant de la voix et du geste.

Il reprenait difficilement pied, après l'épouvantable épreuve de l'étape du col des Méos. Membres rompus, cheville martyrisée, chaque pas était une torture presque insurmontable. A l'étape, il lui arrivait de s'écrouler, incapable de prononcer un mot. Le moindre geste lui prenait de longues minutes, il le décortiquait lentement, d'abord en pensée, avant de l'exécuter, uniquement poussé par la nécessité.

Après avoir passé le gros bourg de Tuan Chau, le Convoi 42 avait, ce matin-là, fait halte sur les flancs d'une colline boisée, d'où la vue s'étendait au loin, jusqu'aux contreforts du massif du Long Hê. Mallier en avait entendu parler par ses Thaï dont beaucoup étaient originaires. Une montagne presque inaccessible, en haut de laquelle vivaient des Méos irréductibles qui s'étaient, l'an passé, constitués en un maquis que les Viêts n'avaient réussi à réduire qu'au prix de farouches combats.

– M. Dang m'a demandé de fournir quatre volontaires pour effectuer une corvée de ravitaillement à Son La, lança Delbay, en revenant d'une convocation auprès du chef de convoi.

Comme à l'ordinaire, les prisonniers firent semblant de n'avoir pas entendu, chacun mettant, dans ses activités propres, une ardeur renouvelée.

– Vas-y toi-même! lança Margoz.

– Et emmène Vercruyse! renchérit Allenic.

– Puisque vous faites les malins, je vous désigne comme « volontaires ». Vous avez la prétention d'être exemplaires, pour une fois, donnez l'exemple!

Allenic, le premier, avait capitulé. Il savait que personne, au sein du groupe, n'interviendrait en leur faveur. La plupart d'entre eux s'estimaient suffisamment heureux d'avoir été oubliés, et ne tenaient nullement à attirer sur eux l'attention de Delbay.

– O.K., dit-il en se levant. – J'y vais.

– Je viens avec toi, dit Margoz, imité par Azam.

– Moi aussi, ajouta Mallier.

– Pas question, repose-toi, intervint Phongue. – Je ferai le quatrième. Comme au bridge...

– La corvée va durer deux jours, reprit Delbay. – Emmenez vos affaires avec vous. Nous vous retrouverons à la prochaine étape. – Il précisa : Ordre de M. Dang.

Mallier vit s'en aller avec regret ses quatre copains. Il se sentit brusquement abandonné, misérable et orphelin.

« J'ai acquis la mentalité d'un assisté, pensa-t-il avec une sorte de dérision envers lui-même, envers cette carcasse qui ne suivait pas, ce moral qui flanchait. Dire que tu as été un brillant combattant... »

Où était cette farouche volonté qui l'avait habité durant toute la bataille? Où était cet orgueil qui l'avait jeté, sans réfléchir, sur les chemins de l'évasion? Il ne se reconnaissait plus, ou, plutôt, il découvrait de lui des aspects cachés qu'il n'avait jamais soupçonnés et qui ne lui plaisaient pas.

« Je dois faire effort, s'encouragea-t-il. Me prouver que je peux agir seul, sans être à la charge de personne... »

Il décida de faire cuire lui-même sa ration de riz. Mais il ne possédait aucun récipient autre qu'une modeste boîte de sardines, dont le volume lui interdisait de préparer plus d'une pincée à la fois.

« Tant pis, je mettrai tout le temps qu'il faudra... »

Il se dirigea, à petits pas circonspects, vers le ruisselet où, déjà, ses camarades procédaient au lavage de leur ration, et entreprit de les imiter. Mais les grains s'échappaient, filant dans le courant.

– Tu n'y arriveras jamais ainsi, lui dit Rémy, son voisin, d'un ton compatissant. – Viens avec moi.

Michel Mallier n'avait pas une grande sympathie pour l'ancien para au visage de fouine. Il le trouvait fourbe, n'osant jamais franchement s'engager, ni aux côtés de ses frères d'armes, ni aux côtés des « collabos », louvoyant sans cesse d'une équipe à l'autre. Rémy vivait pour lui-même, esquivant corvées et services, donnant ici des gages de repentir, protestant là de sa haine du Viêtminh. Mais Mallier l'avait surpris, hier encore, opérant des tractations discrètes avec un ancien P.I.M. devenu cuisinier des Bo doïs. Rémy était du reste le seul à posséder du tabac qu'il fumait, à l'écart, par petites bouffées furtives.

Qu'il lui propose soudain de l'aider parut d'abord suspect à Michel Mallier. Il faillit refuser, il se reprocha sa méfiance. Après tout, peut-être Rémy était-il capable d'un geste de solidarité?

Ensemble, les deux hommes remontèrent la colline. Ainsi qu'il le faisait toujours, Rémy choisit un endroit écarté.

– Cherchons des brindilles sèches, proposa-t-il. – Le feu ne se verra pas et le riz cuira plus vite.

Mallier l'aida, ramassa sa part de branches fines et sèches qu'il cassa, en allumettes. Puis, tandis que Rémy creusait le foyer, Mallier alla chercher dans le lit du ruisseau trois cailloux ronds sur lesquels ils installèrent la boîte de ration faisant office de marmite.

Quand l'eau de cuisson se mit à bouillir, blanche et laiteuse, Rémy souffla les flammes, tout en remuant le riz afin qu'il n'attache pas. Il était soigneux, habile, savourant à l'avance la qualité de sa cuisine.

– Formidable! Ce sera formidable! pronostiqua-t-il tout en recouvrant précautionneusement de gamelle d'une feuille de bananier, maintenue par une grosse pierre.

Il ne restait plus qu'à attendre. Les deux camarades parlèrent de choses et d'autres. Rémy évoqua son enfance, la maison de ses parents, à Arcachon, où ils tenaient une épicerie.

– Remue le riz, suggéra-t-il à Mallier. – Je vais en profiter pour en griller une.

Du bout des doigts, infiltrés dans la poche de sa veste, il cueillit une noisette de tabac noir qu'il roula dans un minuscule bout de papier, avant de l'allumer à une braise et de le fumer, une main devant le visage, en trois goulées subreptices.

Mallier capta l'odeur, au passage. Il ne demanda pas à partager, il n'avait rien à offrir en échange et Rémy ne le lui proposa pas; sans doute ignorait-il si son camarade fumait.

« Cela n'a pas d'importance, pensa Mallier. A midi, nous mangeons sa ration, ce soir, nous mangerons la mienne. »

Il souleva délicatement la pierre et découvrit le riz, blanc, gonflé, dégageant une délicate odeur de moulin.

– Je crois, dit-il, que c'est cuit à point.

– C'est bien, répondit Rémy. – Éteins les braises et recouvre le foyer.

A l'aide de son béret retourné, il saisit sa gamelle, l'enleva et s'éloigna vers le haut de la colline.

Mallier le regarda partir, interdit, n'arrivant pas à croire que son camarade se soit servi de lui, pour le frustrer, à la fin, du bénéfice de l'aide qu'il lui avait apportée. Il ne lui vint même pas à l'idée que le para s'était moqué de lui.

– Pourras-tu me prêter ta gamelle ? demanda-t-il cependant, pour ne pas perdre complètement l'espoir.

Rémy se retourna à peine :

– Tu plaisantes ? Les feux sont interdits à cette heure de la journée et je n'ai pas envie qu'un Viêt mal embouché vienne te la confisquer.

– Mais je n'ai rien, moi !

Rémy émit un rire bref :

– Que vas-tu croire ? Moi non plus, je n'avais rien. Fais comme moi, piques-en une à un crétin. Il y a ici plein de types qui ne font pas attention à leurs affaires !

3

Assis, jambes pendantes, au bord de la falaise, Dubourg et Norris se taisaient, accablés. Ils contemplaient, dix mètres en dessous, les eaux tourmentées de la Rivière Noire qui roulaient, furieuses, d'un rocher à l'autre.

Leurs espoirs venaient de s'engloutir là, au bord de cette gorge profonde où, en se resserrant, la rivière redevenait un torrent sauvage, grossi des cataractes des derniers orages. Ils savaient qu'ils ne pourraient jamais se jeter dans le courant et se laisser porter ainsi, jusqu'au confluent, trois cents kilomètres en aval. Ils auraient été déchiquetés avant, par le premier rocher rencontré.

Pendant cinq journées harassantes, ils avaient tout accepté, tout enduré, l'insomnie, la fatigue, le dénuement, la faim, reléguant à force de volonté tout ce qui n'était pas le but qu'ils s'étaient fixé. Et voici que leur route s'arrêtait là, au bord de cette falaise de malheur, devant ce torrent déchaîné.

Il n'y avait rien à dire. Ils ne disaient rien. Prostrés, ruminant leur déconvenue, ils restèrent là, de longues minutes, le cœur chaviré, l'esprit à la dérive.

– Pas question de retourner en arrière, gronda Norris, un long moment après avec une sombre détermination.

Dubourg lui jeta un regard en biais :

– Je n'avais même pas envisagé une pareille solution. Nous nous sommes nous-mêmes condamnés à continuer. Être repris est, pour moi, un luxe mortel.

– Pourquoi vous êtes-vous évadé, la première fois?

Norris avait posé cette question sans réfléchir, peut-être, simplement, pour cesser de considérer ce présent décourageant, parler d'autre chose. Il fut surpris de la réponse :

– En abandonnant volontairement le convoi des officiers, je voulais conserver intacte l'image que je m'étais forgée de l'officier d'active. – Il expliqua : Moi, je ne suis qu'un modeste réserviste.

– Cette image était-elle si ternie?

– Non. Enfin, pas encore, mais j'ai eu peur que le comportement de mes camarades, de mes supérieurs, ne finisse par ressembler à celui que nous avons constaté dans notre groupe. Je ne voulais pas assister à la débâcle, à la déroute morale de certains...

– Et pourtant, dans ce convoi des officiers, le système hiérarchique subsistait? Et puis, ce sont des gens qui ont, ancré au fond d'eux-mêmes, le sens des valeurs, de l'honneur, de la solidarité?

– Tu veux dire qu'ils auraient dû avoir en permanence le souci de l'attitude? – Il secoua la tête : Ce sont des hommes, tout simplement. Et, pour certains, des hommes âgés. Enfin, plus âgés que nous. Beaucoup étaient usés par cette interminable bataille, les nerfs malades, le moral atteint. Un certain nombre d'entre eux avaient femme et enfants, leur devoir était de survivre à l'épreuve. Je les comprends et, dans une certaine mesure, je les excuse. Mais je ne voulais pas voir.

– Que ferez-vous, après?

– Je ne sais pas. Bien sûr, en me portant volontaire pour servir en Indochine, j'espérais conquérir mes galons d'active. Je ne pense pas que j'en ferai la demande. Et toi?

– Moi? Oh, je n'ai pas d'ambitions, je vous l'ai dit. Je suis parachutiste de 2e classe, appelé, de surcroît. Au mois d'octobre prochain, cela fera un an exactement que j'ai été incorporé. – Il rit, une pensée saugrenue lui était passée par la tête : Dites-moi, mon lieutenant? Nous sommes au début du mois de juin. Si nous arrivons à Hanoi, croyez-vous que je serai dispensé d'accomplir la totalité de mon temps? Je me vois mal terminer mon service, dans une caserne, à balayer la cour ou à faire des corvées de pluches.

– Ah, les pluches! soupira Dubourg avec un rien de nostalgie. – Si seulement nous en avions même un tout petit kilo, quel festin!

Oubliée jusque-là, la faim leur revenait, prenant la première place, supplantant même leur amertume.

– Secouons-nous, décida Dubourg. – Nous n'allons pas passer des semaines ici, en attendant que la falaise s'écroule ou que la Rivière Noire s'assagisse! Premier objectif: trouver quelque chose à nous mettre sous la dent.

– Ensuite, découvrir un coin pour dormir.

Dubourg était debout. Il dressa son visage, figé, toute son attention en éveil. Il leva l'index:

– Ne sens-tu rien?

– Non.

– Moi, je prétends qu'il y a dans l'air une odeur de feu de bois.

Norris huma longuement l'air ambiant et dut se rendre à l'évidence. Non loin de là, quelqu'un avait allumé un foyer.

– C'est par là, affirma-t-il, en désignant une direction, vers l'aval.

– Nous allons voir?

Norris hocha la tête.

L'un suivant l'autre, les deux évadés entreprirent d'abord de redescendre la falaise, en suivant la lisière de la forêt, puis effectuèrent un large crochet à travers un ray, qui les amena dans le lit d'un petit ruisseau perpendiculaire à la rivière. Là, au bout d'un kilomètre, ils découvrirent un hameau de pêcheurs, trois quatre misérables huttes empanachées de fumée, accrochées à flanc de colline, sans présence humaine visible.

– Que faisons-nous?

– Nous surveillons les abords; j'ai appris à me méfier, les Bo doïs sont partout.

Ils s'accroupirent, juste en face du village, dissimulés derrière un buisson et observèrent pendant près d'une heure. La nuit allait bientôt tomber, il fallait prendre une décision.

– J'y vais, décida le lieutenant Dubourg.

– Attendez, je vous accompagne. – Norris retira sa veste, glissa deux doigts dans la doublure du col et en retira sa montre : Nous avons une monnaie d'échange.

– Ne nous pressons pas de gaspiller les munitions. Je vais d'abord prendre contact, tenter d'amadouer ces gens. – Il fit face à Norris, bomba le torse, prenant l'air avantageux, tout en lissant du plat de la main sa veste de combat : Suis-je présentable ?

Malgré lui, Norris éclata de rire. La question était cocasse. L'habitude aidant, jamais encore il n'avait regardé Dubourg autrement que comme un supérieur, le chef de l'expédition, faisant fi de l'esthétique. Vu sous l'angle du prestige ou de l'élégance, c'était autre chose. Le lieutenant n'était qu'une sorte de grand escogriffe d'une maigreur squelettique et, sur son torse étroit, la veste sans boutons ressemblait à la défroque d'un épouvantail.

– Qu'ai-je dit d'aussi drôle ?

– Pas grand-chose, mon lieutenant. Mais vous aurez du mal à persuader ces pêcheurs que vous êtes monsieur Muscle...

Dubourg haussa les épaules :

– Regarde-toi plutôt au lieu de critiquer! Si je suis maigre, toi, tu n'as rien à envier à un rescapé de Buchenwald!

Il descendit le thalweg, s'engagea résolument sur le sentier de terre battue menant au village.

Une silhouette apparut, brièvement, à la porte de la première des paillotes, y rentra précipitamment.

– Si ces cagnas avaient des portes, souffla Dubourg, nous aurions entendu claquer le verrou! Quel accueil!

Il avança encore de quelques mètres, mais plus aucune présence humaine ne se manifesta. Il traversa ainsi tout le hameau, jusqu'à la rivière, qui s'étalait, à cet endroit, en une anse assez vaste et calme avant de reprendre, un peu plus bas, son cours torrentueux. Il grimaça :

– J'avais espéré que ces pêcheurs posséderaient au moins une pirogue, je n'en vois pas.

Il fit demi-tour et, d'un air décidé, il pénétra dans la hutte la plus proche, toujours escorté de Norris, sur le qui-vive, assurant les arrières.

D'abord, ils ne distinguèrent rien qu'un maigre feu, qui rougeoyait, au centre de la pièce, dégageant une épaisse fumée qui se perdait, dans un trou percé au milieu de la toiture. Peu à peu, s'accoutumant à l'obscurité, ils virent, assis en tailleur de l'autre côté, deux silhouettes immobiles, figées de surprise ou de terreur, qui les fixaient, comme s'ils avaient aperçu des spectres.

– Moyen manger ? interrogea Dubourg.

Il n'y eut aucune réponse.

– Manger ? répéta le lieutenant, mimant le geste. – *On côm,* précisa-t-il dans un vietnamien approximatif.

– *On côm ?* ânonna une voix chevrotante. – *On côm ?*

– Oui, n'importe quoi. Un peu de riz. *Krao kinh ?*

– *Krao kinh ?* fit la voix, en écho.

– Ces idiots ne comprennent rien.

– Ou bien ils font semblant. Pour gagner du temps.

Sans façons, Dubourg s'accroupit devant le feu et, avisant un bol vide et des baguettes, il les saisit, les porta devant ses lèvres, y ajoutant un clappement de la langue. – *On côm,* s'obstina-t-il.

Il y eut une brève exclamation, suivi d'un mot qu'il ne comprit pas. Mais une main décharnée, celle d'une vieille femme, lui arracha le bol et disparut. Quelques secondes plus tard, elle le lui rendit, rempli d'une sorte de magma blanchâtre sur lequel surnageaient des bribes de poisson.

– *Man nuoc* [1], expliqua-t-elle, sobrement.

– Mon copain a faim aussi.

Un second bol apparut, qui fut tendu à Norris.

Le brouet était fade, il était tiède, mais il leur parut aussi délicieux que le mets le plus délicat. Le manioc, cuit à point, était moelleux et parfumé, évoquant assez les racines de topinambour. Le poisson, séché, n'avait pas été suffisamment ramolli, sec et dur comme un haddock brut. Mais il disparut, aussi vite que le reste.

– Je prendrais bien un peu de rab', observa Norris, qui

1. Manioc.

tendit son bol, invitant la vieille, par geste, à le remplir à nouveau.

La femme bougonna, secoua la tête, signifiant ainsi qu'il n'y aurait pas de second service.

– Nous leur avons peut-être dévoré leur repas ? insinua Dubourg.

Il rassembla les mains, jointes devant sa poitrine, et remercia, inclinant le buste. L'homme lui rendit la politesse et posa une question à laquelle les deux camarades ne comprirent rien.

– Il veut sans doute savoir d'où nous venons ? suggéra Norris.

Dubourg se lança dans une tentative d'explication que son hôte écouta, le front figé d'attention. Il capta, au passage, le nom de Diên Biên Phu, qu'il répéta, en encensant du menton.

– Maintenant, conclut Dubourg, nous, c'est *di vê Hanoi.*

– Hanoi ?

– Cesse de répéter tout ce que je dis! fit Dubourg. – Où pouvons-nous trouver une pirogue ? – Les deux mains jointes en conque, il simula une barque, ballottée par les vagues, ajoutant : Bateau!

– *Ba-to?* fit le vieux Thaï. – *Ba-to?* – Il émit un rire en crécelle, répéta : *Ba-to.* – Son cerveau devait fonctionner car, soudain, ce fut l'illumination. Il dit encore, sur le ton de la découverte : *Ba-to?* et ajouta, comme si cela allait de soi : *Kinh Khoaï.*

Ce fut au tour de Dubourg de répéter : *Kinh Khoaï*? sur le ton de l'incompréhension.

Alors, le vieux se leva, l'attrapa par la manche et le guida, hors de la maison, jusqu'au bord de le Rivière Noire. Là, tendant la main vers l'aval, il dit, fermement :

– *Kinh Khoaï. Ba-to.*

– Cette fois, dit Dubourg, j'ai compris. – Le vieux essaie de nous expliquer qu'il y a des pirogues à Kinh Khoaï.

– Hon! Hon! *Kinh Khoaï, ba-to!*

– Est-ce loin ? demanda Norris.

La question tomba dans le vide. Dubourg en posa une autre :

– Y a-t-il beaucoup de soldats viêtminh ? *Linh Viêts* ?

Le vieux secoua la tête, précipitamment. La simple évocation des communistes semblait le terroriser.

– *Viêt-minh...*

Il prit Dubourg par le bras, le guida jusqu'au sentier qui suivait la rivière, sur lequel il l'encouragea vivement à s'engager.

– *Viêt-minh,* chevrotait-il.

Dubourg remercia et s'éloigna, comprenant que le vieux Thaï redoutait brusquement de s'être un peu trop compromis avec des Français aux yeux, omniscients, du Viêt-minh. Il fut rejoint par Norris qui lui souffla :

– Avant de partir, la vieille m'a fait un somptueux cadeau.

– Lequel ?

– Deux œufs durs !

4

Le Convoi 42 avait fait une halte prolongée à Son La, l'ancienne capitale des Thaï noirs. Dans le souvenir de ceux qui l'avaient connue au temps de sa splendeur, dix-huit mois à peine auparavant, la ville demeurait comme une petite bourgade provinciale, aux villas fleuries bordant des avenues rectilignes, au bout desquelles se dressaient les bâtiments militaires, coquets, aux toits de tuiles rouges, aux murs peints en blanc.

Ceux qui espéraient y effectuer un agréable séjour furent déçus et incrédules. Son La n'existait plus. C'était comme si rien, jamais, n'y avait été construit. Rasées, les petites villas cossues, détruites les avenues se coupant à angle droit, anéantis les bâtiments militaires. La rage de démantèlement avait été telle qu'elle n'avait pas épargné les massifs de bougainvillées, les allées d'hibiscus et de flamboyants qui, autrefois, faisaient la fierté de la capitale provinciale.

Il ne subsistait plus aucune trace de son glorieux passé, il était sans doute trop entaché de « colonialisme ». A la place, les Viêts avaient nivelé le sol, où se distinguaient encore débris de pierres et de parpaings, déjà envahis d'herbes et d'épineux. Un peu à l'écart, adossées à la colline et protégées des vues aériennes par des bouquets d'arbres, se dressaient deux ou trois longues paillotes thaï, aux toits de latanier, bâtiments fonctionnels et sans grâce, uniquement destinés à abriter les unités de passage.

Les prisonniers avaient passé la halte sur les emplacements, laissés vacants par le convoi précédent dont les foyers fumaient encore à leur arrivée. Ils n'avaient pas manqué de remarquer aussi les tombes fraîchement creusées à proximité, six tumulus vaguement surmontés de croix, deux branchettes arrachées à un arbre proche, liées par des lianes, modeste et émouvant témoignage d'amitié.

Peut-être les camarades du mort avaient-ils inscrit quelque part le nom de celui qui reposait là, arrivé au bout de son misérable parcours? En tout cas, les Viêts avaient fait disparaître toute possibilité d'identification. Peut-être même, demain, ôteraient-ils les croix?

S'il y avait encore des âmes naïves pour imaginer que la halte de trente-six heures, annoncée par Tot Ka, était une faveur de M. Dang pour permettre aux prisonniers, harassés par deux longues semaines de marche, de se refaire des forces, elles commettaient une grossière erreur.

Par ses informateurs ordinaires, les Bo doïs chargés d'encadrer chaque groupe, par les responsables élus eux-mêmes, « Julot » savait qu'un certain nombre de prisonniers étaient hors d'état de poursuivre leur route.

– Naturellement, avait-il expliqué au « comité restreint » rassemblant ses délégués, il est exclu que nous puissions les laisser en arrière.

« A partir de la prochaine étape, j'ai décidé de créer un groupe supplémentaire, uniquement composé de malades, de blessés non encore tout à fait guéris, de fatigués, que vous désignerez à mon attention. Nous les ferons partir un peu avant le départ du convoi et ils avanceront à leur rythme, arrivant quand bon leur semblera...

– Même à cette allure, avait expliqué l'un des Européens, un ancien sous-officier de tirailleurs, beaucoup de malades ne pourront plus supporter les fatigues de la marche.

– Brancardez-les!

Ce fut la consternation. Brancarder un blessé impliquait

que deux équipes de quatre porteurs se relaient, en permanence, au cours de l'étape. C'était, dans le même temps, condamner huit prisonniers à un surcroît de fatigue.

– Vous avez raison, concéda « Julot » qui venait d'amener ses interlocuteurs exactement là où il le souhaitait. – Après discussion avec ceux de vos camarades qui ont enfin trouvé le chemin de la vérité, il ne tient qu'à vous de désigner les brancardiers parmi les fauteurs de trouble, les irréductibles. – Il eut ce mot, terrible qui équivalait à une condamnation : Les irrécupérables.

A l'exception d'un seul, un Italien, aucun des interlocuteurs présents n'osa élever de protestation. Mais, déjà, « Julot » assenait sa dernière décision :

– Ces trente-six heures me paraissent constituer un délai suffisant pour effectuer un tri préalable. Ou bien vos malades retrouvent la santé, ou bien ils ont le temps de mourir ici.

La voix de l'Italien s'éleva de nouveau :

– Si je comprends bien, observa-t-il avec colère, tous ceux qui ne seront pas décédés après-demain devront prendre la route ?

– C'est tout à fait cela.

– Savez-vous que vous condamnez à mort un certain nombre de malades ?

« Julot » leva un sourcil, faussement offensé.

– Je ne comprends pas ou vous voulez en venir. Ou plutôt je le comprends trop bien. En clair, vous m'accusez de vouloir inciter les prisonniers à assassiner leurs camarades qu'ils n'auront pas la force, ou le courage, de brancarder ?

– Oui, répondit calmement l'Italien. Et vous savez que j'ai raison.

« Julot » sourit, c'est-à-dire que ses lèvres se retroussèrent sur ses dents. Mais il avait rougi, c'est-à-dire que, comme tous les Viêtnamiens en colère, il était devenu gris. Ses poings se crispèrent et, cependant, il répondit d'une voix qui ne tremblait pas :

– Vous n'avancez pas sur le bon chemin, monsieur Capecchi !

– Capocchi, corrigea l'intéressé.

Négligeant l'interruption, « Julot » poursuivit :

Je ne pense pas que vos camarades aient intérêt à vous garder leur confiance.

S'il rendit scrupuleusement compte à son groupe des décisions de « M. Dang », Delbay s'abstint de leur parler de l'interruption de Capocchi. Il n'en parla qu'à la petite équipe de ses amis, Vercruyse, Bornet et les autres.

Depuis Tuan Chau, les clivages s'étaient nettement affirmés et, désormais, le groupe numéro deux était scindé en deux tendances, définitivement irréconciliables. D'une part, le clan des « progressistes », qui imposaient leurs avis et faisaient la loi, avec une hiérarchie propre allant du chef jusqu'aux hommes de main, Rémy et Basquet. De l'autre, ceux qu'ils appelaient les « clochards » – faute d'autre mot pour désigner ceux qui se cantonnaient dans une hostilité déclarée au système – « clochards » dont depuis le départ de Dubourg et de Norris, « Jo » Allenic s'était imposé moins comme le leader que comme l'exemple à suivre.

C'était donc tout naturellement qu'ils avaient été désignés comme taillables et corvéables à merci. Et, s'ils éprouvaient un immense et amer sentiment d'injustice, ils n'en obéissaient pas moins, ruminant des projets de règlements de compte pour « après ».

Ils avaient finalement pris le seul parti qui leur convienne; ils se portaient spontanément volontaires pour tout service ou toute corvée réclamée par « Tot Ka ».

– Cette démarche vise un double but, leur avait expliqué « Jo ». Le premier, c'est de priver ce salaud de Delbay du plaisir de croire qu'il nous emmerde. Le second, c'est qu'il nous laisse libres de la décision.

– Et, en plus, avait ajouté Azam, pratique : les corvées nous dispensent de leur compagnie, tout en nous offrant, chaque fois, un peu plus de tourisme que ne le prévoyait « Julot ».

Ce dernier argument, pour spécieux qu'il apparaisse, avait eu le don de détendre l'atmosphère. Une atmosphère que les privations, l'absence d'informations sur le déroulement des pourparlers de Genève – dont ils attendaient tout –, les premiers symptômes de la misère physiologique, furoncles,

anthrax, œdèmes de carence, avaient singulièrement alourdie.

– Je vais te faire porter sur la liste des membres du nouveau groupe des malades, dit Delbay, hypocritement apitoyé, à Mallier.

Mallier ne réagit pas. Il demeurait prostré, de longues heures, sa voix dérapait dans l'aigu, son ton devenait pleurnichard. Il savait qu'il n'arriverait pas au bout.

– Il n'en est pas question, déclara « Jo ». – Cette nouvelle invention, le soi-disant groupe des malades, est en réalité un trucage de plus, une farce macabre inventée par ce salaud de « Julot ».

Delbay se rebiffa :

– D'abord, M. Dang n'apprécierait pas d'apprendre que tu le traites de salaud. Un légionnaire s'est vu infliger quinze coups de rotin pour avoir dit « merde » à une sentinelle!

– Dénonce-moi, puisque c'est ton travail. Tu auras peut-être droit, en prime, à une Gauloise, ou à une demi-banane séchée?

Delbay rougit sous l'affront. Il ignorait que les petits cadeaux qu'il recevait du chef de convoi étaient un secret de polichinelle.

– Explique-nous plutôt en quoi le « groupe des malades » constitue une tromperie? intervint Vercruyse.

– A vous de découvrir tout seuls la vérité, persifla « Jo », imitant M. Dang.

– Si ton copain Mallier crève, ce sera ta faute, dit Bornet.

« Jo » était prêt à répliquer, expliquer ses raisons. Mallier l'interrompit :

– Pour une fois, je pense que Delbay a raison. Je préfère marcher avec le groupe des malades. Nous irons plus lentement et je ne serai plus pour vous un poids mort.

Il y eut un silence, au bout duquel « Jo » dit simplement :

– Je pense que tu as tort. Espérons que tu ne t'en repentiras pas.

Il tourna les talons. Aussitôt, Mallier fut entouré par le groupe de Vercruyse, qui le congratula, l'emmena, se fit attentif, prévenant. Delbay alla même jusqu'à lui faire partager la boule de riz collective.

– Tu verras, lui promit-il, vous serez bien traités...

Mallier savait qu'il avait blessé « Jo » Allenic en le désavouant devant l'équipe des « repentis ». Mais il n'avait pas eu le temps de lui donner ses motifs. Il ne l'aurait du reste ni pu, ni osé. Persuadé qu'il allait mourir dans les jours à venir, il ne souhaitait pas grever le groupe du transport d'un brancard, ni leur imposer le spectacle de son agonie. Il préférait crever bien loin, hors de leur portée, au milieu d'anonymes indifférents.

Le Convoi 42 prit quelques heures de retard sur l'horaire au départ de Son La, le lendemain, 6 juin 1954. Un Africain, atteint de béri-béri au dernier degré, ne se résolvait pas à mourir. Il rendit enfin le dernier soupir, et la nuit était tombée lorsque l'ultime pelletée de terre fut jetée sur sa tombe.

En quarante-huit heures, sept hommes avaient ainsi été laissés sur place. Six d'entre eux avaient été hâtivement inhumés, le septième, un légionnaire allemand, s'était éloigné pour aller mourir, solitaire, quelque part en brousse. Malgré les recherches entreprises, ses camarades ne le retrouvèrent pas. C'est en tout cas ce qu'ils affirmèrent aux Bo doïs d'escorte.

Pendant ce temps, le groupe des malades cheminait, lentement, vers le nord-est. Cela signifiait maintenant que la destination finale n'était pas les camps du Thanh Hoa, au sud du delta tonkinois, mais bien plutôt du Viêt Bac, à la frontière de Chine. Ils avaient parcouru environ deux cents kilomètres, il en restait à peu près trois fois autant.

Auparavant, ils franchiraient la Rivière Noire, puis la cuvette de Nghia Lo avant de traverser le Fleuve Rouge, du côté de Yen Bay, puis de remonter le cours de la Rivière Claire pour arriver quelque part du côté de Bac Kan.

– Nous ne sommes pas arrivés, fit observer, près de Michel Mallier, une voix accablée.

Mallier ne répondit pas. Il serrait les dents. L'évocation du franchissement de la Rivière Noire lui avait fait penser à son ami Norris et au lieutenant Dubourg. Que devenaient-ils ? Avaient-ils réussi ? Où pouvaient-ils bien se trouver

aujourd'hui, dix jours après leur départ? Il les imagina, nageant au milieu des eaux sombres de la rivière, évitant écueils et barrages, se reposant parfois au bord d'une crique, volant des bananes ou du riz dans quelque paillote isolée.

– En dix jours, peut-être sont-ils déjà à Son Tay?

Il se prit à les envier. Eux au moins avaient tout tenté, tout risqué, plutôt que de subir. Ils méritaient de gagner. Pour lui, sa seule manière de s'évader était de mourir.

– Mais, Dieu! que cette mort est longue à venir!

Ils marchèrent toute la nuit. Au petit matin, ils furent rattrapés et dépassés par le convoi, fantômes furtifs qui les doublèrent en silence.

Ils étaient maintenant en vue de l'ancien camp retranché de Na San. Mallier avait, quinze mois plus tôt, participé à sa défense. Il ne reconnut pas les lieux. La végétation, qui recouvrait déjà l'ancien P.A. « 24 », allongé, comme un lézard, à l'orée de la cuvette, faussait les souvenirs. Il chercha des repères, l'ancienne piste d'aviation, les constructions de bois qui abritaient naguère les P.C., tout cela avait disparu. Il ne faisait pas de doute que les Viêts étaient passés là, tels des sauterelles, et avaient récupéré tout ce qui pouvait leur être utile, par exemple pour remblayer la route qui portait de place en place les cicatrices, parfois récentes, des bombardements.

Sitôt quittée la vallée, le groupe des malades stoppa, pour la pause horaire. Un Allemand en profita pour mourir. Il s'éloigna de quelques mètres, abaissa son pantalon pour soulager ses entrailles, rongées de dysenterie. Et il se vida là, en position accroupie, son sang s'écoulant, à gros bouillons, en même temps que ses excréments.

– Nous allons tous crever comme lui, soupira le voisin de Michel Mallier.

Ce dernier dévisagea l'homme qui lui avait adressé la parole et il eut cette impression troublante de se regarder dans un miroir. Il ne devait pas être lui-même en meilleur état que ce presque cadavre qui le fixait de ses yeux sans expression, déjà morts, profondément incrustés dans les orbites, au teint d'ivoire, à la barbe flétrie sillonnée de coulées de larmes qui avaient tracé des sillons clairs dans la crasse.

L'homme leva une main, décharnée comme une griffe, et dit :

– Nous sommes marqués. Jamais nous ne reverrons la France.

Les Bo doïs sifflèrent bientôt la reprise de la marche. Auparavant, ils taillèrent deux bambous, glissèrent, dans les montants, une veste de treillis, récupérée sur le cadavre de tout à l'heure et désignèrent, au hasard, quatre prisonniers pour transporter un Africain, incapable de poursuivre.

– Tu vas voir que la malchance va s'acharner sur nous, prédit le voisin de Mallier.

Il ne se trompait pas. Les Viêts les attrapèrent chacun par un bras et les amenèrent devant la civière :

– Il faut porter, ordonnèrent-ils.

Résigné, sans réaction, Mallier se laissa guider.

– Enlever les souliers, conseilla l'un des gardiens : tout à l'heure, c'est moyen traverser la rivière...

Mallier approuva, et défit ses chaussures de brousse qu'il attacha par les lacets, autour de son cou. Le Viêt avait raison. L'eau d'une rivière usait prématurément les toiles des Pataugas, et le sable qui y pénétrait, râpait la peau des pieds à la façon d'une toile émeri.

La marche reprit, encore plus lente; il y avait dix-sept heures qu'elle se prolongeait. Interminable.

La rivière – la Nam Pan – fut atteinte bientôt. C'était un torrent de montagne, d'une trentaine de mètres de large, au lit, peu profond, parsemé de gros rochers ronds. Mallier et son camarade y posèrent un pied circonspect, aussitôt saisis par la morsure de l'eau glaciale sur leurs mollets. Derrière eux, les deux autres porteurs grognèrent des conseils de prudence, en allemand.

Tanguant, oscillant, rendant encore plus précaire leur équilibre, le brancard pesait des tonnes. Les hommes devaient tout à la fois lutter contre le courant, surveiller leur fardeau, et coordonner au mieux leurs mouvements. C'était une gageure. Le voisin de Mallier trébucha, son pied avait glissé sur un galet invisible. Il lâcha prise, projetant tout à la fois son bambou et le malade dans le courant. Mallier voulut le retenir. Il bascula à son tour, piqua du nez en avant, plongea dans l'eau, avala une gorgée qui l'étouffa, tandis que ses chaussures partaient, à vau-l'eau...

Derrière lui, les deux légionnaires avaient réussi à agripper l'Africain par les pans de sa veste. Ils le ramenèrent jusqu'à l'autre rive, bientôt rejoints par les deux autres porteurs trempés, suffoquants et transis.

Mallier était effondré. La perte de ses chaussures marquait pour lui la fin du chemin. Jamais il ne pourrait effectuer un seul mètre, les pieds nus, fragilisés encore davantage par leur séjour dans la rivière. Il prit sa tête dans ses mains et se mit à sangloter.

Il ne sut jamais comment il parvint à rallier le reste du convoi, mis à l'abri à l'orée d'une caverne humide et sombre, jonchée d'excréments gluants et visqueux sur lesquels les pieds nus dérapaient. Il s'assit, à l'écart, songeant qu'il ne lui restait que quatre heures de répit avant de reprendre la route. L'après-midi était déjà fort avancé, et le groupe des malades partirait en tête, comme la veille.

Il comprit alors ce que « Jo » Allenic avait voulu dire, l'autre jour, quand il avait parlé de « farce macabre ». Marcher au rythme des malades était une duperie, l'étape s'en trouvait prolongée et les hommes n'avaient plus, pour cuire leur riz et se reposer, qu'un ridicule délai.

« Julot » savait parfaitement ce qu'il faisait quand il avait annoncé cette mesure « humanitaire ». Elle visait, uniquement, à accélérer le processus d'usure des malades. Ils allaient tous mourir, dans les jours à venir.

« Le plus tôt sera le mieux », pensa-t-il. Mais, curieusement, cette réflexion ne le soulagea pas autant qu'il l'aurait cru; elle se teintait d'une nuance de regrets.

Une main se posa sur son épaule. Il leva la tête, reconnut le visage de « Jo » Allenic. Son copain lui souriait, fraternel. Son cœur se remplit de gratitude. Les copains ne l'avaient pas oublié. D'une toute petite voix, celle d'un gamin abandonné, entrecoupée de larmes, il dit :

– Je veux rentrer dans le groupe...

– Je te ramène, répondit Allenic. – Je suis venu pour ça. Nous en avons discuté entre nous; ils sont d'accord, nous allons t'aider. Tu ne pouvais pas rester dans ce groupe.

Mallier laissait couler ses yeux. Il renifla, tendit une main lamentable.

– Merci, murmura-t-il. – Je n'en pouvais plus. – Et il lâcha enfin cet aveu, venu du plus profond de lui-même : Je ne veux pas mourir.

– Tu ne mourras pas, promit « Jo ». – Nous veillerons sur toi.

– J'ai perdu mes chaussures, je n'ai pas de gamelle...

– Pour les chaussures, nous aviserons. Quant à la gamelle, Azam a sacrifié son alliance pour t'en acheter une, à un P.I.M. Tu vois, les copains pensent à toi, ils ne te laissent pas tomber.

Il lui parlait comme on console un enfant sans défense, secoué par un gros chagrin. Et Michel Mallier était un enfant. Rien qu'un enfant, pauvre, malade et fatigué, tellement fatigué...

CHAPITRE 8

1

D'une pression des doigts, ancrés dans son avant-bras, le lieutenant Dubourg fit, en silence, part de sa jubilation à Norris. Celui-ci, dans un réflexe irraisonné, se retourna et se jeta contre l'épaule de son ami. Cette fois, ça y était! Ils avaient gagné. Ils avaient enfin atteint le village de Kinh Khoaï, au bord de la Rivière Noire, sans faire de mauvaise rencontre.

Il était 11 heures du soir et le hameau dormait, tous feux éteints. Pas un seul chien n'avait donné l'éveil.

Ils étaient arrivés à la tombée du jour, après trois longues et éprouvantes journées de marche, n'ayant, pour se nourrir, que les deux œufs donnés par la vieille avant le départ, et quelques pousses de fougères, mises longuement à cuire dans un peu d'eau sans sel. C'était infâme, laissait sous la langue un dépôt âpre comme de la graisse figée, écœurant et amer. Le seul avantage était que ce brouet avait, un peu, trompé leur faim, s'il n'avait aucunement contribué à leur redonner des forces. Ils étaient physiquement à bout, ne marchant plus que par l'énergie de leur volonté. Mais même les caractères les mieux trempés ne résistent pas à un tel régime. Les deux derniers jours, Dubourg et Norris ne s'étaient plus adressé la parole. Ils étaient brouillés. A l'origine une simple réflexion de Norris, accusant son compagnon de lui avoir, volontairement, balancé une branche dans le visage.

– Quand on a des nerfs de gonzesse, avait riposté Dubourg, piqué au vif, on reste à la maison, on ne joue pas les parachutistes.

Le spectacle des dix ou douze paillotes de Kinh Koaï les avait réconciliés, et plus encore, la vue des quatre pirogues, sagement amarrées à un ponton de bois de teck.

– Nous attendrons la nuit, avait proposé Dubourg. – Ensuite, sans faire de bruit, nous traverserons la piste en évitant les maisons, et, dans l'eau, nous longerons la rive. Là, nous grimperons sur une pirogue, nous la détacherons...

– Et, à nous la liberté! avait complété Norris. – Ce sera tout de même plus confortable que la natation-marathon à laquelle vous aviez d'abord pensé!

– Tu vois que la Providence ne nous a pas abandonnés!

Dubourg s'était tu et, à genoux, il avait adressé au Ciel une fervente prière d'action de grâce.

Maintenant, ils étaient dans la pirogue.

– Je ne trouve par les rames, souffla Norris.

– Il n'y a pas de rames sur les pirogues thaï, riposta Dubourg, sur le même ton. – Seulement de longues perches pour éviter les rochers et se guider dans le courant.

– Pas de perche non plus...

Dubourg se dressa et, du bout des mains, tâtonna sur le ponton à la recherche d'un bambou. Il finit par en agripper un qu'il tira à lui, provoquant la chute d'une planche, qui tonna sur le teck aussi fort qu'une explosion.

– M... murmura-t-il.

Ils attendirent quelques secondes, rien ne se produisit.

– Je décroche la corde et tu pousses de façon à quitter la rive au plus vite.

– Compris.

Arc-bouté sur sa gaffe, prenant appui sur le bord, Norris fit pivoter l'avant de la pirogue, presque perpendiculairement au courant. Lorsque Dubourg eut détaché la corde, l'embarcation reçut une poussée si forte qu'elle se mit en travers et fila, prise de plein fouet par les remous.

– Redresse! Mais redresse, par pitié! Nous allons nous retourner au premier obstacle.

A demi déséquilibré, Norris luttait pour se maintenir

debout et ne pas laisser échapper la perche qu'il avait retenue, in extremis, du bout des doigts. Cela lui prit un peu de temps. Alors, seulement, à petits coups prudents, il put agir et ramener enfin le bateau dans une position plus conforme.

A l'arrière, Dubourg se cramponnait, des deux mains, au plat bord, cherchant, du pied, un bout de planche, un espar qui lui permettrait d'aider son camarade, aux prises avec les tourbillons.

La rivière s'écoulait, dans un fracas de cataracte, leur donnant l'impression de puissance incontrôlable.

– Nous filons à toute allure! dit Norris.

– Je prie Dieu qu'Il ne mette pas un rocher sur notre trajectoire, la pirogue n'y résisterait pas!

De temps à autre, du fond ou du bord, la barque raclait un récif, avec un gémissement rauque, provoquant de brusques ralentissements, comme des coups de frein brutaux, suivis d'accélérations fantastiques. Les deux passagers avaient l'impression d'être dans un toboggan fou, dont ils étaient incapables de maîtriser la course. Coincé, par les genoux, entre les deux bords, Norris tenait fermement son bambou, avec cependant la certitude que s'il heurtait un obstacle, il lui serait arraché des mains.

Peu à peu cependant, la rivière s'élargissait, s'étalant même sur des berges que l'on devinait basses. Malgré l'obscurité, ils distinguaient parfois au milieu du noir de la végétation qui faisait comme de gigantesques falaises se dressant de part et d'autre, le ruban clair d'une coulée de terre, ruisseau ou vallée.

– Nous allons essayer de passer le bac de Ta Bu avant le jour. Ensuite, nous aborderons sur la première crique venue, dit Dubourg. – Là, nous aviserons.

Dubourg avait déjà arpenté la région, lors des opérations de février 1953, lorsque le Groupement parachutiste avait opéré des reconnaissances autour de Na San. Au cours de leur longue marche, il avait même raconté un raid éclair, effectué par les hommes de Ducourneau [1] jusque sur les bords de la Rivière Noire, au bac de Tha Khoa.

1. Commandant le Groupement aéroporté n° 2.

– Nous avons environ une centaine de kilomètres difficiles, redit-il encore. – Jusqu'à ce que la rivière quitte la Haute Région et qu'elle s'infléchisse vers le nord, à Hoa Binh. Après, il faudra sûrement trouver des rames pour avancer.

Maintenant, ils avaient entièrement repris confiance. Ils étaient persuadés d'être sortis, miraculeusement, de la zone des récifs, et de naviguer dans des eaux plus profondes sinon plus calmes.

Un choc, brutal, stoppa complètement la pirogue dont l'arrière se souleva et pivota, se mettant en travers du courant, qui heurta les bords avec une violence prodigieuse, embarquant des trombes d'eau.

Le coup de frein avait été si soudain, que les deux passagers se trouvèrent propulsés dans le fond de la pirogue, et se percutèrent, bras et jambes mêlés. Norris heurta de la tête un arceau de bois, et fut à moitié assommé. Il reprit ses esprits à temps pour voir Dubourg qui, appuyé au bastingage, tentait de découvrir l'origine de cet arrêt inopiné.

Autour d'eux, la rivière rugissait, projetant dans la pirogue des paquets d'eau glacée qui giflaient les hommes, de plein fouet.

– Bon sang, grognait Dubourg. – J'aimerais comprendre!

Norris s'ébroua, imita le lieutenant. Sa main accrocha une corde, puis une autre, une autre encore. Il n'eut pas besoin de réfléchir davantage :

– Nous nous sommes empêtrés dans un filet tendu en travers de la Rivière Noire. Ces salauds de Viêts ont tout prévu, ils veulent contrôler la navigation sur le fleuve.

– Dire que nous n'avons même pas un coupe-coupe, ragea Dubourg.

– Le mieux est d'essayer de le soulever et de nous glisser dessous?

– O.K. Espérons seulement qu'il ne pèse pas des tonnes, je ne suis plus l'athlète que j'ai été...

Chacun des deux hommes accrocha un morceau du filin principal et commença de le haler, tout en ramenant, au-dessus de la pirogue, les cordages plus légers qui constituaient la trame du filet.

L'espoir de réussir décuplait leur énergie. Ils tiraient comme des forcenés, le corps trempé à la fois de sueur et d'embruns, sans même prêter attention au niveau d'eau qui ne cessait de monter le long de leurs jambes.

Le filin pesait lourd, il leur arrachait la peau des paumes sans, pour autant, se lever assez pour permettre aux deux fuyards d'y engager ne serait-ce que le bout pointu de leur embarcation.

– Nous n'y arriverons jamais, constata Norris, à bout de souffle.

– Mais si! Tire donc, bougre de fainéant! lança Dubourg, entre ses dents, serrées de rage impuissante.

Norris serrait de toutes ses forces le filin qui lui entrait dans les chairs. Pris par une fureur de dément, il s'arc-boutait, les pieds contre le bord de l'embarcation, au risque de la faire chavirer.

Une lueur, sur la rive droite, attira son attention. Il se préparait à en faire part au lieutenant, il n'en eut pas le loisir, la détonation roula dans la vallée, répercutée par les parois, série de crépitations, en échos multipliés. Un chien se mit à aboyer. Des cris fusèrent.

Des torches s'allumèrent bientôt, d'une sale couleur jaunâtre de résine. D'autres coups de feu éclatèrent, au hasard.

L'alerte était donnée.

Le filet devait actionner, sur la rive, un quelconque signal que la sentinelle chargée de sa surveillance avait d'abord négligé, mais elle avait fini par réagir et, en tirant sa cartouche, elle avait réveillé les environs.

Maintenant, c'étaient par dizaines que fusaient les interpellations. Dans la lueur des torches qui se multipliaient comme autant de lumignons, les deux fugitifs voyaient s'agiter des silhouettes gesticulantes, levant les mains, brandissant des armes.

Ils entendirent le clapotement d'une pirogue que l'on mettait à l'eau et qui fonçait dans leur direction à force de rames. Puis une seconde. Une autre encore. A la proue, des Bo doïs scrutaient l'obscurité, tenant à bout de bras des fanaux ou des lampes électriques qui semblaient voleter comme des lucioles.

– Je plonge, jeta Dubourg, très vite. – Fais comme moi!

C'était trop tard. De la rive opposée, d'autres barques arrivaient droit sur eux. Des rafales crépitèrent, interdisant toute fuite. Il y eut un ordre lancé, brutal, en viêtnamien, puis en français :

– Plus bouger! Halte! Rendez-vous!

La mort dans l'âme, les deux compagnons s'exécutèrent. Il ne leur restait plus rien d'autre qu'à attendre, en remettant leur sort à la Providence.

– Nous sommes dans la main de Dieu, murmura Dubourg qui, brusquement, croisant les bras, montra qu'il se désintéressait du présent.

2

Ils avaient été happés, bousculés, ramenés sur la rive et sévèrement battus. Puis, sur l'ordre d'un gradé, ils avaient été attachés aux piliers d'une grande cagna, livrés aux attaques des maringoins, insectes minuscules, en nuées compactes, qui leur avaient dévoré les membres toute la nuit. De temps à autre, avec de grands rires gras, les sentinelles leur pissaient dessus, depuis le balcon de la cagna.

Norris était encore sous le coup de la déception. Le moral à la dérive, l'esprit embrouillé, il maudissait sa malchance, il se demandait pourquoi ce Dieu auquel Dubourg s'accrochait si fort leur avait permis d'aller aussi loin si c'était pour briser aussi brutalement leur rêve de liberté.

« C'est injuste, pensait-il. C'est injuste. »

Il n'en sortait pas. Il ne pensait même plus au lendemain, il remâchait sa déconvenue, toute cette série de revers qui avaient jeté leur plan à bas.

Près de lui, le lieutenant Dubourg marmonnait des mots sans suite. Tendant l'oreille, Norris s'aperçut qu'il priait, sans cesse, s'accrochant à sa foi pour y puiser la force d'affronter les épreuves qui les attendaient.

Norris ne voulait pas savoir ce qui allait leur advenir. Il sentait confusément que ce serait pire que tout ce qu'ils avaient enduré jusque-là. Mais il se réfugiait encore dans cette obstination à refuser l'avenir. S'il l'avait imaginé, il se serait effondré; il ne voulait pas en donner le spectacle à l'ennemi.

Comme une délivrance, le jour leur apparut enfin. Ils avaient le corps meurtri, les membres gonflés de toutes les morsures subies durant ces longues, si longues heures de souffrance. Ils entendirent l'appel des sentinelles, le brouhaha du bivouac qui se réveillait, les corvées diverses; toutes les troupes en campagne obéissent aux mêmes rites, la toilette, le petit déjeuner, le rapport, la répartition des tâches, le départ en opération ou à l'exercice.

Toujours attachés, sales et puants, ils étaient là comme des corps étrangers, ignorés de tous, spectateurs mornes et résignés. Tout se passait en dehors d'eux, comme s'ils n'avaient pas existé ou comme si leur sort, déjà scellé, n'intéressait plus personne.

Le soleil monta, devint vertical. Aggravée par les taons, les mouches, les moustiques, la chaleur les suffoqua, rendant intenable leur situation. Norris se mit à débiter des mots sans suite, le cerveau vidé, baignant dans une sorte d'état second, comateux comme une mauvaise fièvre.

Peu après la pause de midi, un gradé se présenta, le nez pincé à cause de l'odeur insupportable de fiente de volailles et de bouses de buffles. Il lâcha, brièvement :

– Vous devez attendre la constitution du tribunal populaire chargé de trancher votre cas.

– De quoi nous accuse-t-on ? Nous n'avons fait que notre devoir de prisonniers.

Le Viêt négligea l'explication, son rôle se bornait à informer les prisonniers de ce qui les attendait.

– Que nous reproche-t-on ? demanda encore Dubourg.

– Vol au préjudice du peuple.

Il s'éloigna, la main devant la bouche, incommodé par l'odeur.

– Courage, souffla Dubourg à Norris. – Quoi qu'il arrive, dis la même chose que moi. Je prends la responsabilité de tout ce que nous avons fait. Nous nous en sortirons, tu verras.

Norris avait lentement repris pied dans la réalité et cette

réalité portait un nom : la faim. Il s'obligea à répondre, sur le ton de la plaisanterie.

– Ils pourraient au moins nous donner quelque chose à manger. On ne juge pas des hommes affamés!

Au-dessus d'eux, dans la cagna, des Bo doïs faisaient frire des petites boulettes de porc et leur odeur, qui parvenait jusqu'aux prisonniers, rendait encore plus insupportables les affres de la fringale. Un peu plus tard, ils virent passer à quelques mètres de leur cloaque des soldats de corvée portant de grands paniers hémisphériques, chargés à refus d'un riz qui fumait encore.

– Les salauds, siffla Norris. – Je suis sûr qu'ils le font exprès!

Un Bo doï marchait, les bras ballants. Dubourg le héla :

– Serait-ce possible de nous faire détacher? Nous ne pouvons pas être présentés ainsi devant le tribunal!

Le Bo doï avait l'air d'un brave bougre. Des deux épaules, il leur fit part de son incompréhension, mais il s'empressa d'aller rendre compte à l'un de ses supérieurs. Celui-ci, un officier, reconnaissable à l'arme qu'il portait accrochée à son ceinturon de cuir, daigna les interroger. Dubourg réitéra sa requête.

– Vous avez raison, admit l'officier. – Je vais donner des ordres dans ce sens. – Il leva un index : Mais je veux votre parole que vous ne tenterez pas de vous évader. – Il baissa la voix et ajouta, surveillant si ses paroles ne tombaient pas dans des oreilles indiscrètes : Vous ne dépendez pas de l'autorité militaire, vous êtes entre les mains des cadres du Parti.

– Êtes-vous communiste?

Le Viêt secoua la tête et, sincère :

– Je n'en suis pas encore digne, avoua-t-il, modeste.

Deux Bo doïs arrivèrent bientôt, détachèrent les liens des deux prisonniers et les aidèrent à marcher, en titubant, jusqu'à la petite plage de galets, au bord de la rivière.

Dubourg et Norris se déshabillèrent entièrement, et, pudiques, les Bo doïs détournèrent les yeux, le temps qu'ils pénètrent dans l'eau jusqu'au ventre. Ensuite, ils frottèrent leurs vêtements, les essorèrent et les enfilèrent, encore mouillés.

– J'espère que nous sommes débarrassés de cette odeur infecte, dit Dubourg.

– Cette baignade m'a creusé, répondit Norris d'un ton précieux. – Quel est le menu ?

Le menu qui leur fut enfin offert se composait d'un bol de riz blanc, accompagné de liserons d'eau, cuits dans un bouillon où avait au préalable mijoté quelques morceaux de porc.

L'officier vint les voir alors qu'ils achevaient de lécher les ultimes grains de riz au fond de leur *cai-bat.*

– Peut-être trouvez-vous que la ration est maigre ? C'est exactement celle d'un soldat de notre armée, dit-il.

– Nous savons, admit Dubourg. – Et nous vous en sommes reconnaissants. C'est la première fois depuis longtemps que nous sommes traités humainement.

Le Viêt montra d'un sourire qu'il appréciait le compliment. Il ouvrit les mains :

– Entre soldats, nous pouvons nous comprendre et nous estimer.

Comme s'il craignait en avoir trop dit, il s'éloigna. Ni Dubourg ni Norris ne devaient le revoir.

Pendant leur baignade, ils avaient pu observer l'impressionnant dispositif mis en place en travers de la Rivière Noire, tout autant pour contrôler la navigation – et l'interdire – que pour pallier toute velléité de plongeon des prisonniers. En amont comme en aval, deux filins tendus supportaient chacun un filet aux mailles tressées serré. Entre les deux, un va-et-vient de câbles tirait d'une berge à l'autre deux gros radeaux pouvant porter, chacun, un camion et sa remorque.

De toute évidence, l'endroit où ils avaient été repris était un carrefour stratégique et les cratères de bombes qui couronnaient les collines avoisinantes montraient clairement que l'aviation française ne s'y était pas trompé.

– Je reconnais les lieux, j'y suis venu il y a dix-huit mois, fit observer Dubourg. – Nous sommes à Tha Khoa. N'aie pas de regrets, jamais nous n'aurions pu franchir ce barrage.

– De le savoir ne réconforte pas, répliqua Norris, sombre. Il y avait peut-être une autre possibilité à pied par la berge d'en face ?

Comme pour répondre à sa question, une escouade de Bo doïs vint les chercher et, après les avoir attachés, bras et jambes entravés, les conduisirent jusqu'au bac sur lequel ils embarquèrent pour passer sur la rive gauche de la Rivière Noire.

Une fois arrivés, ils constatèrent que le dispositif militaire entrevu à Tha Khoa était tout aussi important de ce côté-ci. Davantage même. Au fur et à mesure de leur cheminement, ils s'aperçurent que les Viêts avaient édifié, parfaitement camouflé aux vues terrestres et aériennes, un très important camp de passage, constitué de cagnas longues et basses, posées à même le sol, avec abris souterrains, garages de véhicules, dépôts de vivres et de matériels, tranchées, batteries antiaériennes.

Depuis Diên Biên Phu, jamais encore les deux hommes n'avaient vu pareil déploiement logistique. Pour l'état-major ennemi, ce passage de la Rivière devait revêtir une importance stratégique de première importance.

Par un dédale de pistes, louvoyant entre les constructions, ils furent emmenés jusqu'à une maison isolée, bambou et latanier, au fronton de laquelle flottait le drapeau rouge à étoile jaune du Viêt-minh.

Devant la porte, une sentinelle sanglée dans un uniforme propre et neuf montait une garde impassible.

Un groupe de soldats vint à leur rencontre et, après avoir échangé quelques mots brefs avec l'escorte, prirent en compte les deux prisonniers.

Après les avoir détachés, ils les firent déshabiller et les fouillèrent, leur palpant le corps jusque dans les endroits intimes, avant de retourner les poches des vêtements. Ils trouvèrent la montre de Norris, qu'ils se montrèrent avec curiosité avant que le gradé ne la glisse dans un porte-documents de cuir.

Tandis que les soldats exploraient maintenant les vêtements du lieutenant Dubourg, Norris regardait autour de lui; il ne voulait pas être indiscret. Par une échancrure dans le paysage, entre deux cagnas, il aperçut un petit groupe d'anciens P.I.M. occupés à manier la pelle et la pioche sous l'œil intéressé d'une sentinelle.

Il eut, soudain, la certitude que ces hommes étaient en

train de creuser leur tombe. Et cette certitude lui noua l'estomac. C'en était bien fini et le « tribunal populaire » auquel ils étaient promis ne serait qu'une formalité, une parodie; la sentence était déjà rendue.

Il faillit alerter Dubourg, il n'osa pas. Le lieutenant était en train de discuter, âprement, la possession d'un modeste anneau de métal, dentelé, à l'extrémité duquel se trouvait une petite croix potencée.

– Ce n'est pas une boussole! C'est mon chapelet, un chapelet scout!

– Un quoi?

– Un dizainier! Cela me sert à prier!

– Superstition, grinça le Viêt qui jeta l'anneau dans la sacoche.

Ils purent se rhabiller, furent de nouveau entravés, puis les Bo doïs les poussèrent à l'intérieur du pavillon et les obligèrent à s'agenouiller, à droite de l'entrée, le dos à la cloison à laquelle ils furent attachés, face à une table rustique composée d'un châssis supportant un plateau de *cai phèn*, derrière laquelle deux bambous horizontaux faisaient office de banc sommaire.

– Attendre ici, jeta le gradé qui alla déposer sur la table les quelques objets qu'il venait de collecter.

– Le moyen de faire autrement? riposta Dubourg.

Norris ne disait rien. Dans sa tête tournaient les images de ces P.I.M. en train de pelleter la terre. Il ne pouvait pas concevoir que, dans quelques heures, dans quelques minutes peut-être, ce corps douloureux aurait cessé de vivre. « Je ne veux pas mourir » pensait-il. « J'ai dix-neuf ans, je n'ai encore rien connu de la vie. Je veux être libre, pouvoir rire, pouvoir chanter, embrasser une fille, boire avec les copains, revoir mes parents! »

– Cesse de t'agiter, lui conseilla gentiment son voisin. – Fais comme moi, prie!

Mais Norris se refusait à prier. Il aurait eu le sentiment de commettre une lâcheté. Dieu lui-même qu'il avait ignoré jusque-là ne l'aurait pas cru. Une pensée incongrue lui vint :

– Aurons-nous au moins un avocat? demanda-t-il.

Dubourg fit entendre un petit ricanement.

– Un avocat est un luxe capitaliste.

– Alors, il n'y a plus d'espoir?

Norris le savait bien, sa question n'était qu'une fuite devant le présent. Il avait seulement envie d'entendre la réponse qui vint, telle qu'il l'attendait :

– Faisons confiance à la Providence.

– Je préfère m'en remettre à vous, mon lieutenant. A vous seul. J'ai l'impression qu'il y a déjà quelque temps que la Providence nous a lâchés!

Dubourg se tourna vers lui et d'une voix douce, non exempte de reproche, il murmura :

– Crois-tu être un personnage d'une telle importance que Dieu daigne intervenir? Nous n'avons rien à nous reprocher devant Lui. Cela me suffit, j'ai l'âme sereine.

Norris l'envia. Il ne se sentait pas serein du tout. Il fallait une extraordinaire force de caractère pour s'abstraire du présent, de cette cagna sombre comme un tombeau, de ces Viêts hostiles, de ces P.I.M. qui creusaient leur fosse, de toutes ces forces maléfiques acharnées à leur perte.

« Et de ces satanées mouches, acheva-t-il, en secouant la tête.

Il y eut, à l'extérieur, un brouhaha confus, la rumeur d'une conversation animée, et le tribunal fit son entrée, en colonne par un. Ils passèrent devant les prisonniers sans même leur accorder un regard, continuant à parler entre eux, et s'en allèrent prendre place sur le banc, se serrant un peu pour arriver à se caser tous.

Ils étaient huit en tout. Au centre, celui qui devait être à la fois le président et le procureur, un visage ascétique au regard de fanatique. A sa droite, une femme. Norris la reconnut, bien qu'il ne l'ait aperçue, brièvement, qu'une seule fois, c'était la jeune militante qui lui avait crié, du haut de son camion, au soir de la chute de Diên Biên Phu :

– *Nghia Pha!*

A la gauche, un curieux personnage aux traits bouffis, dont les yeux, pointus, étaient noyés dans la graisse. A la différence des autres membres du jury, uniformément vêtus de vert, il arborait la chemise de satinette noire des unités régionales.

Les autres, manifestement venus là pour faire nombre, n'avaient rien qui retienne l'attention. Des fourmis, interchangeables : c'étaient, tous, des militaires, autant dire qu'ils n'étaient d'aucun poids dans le procès.

« Lequel d'entre eux commandera le peloton d'exécution ? » se demanda Norris.

– Monsieur Dubourg, commença le président, nous vous connaissons bien. La liste de vos crimes est déjà longue. Vous êtes dans notre pays depuis de nombreux mois et vous n'avez jamais cessé de nuire à notre peuple.

– Je suis un soldat. Un officier. J'obéis à des chefs, nommés par mon gouvernement. Je n'ai rien à me reprocher, j'ai toujours été un combattant loyal.

Les membres du jury se concertèrent à voix basse, commentant la réponse du lieutenant, la traduisant à l'intention de ceux qui ne comprenaient pas le français. A plusieurs reprises, Norris capta le mot « *chêt* » [1]. Il en connaissait la signification. Un frisson lui parcourut l'échine. La sentence était-elle si proche ?

– Monsieur Dubourg, nous attendions de vous un mot de repentir. Au contraire, vous vous obstinez à conserver une attitude orgueilleuse. Vous revendiquez votre appartenance à une caste bourgeoise et réactionnaire, celle des officiers. Mais vous n'êtes plus rien. Rien qu'un déserteur et, pire encore, un bandit qui n'hésite pas, pour parvenir à ses fins, à voler ce qui appartient au peuple. Un peuple qui jusque-là vous avait accueilli sans haine, qui vous a humainement traité, qui était prêt à vous guider dans la voie de la vérité. Mais le mal est en vous!

– Un officier ne vole pas, ajouta la jeune femme.

– Mon devoir d'officier était de m'évader, plaida Dubourg. Je regrette d'avoir porté préjudice à un pêcheur, mais c'était pour moi la seule façon de recouvrer la liberté.

– Vous n'avez rien compris! tonna le président. – Vous vous obstinez dans votre erreur. Et vos regrets, je les connais, c'est seulement de n'avoir pas eu l'occasion de faire encore plus de victimes!

– Non, dit paisiblement Dubourg. – Si vous étiez vous-même prisonnier, ne tenteriez-vous pas, par tous les moyens, de rejoindre les vôtres ?

1. Mort.

– Certainement, parce que je sais, moi, où se trouve le camp de la Vérité, de la Justice, de la Liberté! Alors que vous n'avez cherché qu'à retrouver vos complices, les mercenaires colonialistes, les machines à tuer que sont les parachutistes!

– La preuve, ajouta la jeune femme, venimeuse : vous avez attaqué un civil sans défense.

– Je n'ai attaqué personne!

– Le simple fait de voler une pirogue est une agression!

Dubourg se tut, avec un soupir résigné. Il comprenait peu à peu qu'il était inutile de discuter, cela ne contribuait qu'à éterniser la séance. Un jeu sans valeur ni intérêt.

– Finissons-en, murmura-t-il.

– Demandez pardon! intima le juge.

– D'accord, concéda Dubourg. – Je demande pardon d'avoir involontairement porté préjudice à un civil.

– Et contribué ainsi au sabotage de l'économie du Viêtnam! cria l'homme en noir.

Stupéfait par l'argument, Dubourg ouvrit la bouche puis la referma, suffoqué.

– C'est tout? demanda le juge.

– Non. – Dubourg se tourna vers Norris : Je te demande pardon de t'avoir entraîné avec moi dans cette aventure. Je sais bien que tu ne voulais pas me suivre, mais je t'y ai obligé en te menaçant.

Norris allait répliquer, le regard du lieutenant, à la fois amical et fulgurant, l'en dissidua. Il comprit qu'ainsi son compagnon tentait de le sauver.

– Vous mentez! protesta la jeune femme. – Cet homme est parti avec vous de son plein gré.

– Je n'ai jamais menti, affirma Dubourg, placide, mais avec une détermination qui impressionna le jury.

Il y eut un instant de flottement et Norris, qui suivait avec une avidité inquiète le cours de débats, crut, un instant, que tout allait être remis en question. Il remarqua aussi que, pendant que ses collègues se concertaient, la jeune femme ne le quittait pas des yeux. Il était impossible qu'elle l'ait reconnu, leur rencontre – entre mille autres probables – n'avait pas duré cinq secondes.

Peut-être, avec un instinct aiguisé, avait-elle deviné en lui autre chose que le soldat terrorisé par son chef dont Dubourg avait tenté d'accréditer l'image ?

Elle le fixait, sans vergogne, d'un œil aigu dépourvu de tout sentiment, à la façon d'un maquignon jaugeant une bête. Avec une certaine surprise, Norris s'aperçut qu'il était gêné par cet examen, qui avait quelque chose de trouble, de malsain, presque d'impudique. Il baissa les yeux.

Les délibérations se poursuivaient, sur un ton monocorde, entre les membres du tribunal. Elles s'éternisaient au point que les deux prisonniers, pieds et mains entravés, genoux au sol, commençaient à ressentir cruellement les douleurs provoquées par des crampes musculaires intolérables. Si violentes, si pénibles qu'elles se substituèrent, bientôt, à tout autre sentiment. Une indifférence à leur sort s'établit, eux qui ne pensaient plus qu'à leurs souffrances, à leur corps meurtri qui protestait encore.

C'était aussi aigu qu'une soudaine rage de dents, lorsque le cerveau se refuse à enregistrer autre chose que cette torture insupportable. Ils étaient parvenus à un point de saturation tel, que les mots qui s'adressaient à eux ne leur parvinrent qu'après un temps très long, comme un brouhaha dont le sens leur échappait avant de se frayer, difficilement, un chemin dans la conscience.

– Vous êtes condamnés à mort pour crimes de guerre ! disait le président du jury.

Un froid soudain envahit Norris, en même temps qu'il pensait : « Nous allons enfin pouvoir sortir d'ici, nous dégourdir les membres... »

– Tous les deux ? eut la force de demander Dubourg.

– Tous les deux, riposta le gros responsable régional, avec une jubilation méchante.

– Je proteste, dit Dubourg. – Mon camarade n'est pas coupable. Moi seul...

– Ferme ta sale gueule, capitaliste ! cracha l'homme en noir.

– Au cours de ce procès, reprit la jeune femme, vous n'avez proféré que des mensonges ! Nous savons, nous, que votre complice était déjà inscrit dans son groupe comme un criminel endurci. Vous avez tenté de nous tromper, mais votre ruse a été déjouée par la vigilance du peuple!

– Désolé pour toi, souffla Dubourg. – Vraiment désolé. Je pensais que tu aurais une chance.

– N'ayez pas de regrets, ni de remords, mon lieutenant. Rendez-moi un dernier service, voulez-vous?

– Bien sûr. Lequel?

– Vous êtes bien avec le Bon Dieu. Priez pour moi. – Puis il ajouta : J'espère que je me tiendrai bien.

– Moi aussi, avoua le lieutenant. – Je ne pense qu'à cela. Et j'avoue que je ne suis sûr de rien. Ce n'est pas facile.

.

Norris avait, d'une exécution capitale, une vision un peu grandiose, faite de clichés où s'incrustaient, pêle-mêle, des souvenirs de cinéma, le tableau de Manet retraçant la mort de l'empereur Maximilien du Mexique, qui l'avait fasciné dans sa jeunesse. Il s'obligeait à ces images oiseuses pour ne pas trop songer que, dans peu de temps, il serait lui-même confronté à cette situation, debout, face aux fusils braqués.

– Croyez-vous qu'ils vont nous bander les yeux?

– Je ne sais pas. J'espère avoir la force de refuser.

Ils étaient toujours dans le fond de leur cagna, alors que le jury s'était dispersé depuis une bonne heure déjà. Par des interstices entre les panneaux de *cai phèn*, ils voyaient maintenant des rayons d'un soleil horizontal. La nuit n'allait pas tarder.

– Quand pensez-vous qu'ils vont nous fusiller? Demain matin à l'aube?

– Peut-être. – Dubourg eut un petit geste du menton. – Après une dernière cigarette et un petit verre de choum...

– Et un bon repas?

– Je m'efforce d'oublier mon estomac, je ne me préoccupe que de mon âme.

Quatre Bo doïs apparurent, se penchèrent sur eux et défirent le lien qui les maintenait attachés aux montants de la maison. Puis ils les aidèrent à se remettre debout, sans pour autant les débarrasser des solides cordes qui leur entravaient bras et chevilles.

– Venir! ordonnèrent-ils.

Ils durent presque les porter pour les extraire de la cagna, leurs jambes, douloureuses et ankylosées par cette longue immobilité, contractées de crampes qui leur faisaient les muscles comme du bois, refusaient tout service. Une fois dehors, les soldats les firent asseoir, le temps de retrouver un peu de souplesse. Mais ils n'attendirent pas longtemps. Cinq minutes plus tard, jugeant sans doute que ce délai suffisait, ils leur intimèrent l'ordre de se relever.

Ce qu'ils firent, l'un soutenant l'autre, enlacés comme des acrobates.

Puis, poussés par leurs gardiens, les deux prisonniers furent conduits devant la fosse auprès de laquelle deux P.I.M. attendaient, une pelle à la main, seuls témoins.

– Ce n'est pas vrai! s'exclama Norris, accablé. – Ils ne vont tout de même pas nous abattre ainsi! Ce n'est pas une exécution, c'est un assassinat!

– Au point où nous en sommes, je me moque bien du décorum, de la troupe qui présente les armes et des roulements de tambour!

Deux des Bo doïs arrêtèrent Norris à quelques mètres du trou, le forcèrent à s'asseoir, tandis que les deux autres détachaient Dubourg, et le firent mettre nu, avant de l'entraver de nouveau. Ils ramassèrent ses vêtements et les jetèrent aux deux P.I.M. qui se les partagèrent, en gloussant.

– Agenouille-toi! ordonna l'un des soldats, la mitraillette braquée.

Dubourg fit « non » de la tête.

– Je veux mourir debout! protesta-t-il.

Il se tenait droit, figé, au bord de la fosse et, ainsi, il apparut à Norris comme un Christ, le visage maigre prolongé d'une courte barbiche blonde, l'abdomen creusé, disparaissant sous le thorax, les côtes saillantes, les os du bassin pointant sous la peau, les jambes, jointes, d'une effrayante maigreur. Seul, immense et nu.

Mais les consignes devaient être impératives, car en vrai professionnel de l'abattage, le Bo doï lui assena au creux du ventre un terrible coup de crosse qui coupa net la respiration du condamné.

Le lieutenant se plia en deux puis, lentement, glissa et

tomba à genoux. Sans perdre une seconde, le Bo doï était passé derrière lui et lui lâcha à bout pourtant, en une seule rafale, tout le chargeur de son arme.

Dubourg ne roula pas directement dans sa tombe. Il bascula sur le côté et le Viêt dut le pousser, du pied, afin qu'il disparaisse dans le trou.

– Venir maintenant! appela le bourreau, avec un geste de la main en direction de Norris.

Celui-ci ne pensait plus à rien. Le cerveau embrumé, la tête vide, la tripe gargouillante, il n'était qu'une immense détresse. L'irrémédiable s'était accompli sous ses yeux. Il était encore abasourdi par la rapidité avec laquelle l'exécution de son ami s'était déroulée. Ils n'avaient même pas eu le temps de se lancer un ultime adieu, un dernier encouragement.

Au moment de la rafale, il n'avait eu qu'un seul mot :

– Priez...

Ses deux gardiens le saisirent sous les bras, il n'aurait probablement pas pu tenir debout. Ils le détachèrent, le dévêtirent. Il se laissait faire, absent, étranger à tout, même à son propre corps.

– Venir, invita encore le bourreau, du ton amical que prend un dentiste pour appeler « au suivant! ».

Norris comprit que, pour demeurer digne de son camarade, il devait avancer tout seul, sans l'aide de ses gardiens qu'il écarta, d'un léger mouvement des épaules. Il aperçut, sur sa gauche, deux nouveaux spectateurs. La jeune femme qui, tout à l'heure, l'avait condamné à mort, et près d'elle « Julot », le commissaire politique du Convoi 42.

« D'où sort-il, celui-là ? » se demanda-t-il.

Il alla lui-même se placer à l'endroit où, l'instant d'avant, Dubourg avait été abattu et, comme lui, il se dressa, fixant droit dans les yeux la jeune femme qui l'observait. Cette fois, ce fut elle qui détourna son regard.

Alors, il s'agenouilla et attendit, en fermant les paupières, pensant :

« La même angoisse qu'avant le saut en parachute. Dans trois secondes, la voilure va s'ouvrir et tu flotteras dans l'atmosphère... »

La rafale éclata, tout contre ses oreilles et il s'étonna de ne rien ressentir, aucun impact, aucune perte de conscience. Rien. Rien qu'un rire épais qui résonnait au-dessus de sa tête. Le Viêt avait tiré en l'air.

– Debout, ajouta-t-il, hilare.

Norris ouvrit les yeux et la vision du corps martyrisé du lieutenant Dubourg eut raison de sa résistance. Un voile noir s'abattit sur lui. Il tomba, la face en avant.

CHAPITRE 9

1

Une fois encore, le départ du convoi en direction du bac de Tha Khoa avait été retardé de plus d'une heure afin de permettre aux Africains d'enterrer deux des leurs, morts de béri-béri en fin de journée. Ces contretemps à répétition avaient le don d'exaspérer le capitaine Duàn, le commandant des deux compagnies de Bo doïs qui se relayaient, chacune tous les deux jours, à la garde des prisonniers. A défaut d'idéologie, le capitaine Duàn avait, en bon militaire, la religion de l'exactitude et « l'heure c'est l'heure » était son adage favori.

En l'absence de M. Dang, le commissaire politique, parti en précurseur préparer le délicat franchissement de la Rivière Noire par les prisonniers du Convoi 42, et mettre au point les mesures de sécurité propres à décourager toute tentative d'évasion, le capitaine Duàn était allé présenter ses doléances à « Tot Ka ».

– Ces décalages se répercutent à l'arrivée à l'étape et privent mes soldats d'une heure de repos!

Tot Ka avait balayé l'argument d'un geste de la main :

– Tu préférerais sans doute que les malades crèvent le matin?

– Je préférerais qu'ils ne crèvent pas. Pas à cette cadence en tout cas. Sais-tu, camarade, que c'est le vingt-sixième cadavre que nous abandonnons derrière nous?

– Crois-tu que je l'ignore? Mais, comme me l'a fait

observer M. Dang, à qui j'en ai parlé, plus de la moitié d'entre eux sont des Nègres et la disparition d'un Nègre n'a aucune importance. Il a même ajouté : c'est du domaine de la statistique.

Le capitaine Duàn n'aimait pas le camarade Dang, mais il le redoutait. C'était un commissaire politique de haut grade. Les Bo doïs de l'escorte racontaient parfois comment, en pleine bataille de Diên Biên Phu, il avait été chargé de mettre fin à une grave crise morale qui avait secoué la Division 316.

Discours, meetings, longues séances d'autocritique avaient été organisés par Dang et, au cours de la récollection qui avait suivi, plus de deux mille soldats avaient, spontanément, demandé à être fusillés pour « lâcheté devant l'ennemi et manque de zèle révolutionnaire ». Le lendemain, Dang en avait choisi un sur deux et les avaient fait passer par les armes [1].

Il ne faisait pas bon lui déplaire et Duàn se méfiait. Après tout, il n'était pas responsable de la bonne santé des prisonniers, seulement de leur escorte et, hormis la désertion des deux Français, au village de Ban Chiên Phuoc, dix jours plus tôt, rien ne pouvait lui être reproché.

Debout sur le bord de la piste, il regardait maintenant s'écouler le flot calamiteux de ses ouailles. Peu de chose subsistait encore de ces combattants qu'ils étaient un mois plus tôt ou même à leur départ définitif de Muong Thanh. Ils étaient, désormais, des prisonniers, et pour la plupart, toute fierté abolie, ils n'étaient portés que par des besoins élémentaires, manger, boire, dormir, attendre la libération.

« Combien d'entre eux se vendraient pour une cigarette ou une banane ? » se demanda le capitaine Duàn.

Il les contemplait, qui avançaient à petits pas économes, l'échine courbée, la tête basse, certains appuyés sur des bâtons, d'autres soutenus par leurs camarades, la plupart vêtus de défroques en haillons – Duàn ne pouvait plus parler d'uniformes – qui flottaient autour de leur carcasse trop maigre.

1. Authentique.

« En quinze jours, combien de kilos ont-ils perdus ? Dix ? Quinze ? Probablement davantage, et ce n'est pas fini. »

Au début, il les méprisait d'être des vaincus, et de s'obstiner dans des attitudes de supériorité raciste. A les voir ainsi abattus, comme privés d'âme, il était près de les plaindre.

– Vise le macaque! lança une voix gouailleuse. – Ma parole, il nous passe en revue ? Il se prend pour qui, ce nabot ?

– Pour Hô Chi Minh ? riposta son voisin. Ou pour Giap ? Encore un planqué qui s'est persuadé d'avoir gagné la guerre à lui tout seul.

Cravaché par ces remarques, dont il avait parfaitement saisi le sens, Duàn se raidit, touché au plus profond de lui-même. Il se savait petit, il se savait laid. Personne encore n'avait osé s'en moquer aussi ouvertement. Il faillit bondir sur les insolents, les frapper de son jonc de rotin, insigne de son grade. Il se contint à grand-peine, les ordres de Dang étaient formels, les militaires devaient affecter d'ignorer le français.

« Je me trompais, se dit-il en s'obligeant au calme. Ces salopards ont encore de la ressource! »

Il se promit de rapporter l'incident à l'adjoint de M. Dang. Cela dénotait, de la part de ce groupe, un état d'esprit rebelle, loin encore de la perfection à laquelle ils devaient aspirer. Il restait bien du travail à faire.

Il chercha Tot Ka des yeux, mais celui-ci était hors de vue, parti avec le groupe de tête, ces Africains qui semblaient marqués par la malchance.

Pour Tot Ka, les Nègres demeuraient une énigme. Il y avait pourtant maintenant près de six années qu'il avait été intégré dans le personnel chargé de l'administration et de l'organisation des camps de prisonniers et s'il se piquait de bien connaître les mentalités des diverses ethnies composant le corps expéditionnaire français, Européns ou Musulmans, il n'avait jamais réussi à comprendre le cheminenent de la pensée des Africains.

Autrefois, il y avait bien longtemps, au temps de la

colonisation, avant que la guerre de libération ne commence, il redoutait ces soldats sénégalais si grands, si forts, si intraitables sur les questions de discipline. Et lui, humble *bé con* [1] perché à califourchon sur l'encolure de son buffle, il les imaginait indestructibles, féroces comme des panthères dont ils avaient les dents, si blanches au milieu de leur visage tout noir.

Un peu plus tard, tout jeune soldat, il les avait combattus, d'abord avec une crainte respectueuse, pour s'apercevoir ensuite que c'étaient au fond de braves bougres pas méchants, facilement terrorisés, mais d'humeur instable et changeante, capables de passer sans raison apparente de l'hilarité la plus franche – ils riaient d'un rien – à la fureur la plus dévastatrice.

Ceux qu'il avait pour mission d'escorter maintenant ne différaient pas de ceux qu'il avait précédemment côtoyés. Ils mouraient comme des mouches, mais ils savaient, comme personne, éclater de grands rires sonores, tapaient, le soir, sur leurs bidons avec un stupéfiant sens du rythme, et chantaient d'interminables mélopées dans une langue incompréhensible ponctuées d'un refrain, dans un français approximatif, un leitmotiv qu'il trouvait insultant :

Missié Hô Chi Minh, ça bon président,
Si donner gamelle, pas le riz dedans...

Il en avait fait l'observation au chef de groupe, un géant débonnaire et rigolard qui, en hochant la tête, n'avait cessé de lui répéter :

– Compris, chef! Compris, chef!

Dans le quart d'heure qui suivait, le refrain maudit emplissait à nouveau la clairière.

Alerté, Dang n'avait eu qu'un commentaire, blasé :

– Ces Nègres sont imperméables à toute rééducation politique. Ils sont peut-être capables de prendre les attitudes de la rééducation, mais, au fond d'eux-mêmes, ils demeurent attachés à toutes sortes de croyances obscures. Même les

1. Gamin.

catholiques s'y sont cassé les dents. Ils ne sont pas comme nous, c'est tout.

De cela, Tot Ka était persuadé. Tout à l'heure, alors qu'ils enterraient leur malheureux camarade, ils avaient tous éclaté de grands rires, se frappant sur les cuisses avec des exclamations sonores. Intrigué, il s'était approché pour connaître la cause de ce déchaînement soudain. Il avait vu, il avait compris, il s'était enfui, gris de confusion : les Africains avaient remarqué que leur mort, squelettique dans sa nudité, avait pourtant une érection gigantesque.

2

Peu à peu, Michel Mallier reprenait goût à la vie. Depuis sa défaillance de l'autre jour, il avait retrouvé sa place dans le groupe, entouré de l'amicale sollicitude de ses camarades, Phongue, Margoz et, bien sûr, « Jo » Allenic auquel il devait d'avoir survécu. Tous le dorlotaient, comme un convalescent privilégié, lui épargnant servitudes et corvées, veillant sur lui avec une attention qui ne se démentait pas. Il se laissait faire, conscient de sa position d'assisté, s'installant un peu dans ce relatif confort et, s'il lui arrivait de se reprocher ses petites lâchetés, il se promettait, lorsqu'il serait tout à fait rétabli, de leur rendre ce qu'ils lui avaient donné.

Lui qui ne cessait de geindre et de pleurnicher, avait pourtant souri, tout à l'heure, lorsque Margoz avait pris à parti le gnome qui dirigeait les Bo doïs d'escorte. Il avait ri à la réponse de « Jo » Allenic et plus encore à l'expression de fureur outragée qui s'était inscrite sur le visage de Duàn.

« Je retrouve le moral, pensait-il. Encore trois ou quatre jours et je pourrai participer activement à la vie de l'équipe. »

Ce n'étaient, il le savait, que des vœux pieux. De fausses résolutions destinées à calmer ses scrupules, il n'avait pas assez de volonté – il disait, pour se trouver des excuses, « pas assez de forces » – pour tenir ses promesses.

Et pourtant, à deux ou trois reprises, de petits détails auraient dû l'alerter, lui faire comprendre qu'il était temps, pour lui, de réagir. Une remarque, rapide et vive, d'Azam, le gendarme, auquel il demandait d'aller laver sa gamelle et qui lui avait répliqué :

– Je ne suis pas ton boy...

Mallier s'était senti outragé. Que pouvait bien faire à son camarade de laver une ou deux gamelles ?

Tout à l'heure, alors qu'il répartissait les charges à porter, Phongue avait demandé, avec intention :

– Combien dois-je en préparer ? Quatre ou cinq ? Répondre : cinq, eût été admettre que Mallier participait désormais aux tâches collectives. Heureusement, « Jo » était intervenu :

– Prépares-en quatre, comme d'habitude.

Phongue n'avait rien dit, mais Mallier, qui l'observait, avait surpris, sur son visage glabre, un frisson d'énervement.

Maintenant, le Convoi 42 approchait de l'étape. La marche de la nuit avait été relativement aisée, la route descendait, en pente douce, vers la Rivière Noire que l'on entendait bruissant au fond de la vallée. Les prisonniers savaient déjà, Tot Ka le leur avait annoncé au rassemblement du soir, qu'ils passeraient la journée en bord de rivière, et qu'après avoir franchi le bac, ils auraient droit à une journée de repos sur l'autre rive, avec, en prime, une distribution de riz. Pour tous, c'étaient des perspectives encourageantes. Ils n'avaient pas manqué de remarquer qu'en l'absence de Dang, parti depuis le matin, Tot Ka se montrait moins guindé, moins emprunté, comme s'il s'accordait un peu de détente. Peut-être n'était-il pas, au fond, un aussi mauvais bougre qu'il s'efforçait de le paraître en présence de son chef ?

Azam, qui avait posé la question à haute voix, s'était vertement fait rabrouer par Margoz, moins enclin à l'indulgence.

– Un Viêt, c'est un Viêt. S'il te sourit, ne va pas croire à de la bonté, au contraire, c'est le moment de te méfier, il te concocte une vacherie !

« Jo » avait approuvé, sans réserve, ajoutant :

– La seule chose qui leur fera réellement plaisir sera de nous voir crever tous !

Le jour pointait déjà lorsque la chenille humaine pénétra dans la forêt qui allait lui servir de refuge pendant la journée. Déjà, les chefs de groupe s'agitaient, fixant les limites de leur domaine, parlementant avec les voisins, premiers arrivés, pour obtenir un peu plus d'espace vital, sous l'œil placide des Bo doïs qui n'interviendraient qu'en cas d'incident grave. Il n'était pas rare que les prisonniers en viennent aux mains. Peu de chose suffisait généralement pour mettre le feu aux poudres, une toile de tente malencontreusement piétinée par quelque distrait, un bout de bois sec convoité par deux hommes à la fois, une poignée de riz volée, un mot de trop.

Ils s'élançaient alors sur les bélligérants, les séparaient à coups de crosse. La plupart du temps, cette intervention, brutale, avait l'effet escompté et suffisait à calmer les esprits. Plus rarement, la querelle n'était pas entièrement vidée et se prolongeait un peu trop. Les adversaires, irréconciliables, étaient alors proprement assommés et attachés, à distance convenable.

A l'odeur des feux, allumés un à un par des sentinelles attentives, succédait bientôt celle du riz qui cuisait dans les gamelles. Et puis, la torpeur s'installait, dans la chaleur du soleil montant, et le réveil des insectes volants.

La plupart des prisonniers dormaient, éparpillés sous les arbres. Certains bavardaient à mi-voix, d'autres s'isolaient pour sacrifier à des besoins pressants. Le ventre torturé de dysenterie, on en voyait se précipiter soudain, les deux mains sur la ceinture du pantalon, filant droit vers les buissons d'alentour, sans égards pour les corps répandus en travers de leur route.

Il y avait des cris, des jurons, des insultes, que les Bo doïs faisaient taire d'un « *Im*! » sonore, appuyé du claquement métallique d'une culasse de Mauser.

Vers midi, les appels plaintifs des cornes d'alerte se firent entendre, venant de la crête. Immédiatement, les Bo doïs s'élancèrent à travers le bivouac, éteignant les derniers feux, culbutant les gamelles, obligeant les prisonniers à se rassembler au pied des grands arbres, accroupis, imbriqués les uns dans les autres, et les maintinrent ainsi sous la menace de leurs armes. Ils redoutaient plus que tout que l'un quelconque des Français ne se livre à une démonstration intempestive d'amitié envers les avions ou, par imprudence, qu'il ne signale le bac et les infrastructures militaires attenantes.

Les hommes tendaient l'oreille, guettant le grondement des moteurs pour tenter d'identifier l'appareil. Ils l'aperçurent, point brillant haut dans le ciel, un Privateer solitaire qui venait droit dans leur direction.

– Espèce de salaud! hurla une voix, tremblante de panique : va larguer tes saloperies ailleurs!

– *Im!* répondirent les Bo doïs, qui n'en menaient pas large non plus.

– Au contraire, brailla un irréductible. Vas-y! Mets tout le paquet! Écrase cette vermine!

– *Im*, répétèrent les Bo doïs, un doigt sur la bouche.

– Si tu as peur que l'avion t'entende, ricana quelqu'un, arrête de claquer des dents!

Mais le bombardier poursuivait sa course rectiligne, inexorable. Avec un « ah! » impressionné, les prisonniers saluèrent le chapelet de bombes qui se détachaient du fuselage et qu'ils virent, distinctement, descendre sur eux dans un sifflement, croissant jusqu'à l'insoutenable.

Beaucoup mirent leurs mains sur leurs oreilles. D'autres cachèrent leur tête entre leurs genoux. Peu eurent le cran de regarder les bombes jusqu'au bout.

Elles explosèrent, dans un fracas de fin du monde, faisant trembler le sol, projetant tout près des éclats de métal qui passaient, en vrombissant, heurtant parfois le tronc d'un arbre avec le fracas sonore d'un gong, ou au contraire, hachant le feuillage dans un crépitement de mitraille, réveillant chez la plupart des prisonniers les souvenirs récents des matraquages de l'artillerie ennemie, à Diên Biên Phu.

Certains priaient, les yeux fous, d'autres, en proie à une crise nerveuse, se roulaient par terre en frappant l'humus de leurs poings crispés. Aucun ne se montrait indifférent.

Tout cela n'avait duré que quelques secondes, mais ce bombardement avait été d'une telle violence dévastatrice, qu'il laissa les spectateurs assommés de bruit et terrifiés. De longues minutes après, ils demeuraient là, prostrés, le corps parcouru de frissons, les oreilles bourdonnantes, le cœur battant la chamade.

Tot Ka apparut bientôt, le casque en bataille, couvert de poussière, l'œil flamboyant. Il décréta le rassemblement immédiat, puis, prenant la parole, il lança des ordres, en viêtnamien.

Les Bo doïs obéirent, faisant cercle autour de la foule, fusils horizontaux.

– Prisonniers de guerre! hurla Tot Ka. – Vous avez pu vous rendre compte avec quelle criminelle cruauté vos propres avions sont venus vous bombarder! Ils n'ont pas pitié de vous. Je sais que dans votre cœur vous condamnez cette barbarie sauvage. Mais c'est seulement parce que vous avez eu peur. Pensez aux populations civiles innocentes qui sont, tous les jours, victimes de ces agressions aveugles! Vous devez faire entendre votre voix! Vous devez exiger de votre gouvernement qu'il cesse ces expéditions inhumaines! Vous devez être, maintenant, des combattants farouches de la paix!

Il s'interrompit à peine, brandit une feuille de papier couverte d'une écriture rageuse :

– Je vais maintenant vous demander de signer cette lettre, adressée à votre gouvernement, par laquelle vous condamnez de la façon la plus formelle les actes d'agression commis à votre égard par l'aviation de votre pays, et exigez des négociations de paix immédiates!

Tot Ka ne s'attendait pas à récolter l'adhésion enthousiaste des Tou binh. Il avait déjà prévu la parade :

– Comprenez-moi bien. Je ne vous implore pas. Je vous ordonne de signer. – Il brailla, détachant les syllabes et les martelant de la main : C'est un o-rdre!

Personne ne broncha. Les prisonniers se consultaient du coin de l'œil, le front baissé.

– Vous n'avez peut-être pas bien compris les consignes que j'ai données aux soldats, tout à l'heure? Eh bien, je vais vous les traduire : je leur ai dit d'abattre sans sommation le premier d'entre vous qui refusera d'obéir! Et je vous préviens que nous avons assez de cartouches par vous tuer, tous!

Un mouvement se dessina alors, s'ordonnant en colonne par un, dans la direction de Tot Ka et de son calepin. Vaincus une nouvelle fois, les prisonniers capitulaient.

Il y eut, bientôt, une cohue monstre devant le commissaire politique. Cohue dont profitèrent quelques hommes pour s'esquiver, comme le fit Margoz, glissant au passage à « Jo » Allenic :

– Je me défile, personne ne m'obligera à signer ce torchon.

– Ton geste ne sert à rien, riposta « Jo ». Fuir n'est pas une solution, c'est reculer devant la difficulté, et cela n'a aucune valeur d'exemple. Moi, je reste, et je dirai pourquoi je refuse.

– Fais comme tu veux, je n'ai pas, moi, envie d'être abattu comme un héros. Leur torchon, je m'en contrefous, exactement comme je me contrefous de savoir si Tot Ka me croit ou s'il ne me croit pas au nombre des signataires.

– Signe, souffla Mallier. – Ce texte ne sera même pas diffusé, et, si tu as peur de te compromettre, mets n'importe quel nom, Jean Robic ou Louison Bobet!

– Chacun son point de vue. Moi, je dis non.

Son tour arrivera bientôt. « Jo » Allenic se campa devant Tot Ka et, d'un ton courtois mais ferme, il expliqua :

– Je pourrais, monsieur, vous donner des tas de raisons, mais elles seraient toutes mauvaises. Je ne veux pas signer simplement parce que c'est contraire à mon sentiment de l'honneur.

Tot Ka encaissa sans broncher. Il savait avoir outrepassé ses droits en menaçant d'exécuter les récalcitrants. Il ne pouvait pas non plus perdre la face et donner des remords à ceux qu'il avait contraints. C'était sans issue.

Il leva les yeux et s'aperçut que, derrière « Jo » Allenic, il n'y avait plus que cinq ou six prisonniers, attendant leur tour. Sa décision fut instantanément prise.

Il referma le registre, quelques méchantes feuilles de papier bambou couvertes de graffitis divers et lança, d'une voix de stentor :

– La séance de signatures est terminée pour aujourd'hui! Rassemblement pour le départ, nous passerons la rivière dans une heure!

3

Il fallut quatre rotations des radeaux servant de bac pour faire franchir à l'ensemble du Convoi 42, Bo doïs compris, le lit de la Rivière Noire.

De part et d'autre, dans des pirogues amarrées au rivage, l'arme braquée, des sentinelles veillaient à éviter toute tentative d'évasion par le fleuve. Sage précaution; il ne se trouva aucun désespéré pour tenter l'aventure.

Par une piste, rendue glissante à cause du piétinement de centaines de chaussures mouillées, la colonne gravit une petite colline et fut rassemblée dans une clairière en amphithéâtre, dont le fond était occupé par une estrade à laquelle était attaché un Européen, la tête et les poignets enchâssés dans un lourd carcan de bois, les chevilles liées à un gros bambou.

– Mais c'est Norris! s'exclama « Jo » Allenic.

– Vous le connaissez?

« Jo » se retourna et aperçut, à un mètre de lui, « Julot » qui le dévisageait avec attention, un mégot aux lèvres, l'air plus « affranchi » que jamais.

– En effet, répondit-il. Je le connais.

– Regardez-le bien, conseilla « Julot ». – Dans quelques minutes, vous ne le reconnaîtrez pas.

Sur cette phrase, qui augurait mal, M. Dang s'éloigna à grands pas.

Il n'était pas peu fier. Ce pilori, cette exposition d'un prisonnier à la face de ses camarades, un peu théâtrale, c'était une idée à lui. Il fallait frapper l'imagination des « Tou binh », leur montrer, concrètement, que si la clémence du président Hô Chi Minh constituait pour eux une garantie, les criminels endurcis en revanche, ceux qui refusaient de s'engager sur le bon chemin, seraient châtiés de façon exemplaire.

Exemplaire, c'était le maître mot. Celui que Dang avait tenté d'expliquer, la veille, à ces imbéciles du Comité populaire de Libération de la Haute Rivière Noire. Il en était encore tremblant de fureur. Ces idiots avaient dans les mains une occasion magnifique de frapper l'imagination des masses en faisant fusiller de façon publique, solennelle et, pourquoi pas? théâtrale, ces deux bandits qu'étaient Dubourg et son complice Norris.

Au lieu de cela, par une hâte stupide qui traduisait un manque évident de maturité politique, ils avaient transformé la Justice populaire en une exécution furtive, honteuse, sans aucun profit pour personne hormis deux ou trois soldats abrutis et deux coolies trop ahuris pour comprendre.

Il était intervenu à temps pour empêcher que ce gâchis ne soit complet, mais les membres du tribunal populaire en avaient pris pour leur grade. Dang avait réexpédié dans ses montagnes le trop zélé Lô Sinh et son uniforme noir, et promis à Khéo, le président de séance, qu'il serait rétrogradé et envoyé dans un camp, parfaire son éducation marxiste. Pour l'exemple, encore.

Seule la camarade Thi Tuyet avait échappé à ses foudres. Et pas seulement, comme il lui arrivait de le dire lui-même – en français parce que l'expression avait plus de saveur – à cause de « son joli petit cul et de ses beaux nichons », plus simplement parce qu'elle avait tenté de s'opposer à cette mise à mort qui ressemblait trop à un assassinat clandestin sans intérêt. Son intervention figurait du reste dans le procès-verbal de l'audience.

Le criminel Norris avait été sauvé, mais il ne perdait rien pour attendre. Dang avait passé sa nuit à réfléchir, il avait employé sa journée à préparer son châtiment comme un véritable spectacle, clôturé par un meeting qui marquerait le début de la prise de conscience collective des prisonniers du Convoi 42.

La camarade Thi Tuyet l'avait aidé dans sa mise en scène, c'était elle qui avait suggéré d'installer Norris sur ce podium, garrotté dans un antique carcan, relique vénérable de la justice mandarinale découverte par hasard au fin fond d'une paillote.

– L'humiliation ajoutera à sa souffrance, avait-elle déclaré, glaciale.

Depuis cette remarque, Dang la regardait avec d'autres yeux, pas éloigné de la soupçonner de pimenter sa foi révolutionnaire d'un brin de cruauté. Lui n'était pas cruel. C'était un homme froid, calculateur et la douleur des hommes était, dans son esprit, une notion abstraite à ne prendre en compte que dans la mesure où elle hâtait l'évolution des esprits sur le chemin de la Vérité.

Les sentinelles avaient fait asseoir les prisonniers en demi-cercle, face au pilori que des Bo doïs en armes encadraient maintenant. En fond de tableau, une compagnie de réguliers, en uniforme vert, casque en bataille, sac au dos, se tenait au garde-à-vous, troupe immobile, que Dang avait voulue hiératique.

De part et d'autres, encadrés de leurs Can bô de village, une cinquantaine de civils Thaï, femmes, enfants, adultes et vieillards, étaient assemblés et se tenaient debout, impressionnés par le décorum.

M. Dang fit quelques pas de façon à se trouver exactement au centre de la foule et attendit que se taise la rumeur confuse qui montait des rangs.

– Prisonniers de guerre! commença-t-il d'un ton emphatique. – Vous avez été ce soir rassemblés pour assister au châtiment exemplaire de l'un de vos camarades, qui s'est rendu coupable de crimes odieux envers la population civile!

« Ce malfaiteur endurci, au cœur plein de haine envers le Viêt-nam, avait déserté votre convoi pour allonger encore un peu plus la liste déjà longue de ses forfaits! Mais la vaillante population civile, en lutte pour sa liberté, a réussi à mettre fin à ses sinistres exploits et l'a livré à la justice populaire.

Il se tut, savourant à l'avance l'effet que provoquerait l'énoncé de la sentence.

– Cet homme que vous avez devant vous a été traduit devant le tribunal du peuple. Et ce tribunal a rendu le seul verdict que méritaient les brigandages perpétrés : votre ancien camarade a été condamné à mort.

Il écouta, intérieurement ravi, le murmure horrifié qui s'éleva de la foule, et répéta :

– Condamné à mort!

Ces trois mots étaient un signal. Des rangs des civils, s'élevèrent des applaudissements, soigneusement orchestrés par les Can bô de village que Dang avait sérieusement chapitrés dans l'après-midi.

– Salauds! s'écria un prisonnier, que ses voisins firent taire aussitôt.

– Condamné à mort Benjamin Norris, appela Dang. – Levez-vous et venez ici!

Deux Bo doïs aidèrent le captif à se remettre debout et à

effectuer les quelque dix ou douze pas qui devaient l'amener auprès de M. Dang. Reliées à ses chevilles, les deux grosses chaînes rivées au bois du carcan sonnaillaient, lugubres, à chacun de ses mouvements.

– Condamné à mort Benjamin Norris, reprit M. Dang. La population civile a généreusement décidé de vous faire grâce de la vie, en dépit des crimes que vous avez commis contre elle.

« Mais elle vous demande, en contrepartie, un mot, un geste de repentir.

Il tonna :

– A genoux et demandez pardon!

Toujours soutenu par ses deux anges gardiens, Norris obéit, dans un cliquètement de chaînes.

Il dut prononcer quelques mots, car M. Dang se pencha et lui ordonna :

– Plus fort!

– Je regrette, dit Norris d'une voix brisée.

– Que regrettez-vous? demanda Dang.

– Tout, dit Norris.

Perdu dans la foule des prisonniers, Margoz poussa « Jo » Allenic du coude et lui glissa :

– Si Norris regrette quelque chose, c'est sûrement d'avoir échoué.

– Tais-toi. Norris joue sa vie. – Puis il ajouta, perplexe : Je me demande ce qu'ils ont fait du lieutenant Dubourg.

Dang se tourna vers les villageois, frileusement serrés les uns contre les autres. Il les interrogea :

– Croyez-vous au repentir de cet homme?

Encouragés par leurs cadres, les villageois exprimèrent bruyamment un enthousiasme de commande, battant des mains, glapissant des slogans.

– Le peuple vous pardonne, conclut M. Dang. Levez-vous!

La séance était interminable. On eût dit une messe barbare que rendaient plus irréelle encore le crépuscule, et l'obscurité naissante, combattue par des torches et des flambeaux qui s'allumaient ici et là. Dang avait voulu qu'il en soit ainsi, il avait l'intention d'avoir les prisonniers à l'usure, jouant alternativement de l'espoir et de la menace.

– Enlevez-lui son carcan!

Les Bo doïs dégagèrent les chevilles de bois qui maintenaient ensemble les deux chevrons ajourés, puis ils les séparèrent et défirent les deux chaînes.

Le premier geste de Norris fut de frotter ses poignets irrités par le contact du bois dur. Il se tenait ainsi, le front baissé, regardant dans le vague, quelques mètres devant ses pieds, les genoux un peu fléchis, oscillant de droite à gauche comme un ivrogne à la recherche de son équilibre.

La foule faisait silence, les regards convergeant vers cet homme dont tous les ressorts semblaient brisés.

– Vous devez malgré tout être puni pour avoir volé une pirogue à un travailleur civil, portant ainsi atteinte au potentiel économique du pays!

Indifférent, Norris se balançait maintenant d'avant en arrière, les bras ballants, les mains flasques. Il paraissait dormir debout.

– Cette punition vous sera infligée par votre victime, le pêcheur du village de Kinh Khoaï que vous avez privé de son gagne-pain!

Il leva un bras, claqua des doigts et fit amener, face au prisonnier, un petit bonhomme en short bleu pâle, coiffé d'un béret basque, manifestement impressionné d'être ainsi mis en vedette au cours de cette étrange et solennelle cérémonie. Il s'inclina face à M. Dang, mains jointes devant le torse et inclina le buste, à trois reprises, dans une attitude de respectueuse soumission.

Dang lui tendit un long rotin flexible dont, au préalable, il testa l'élasticité en le faisant siffler devant lui, à plusieurs reprises. Le Thaï prit la cravache, se demandant l'usage qu'il devait en faire. En quelques mots, dans sa langue, Dang le renseigna.

Incrédule, le civil regardait alternativement le commissaire politique, ce personnage important qui lui donnait des ordres et auquel il ne tenait pas à déplaire, puis Norris, cet homme à bout de forces, mais qui était Français et par conséquent digne d'égards.

Timidement, il posa une question, d'un ton hésitant. Il devait probablement demander :

– Je peux frapper ce Français? Vraiment? Sérieusement?

– Vas-y, l'encouragea Dang, dans sa langue.

Éperdu de trac, le Thaï alla se placer derrière Norris dont les Bo doïs avaient arraché la veste. Il leva sa canne, la baissa, fit quelques pas, se pencha vers sa victime, en le regardant sous le nez. Et il fit quelque chose d'incongru, un geste que personne n'aurait pu prévoir, et surtout pas M. Dang dont il brisait les effets. Il s'inclina profondément devant Norris, lui prit la main avec effusion, la serra longuement, et, enfin, le salua à son tour, paumes jointes, lui témoignant ainsi sa déférence et, peut-être, ses regrets d'être contraint d'agir ainsi.

– Frappe! lança Dang, agacé.

D'un air résigné, comme s'il se livrait à une corvée déplaisante, le Thaï leva la cravache, l'abattit mollement sur le dos du condamné.

– Il va lui demander s'il ne lui a pas fait trop mal! souffla Margoz. – Ce Thaï n'a pas du tout envie de battre Norris!

– Attends...

Le pêcheur avait frappé une seconde fois. Un peu plus fermement. Surpris lui-même par la violence du coup porté, il fit un bond en arrière comme s'il redoutait une réaction de sa victime. Mais il ne se passa rien. Alors, le Thaï sut qu'il pouvait se déchaîner, sans crainte. Il se livra à une sorte de danse du scalp autour de Norris, sautant sur ses pieds, rebondissant, cherchant soigneusement l'endroit où frapper. Car il cognait, comme un forcené, sans répit, avec une violence qui croissait. Il se grisait de sa propre puissance, aveuglé par sa folie. Peut-être, en cet instant, se vengeait-il sur le Français de ce qu'avait été sa pauvre vie?

Il y eut des murmures, de plus en plus hostiles, de plus en plus réprobateurs. Quelqu'un cria :

– Ça suffit!

– Arrêtez ce carnage!

D'abord ravi par le zèle révolutionnaire que manifestait le Thaï, Dang redouta soudain que ce fou n'aille trop loin et qu'il ne finisse par massacrer sa victime.

4

Depuis la veille, Norris vivait dans un état second. C'était une sensation bizarre, celle d'avoir été brisé, d'avoir perdu le contrôle de la machine. Il s'éparpillait, sans chercher à se rassembler, l'esprit incapable d'aligner deux pensées cohérentes. La folie.

Une folie qui était aussi un cocon à l'intérieur duquel il s'était réfugié comme s'il voulait conserver intact l'ultime petit ressort qui lui redonnerait l'impulsion nécessaire à son retour dans le domaine des vivants. Tout, pour l'instant, lui était indifférent. Dang aurait pu obtenir de lui qu'il crie n'importe quoi, qu'il avoue tous les crimes possibles, et même qu'il adhère pleinement à la plus infâme des condamnations. Au besoin, il aurait spontanément réclamé pour lui-même d'être abattu. « Je suis réduit à l'état de chien », pensait-il dans ses rares moments de lucidité.

Et puis, il y avait eu cette absurde cérémonie du carcan. Au point où il en était, que pouvait ajouter de plus cette brimade inhumaine à tout ce qu'il avait déjà subi ? Il avait déjà atteint le point de saturation, on ne pouvait rien faire de plus que lui ôter la vie.

Lorsque Dang le lui avait fait enlever, il n'en avait été ni soulagé, ni même reconnaissant. C'était ainsi, c'était tout.

Quand le Thaï avait commencé à le frapper, d'abord, seul son esprit avait été atteint, il ne ressentait aucune douleur, exactement comme s'il avait été anesthésié, ou si les coups étaient appliqués à quelqu'un d'autre.

Mais la souffrance avait fini par traverser son inconscience, crever ce cocon d'indifférence dans lequel il s'était isolé. Et c'est peut-être ce qui déclencha, en lui, le réflexe salutaire. En même temps que ce retour à la conscience, une vague de rage le saisit, accélérant le processus. Il releva la tête, et son regard, fulgurant, accrocha brutalement celui du Thaï qui se préparait déjà à lui assener un nouveau coup.

L'effet fut immédiat. Le pêcheur reçut l'éclat de ce regard exactement comme il aurait encaissé un uppercut. Il se paralysa, ouvrit la bouche, et laissa tomber son rotin. Dompté.

Dang saisit la balle au bond :

– Norris, appela-t-il. – Vous pouvez maintenant regagner votre groupe. Je sais que désormais vous serez un prisonnier discipliné et que vous serez, pour vos camarades, un exemple de sincère repentir, et que vous les guiderez dans la recherche de la vérité.

En titubant, Norris quitta le centre de la placette. Guidé par des dizaines de mains tendues vers lui, il fut accompagné jusqu'à l'emplacement occupé par le Groupe n° 2. Là, il se laissa tomber, croisa les jambes sous lui et s'avachit, les coudes sur les cuisses, le visage tendu fixant, d'un œil morne, un point au-delà de l'horizon.

Là-bas, M. Dang poursuivait son monologue, tirant la leçon de l'événement auquel les prisonniers avaient assisté, observant que l'acharnement du pauvre pêcheur Thaï était le fruit d'une « juste colère » du peuple du Viêt-nam contre les brigandages auxquels, depuis de trop longues années, l'armée colonialiste française se livrait.

– La page est désormais tournée, conclut-il enfin. – Et, pour vous montrer que nous savons nous montrer généreux, je vous annonce que vous percevrez, demain, une allocation supplémentaire de 100 grammes de riz chacun, que vous pourrez échanger, à votre choix, contre de la mélasse, ou des fruits séchés.

« Vous pourrez ainsi fêter le retour parmi vous de l'enfant prodigue...

– En fait de « veau gras », grogna Margoz, c'est un peu maigre!

– J'aimerais surtout savoir combien de « fruits séchés » nous percevrons en échange de ces 100 grammes de riz, ajouta Azam.

– Sûrement pas plus d'une banane! affirma Phongue.

– Ou d'une cuillerée à café de mélasse, renchérit « Jo ».

Depuis le retour de Norris, celui-ci n'osait pas le questionner, lui demander ce qu'il était advenu du lieutenant Dubourg. Il pressentait un drame et l'attitude prostrée, lointaine de son voisin lui causait une sorte de malaise qui l'intimidait, le contraignait à respecter le silence dans lequel Norris semblait muré.

Mallier était là, observant son camarade. Il était ému et

apitoyé de le voir dans cet état de délabrement physique et moral, pareil à une chiffe, squelettique, agité de frissons nerveux. En même temps, il éprouvait un sentiment de chaude amitié, comme si la présence de ce revenant allait lui être bénéfique, un gage de salut personnel.

Il s'approcha, s'accroupit à côté de lui, posa doucement sa main sur son épaule et dit :

– Je suis soulagé de te savoir vivant. Et parmi nous.

Norris tourna la tête, le menton levé vers son interlocuteur. Il avait encore l'air égaré et mit plus d'une minute à chercher, dans sa mémoire, à qui pouvait bien appartenir ce visage maigre et barbu aux yeux inquiets, qui le dévisageait. Il y parvint peut-être, et, à cet instant, son regard se durcit, chargé d'une fureur soudaine. Il éructa :

– Enlève tes sales pattes de moi! Je t'interdis de me toucher! Tu ne t'es pas vu? Tu es crasseux! Tu es moche! Et tu pues! Tu ferais honte à un chien! Je n'ai pas besoin de tes pleurnicheries! Occupe-toi de tes fesses!

Un seul coup d'œil lui avait suffi pour jauger la déconfiture morale de son ancien camarade. Mais il avait frappé fort et juste.

D'abord, Mallier recula, épouvanté, prêt à pleurer, à s'apitoyer sur lui-même, pensant que Norris était injuste et que les sévices qu'il avait endurés lui avaient aigri le caractère. Il se fit tout petit, se fondit dans la nuit, se replia sur le sentiment aigu de sa propre misère.

« Même Norris me rejette, se dit-il. Et les autres ont envers moi une attitude hostile. Je suis tout seul... »

Et puis, d'un coup, il se vit tel qu'il était devenu, une épave, incapable d'agir sans aide, de manger sans assistance, de marcher sans appui, toujours à la remorque de quelqu'un, « Jo » Allenic, Margoz, Azam ou Phongue. Et il eut honte.

« Je dois maintenant reconquérir ma propre estime, décida-t-il. Ne rien attendre des autres, ne compter que sur moi, devenir un membre à part entière de cette équipe dont je n'ai été jusqu'ici qu'un fardeau de plus en plus lourd, insupportable. »

Cette nuit-là, Mallier découvrit aussi sa vérité, celle qui l'aiderait à survivre si, par chance, la maladie ne posait pas son doigt sur lui.

« Tout refuser. Dire “ non ” à tout. Même à l’espoir, même à tout ce qui pourrait, une seconde, améliorer mon sort. Dire “ non ”, c’est rester un homme.

« Je n’accepterai pas cette allocation supplémentaire. Toucher au riz, c’est toucher à la combine... »

CHAPITRE 10

8 juin

1

Dans la pratique, l'allocation « supplémentaire » de 100 grammes de riz, annoncée solennellement par « Julot » la veille au soir, s'avéra, à la distribution bi-hebdomadaire des rations de route, n'être constituée que d'une demi-banane séchée, grosse comme la moitié d'un doigt, ce qui aggrava sensiblement la mauvaise humeur de l'ensemble du Convoi 42 [1].

Une mauvaise humeur qui, pendant la journée, fut avivée par le récit que fit Norris des circonstances de l'exécution du lieutenant Dubourg. Colporté de groupe en groupe, ce récit suscita grondements et colère et ne contribua pas peu à la dégradation du climat.

1. En théorie, et aux dires des autorités du Viêt-minh, la ration quotidienne des prisonniers de guerre était équivalente à celle attribuée aux Bo doïs : 1 200 grammes de riz quotidiens dont la moitié servait de monnaie d'échange avec les villageois pour acheter sel, mélasse, légumes frais, fruits (bananes ou papayes), volailles ou viande. En réalité, si les Bo doïs percevaient la totalité de leur ration, les prisonniers virent la plupart du temps leur ration ramenée entre 400 et 500 grammes par jour, sans autre contrepartie. D'où l'affaiblissement physique, la misère et la vulnérabilité à toutes sortes de maladies tropicales, béri-béri, avitaminose, œdèmes de carence, spirochétose, dysenterie, paludisme, etc., toutes mortelles à plus ou moins brève échéance.

Sensible à cette mauvaise ambiance, les Bo doïs chargés d'organiser le rassemblement du soir, avant le départ pour l'étape, se montrèrent nerveux, inutilement tatillons et agressifs.

Pour comble de maladresse, Tot Ka lui-même commit l'erreur d'exiger de ses ouailles un vibrant « Vive Hô Chi Minh, vive la paix », qui se transforma en un :

– Tu nous fais chier, vive la quille!

Pour ne pas perdre la face, Tot Ka fit semblant de prendre ces assonances pour une manifestation spontanée d'enthousiasme et donna alors le signal du départ.

L'averse, qui se déchaîna presque aussitôt, fut, comme devait le dire Margoz, imperturbable, avec un sens tout personnel de la formule : « La goutte d'eau qui met le feu aux poudres ».

D'abord, il n'y eut que quelques jurons, manifestation ordinaire par laquelle les prisonniers maudissaient leur malchance et l'injustice du ciel à leur égard. Mais le mouvement prit de l'ampleur et gagna la presque totalité de la colonne qui, bientôt, hurla en cadence des slogans outrageants :

– Hô Chi Minh, assassin!

– Vengeance pour Dubourg!

Les Bo doïs, qui tentaient vainement de ramener le calme, furent bousculés, l'un d'eux se fit même arracher son fusil qui fut jeté dans le fossé. Les cris s'amplifiaient, devenaient tornade, arrivant même à couvrir le crépitement rageur de la pluie qui s'écoulait, en cataractes.

Affolé, Tot Ka galopa jusqu'à l'avant-garde où se trouvait M. Dang et lui rendit compte de cette mutinerie.

– Excellent, répondit le commissaire politique. Je constate que l'exécution de ce Dubourg aura tout de même fini par servir à quelque chose. Elle a réveillé les prisonniers. Je les trouvais un peu trop amorphes, je vois qu'ils recouvrent un peu de tonus. – Il frappa sa cuisse du plat de sa cravache : Maintenant, nous allons enfin pouvoir nous attaquer aux choses sérieuses. J'en ferai des chiens!

Tot Ka n'était qu'un cadre subalterne de l'administration des camps de prisonniers. Son rôle n'était pas d'essayer de comprendre les intentions de son chef, mais d'exécuter des ordres simples, concrets et précis. Il se garda donc de formuler un quelconque commentaire, même si cette dernière phrase : « J'en ferai des chiens », lui semblait un objectif dont il voyait mal comment le réaliser. Pour lui, âme simple, d'un dévouement fanatique au Parti, même s'il était capable, sur un ordre reçu, de faire exécuter la moitié des prisonniers du Convoi 42, un homme demeurait un homme, même s'il était arrivé au fond de la déchéance. Un chien ? Il ne le concevait même pas.

Mais Dang avait déjà son programme en tête. Il le définit d'une formule lancée d'une voix sifflante :

– Il faut les briser!

Tot Ka était sur un terrain plus familier.

– Je vois mal comment vous arriverez à les affaiblir plus qu'ils ne le sont, observa-t-il. Nous avons encore enregistré quatre décès supplémentaires dans les dernières quarante-huit heures!

– Je me moque des morts! Dans toute évolution humaine, il y a du déchet! C'est de ceux qui survivent dont je dois m'occuper. Nous devons détruire en eux le vieil homme, avant de reconstruire l'homme nouveau. Exactement comme l'on ferait d'un costume défraîchi que l'on mettrait à plat afin d'en faire un vêtement nouveau.

Il arpentait la piste d'un pas saccadé, lâchait ses phrases en rafales, aussi cinglantes que celles de la pluie qui lui fouettait le visage. Le profil tendu, il semblait s'adresser directement au ciel. En réalité, il pensait à haute voix.

Près de lui, Tot Ka trottinait, frissonnant de froid, à la fois fasciné par son chef, et effrayé par ce qu'il croyait être des divagations insensées. Et pourtant Dang savait exactement comment procéder. Cela faisait partie de l'enseignement de conduite des masses, qu'il avait reçu à l'École des Cadres du Parti à Moscou voici quelques années.

– D'abord, expliqua-t-il, il faut détruire tout ce qui les rattache au passé. S'appliquer à saper en eux l'idée qu'ils se faisaient de l'autorité telle qu'elle s'exerçait dans leur système militaire capitaliste. Salir l'image de leurs chefs n'est pas suffisant et d'ailleurs, ils se moquent pas mal de leurs anciens chefs, ils ne comptent plus que sur eux-mêmes.

Cette fois, il s'adressait directement à Tot Ka, détaillait à son intention le processus à suivre :

– Vous devez casser la cohésion des groupes, remettre en cause la crédibilité du chef ou du responsable qu'ils ont désigné, leur en faire élire un autre, que nous nous emploierons à déconsidérer à son tour.

« Un chef rejeté concevra de la rancune envers ses camarades et la rancune entraîne la haine.

Il posa sa main sur l'épaule de son adjoint :

– La haine, voilà le mot clé. Ils doivent apprendre à haïr leur voisin, leur ami, leur frère. A se haïr eux-mêmes au besoin.

Encouragé par ce qu'il avait interprété comme une marque de confiante amitié, Tot Ka s'enhardit à demander :

– Ne craignez-vous pas, camarade commissaire, que leur haine s'exerce d'abord contre nous ?

– Ils ne nous haïront jamais autant que nous les haïssons ! Notre mission n'est pas de nous faire aimer, mais de nous faire craindre. Ils doivent comprendre qu'ils sont dans notre main et que nous, et nous seuls avons le pouvoir de les perdre ou de les sauver. Et quand ils auront compris cela, ils commenceront à vivre comme nous, à dire comme nous, à penser comme nous...

« Tenez, poursuivit-il, changeant une nouvelle fois le cours de ses pensées, procédez à une expérience facile. Choisissez un prisonnier, pris au hasard dans un groupe. Offrez-lui une banane séchée, une cigarette, enfin une marque quelconque qui les distingue des autres. Que croyez-vous qu'il se passera ? Ses camarades vont le jalouser, ils vont se demander : « Qu'a-t-il pu faire pour mériter une telle récompense ? » L'homme ne saura même pas pourquoi il a été ainsi choisi, mais son premier geste, soyez-en certain, sera de s'éloigner et de déguster, tout seul, cette friandise. Les autres le verront, ils seront rongés d'envie. L'envie aussi sécrète la haine !

Il semblait tout heureux de sa trouvaille, et, pour se détendre, il sortit son paquet de « Tu Vu » et en tira une cigarette qu'il alluma, en dépit des consignes de sécurité.

– Pour les rendre encore plus perméables, il faut les

affaiblir mentalement, les infantiliser, leur inculquer des réflexes élémentaires. Sanctionner tous leurs gestes, toutes leurs pensées, en bien ou en mal. Connaissez-vous le chien de Pavlov?

Tot Ka connaissait. Il avait déjà écouté des exposés sur le conditionnement des réflexes animaux et humains.

– Le stimulus, n'est-ce pas?

– Le stimulus, c'est cela. Nous devons les rendre sensibles au stimulus.

– Ils sont encore loin d'avoir atteint le stade où ils y seront réceptifs.

– Mais non! Simple affaire de technique. Je me donne huit jours pour les mettre en condition. Premier stade, briser le rythme de leur sommeil. Il ne faut plus qu'ils puissent se dire : nous disposons de cinq heures, de six heures pour dormir. Au contraire, lorsqu'ils fermeront les yeux, ils devront ignorer à quel moment nous les réveillerons. Veillez-y. Il faut qu'ils se sentent en état permanent d'insécurité, qu'ils ne puissent plus rien décider par eux-mêmes, qu'ils en viennent à demander même la permission de respirer. Et qu'ils en arrivent à se culpabiliser dès qu'ils mangeront un grain de riz, ou qu'ils se laisseront aller à dormir.

Tot Ka approuva. Tout cela était à sa portée, un ordre clair, d'exécution facile.

– Au fait, camarade, dois-je sanctionner la manifestation d'indiscipline générale de cette nuit?

– Surtout pas! Si cela peut satisfaire votre notion de la morale, réprimez quelques otages, pris au hasard. Mais n'employez jamais de punition collective : elle renforcerait la cohésion des prisonniers du convoi, réunis par le sentiment d'une injustice ressentie et partagée en commun.

2

Il fallut une semaine au Convoi 42 pour franchir les quelque deux cents kilomètres séparant Tha Khoa sur la Rivière Noire de Yen Bay, sur le Fleuve Rouge, en passant par le Massif de Phu Van, qui culminait à 2 879 mètres, et la cuvette de Nghia Lo, l'ancien point d'appui fortifié français, conquis de vive force par Giap au mois d'octobre 1952.

Durant cette semaine, « Julot » ne se montra pas une seule fois, laissant à Tot Ka la responsabilité de l'application des mesures qu'il avait édictées.

Tot Ka s'acquitta de sa mission sans passion, mais avec une rigoureuse précision.

Si la longueur des étapes ne varia guère, entre vingt-cinq et trente kilomètres chacune en moyenne, leur durée, par contre, s'allongea de façon considérable. S'il avait suffi jusque-là d'une dizaine d'heures au Convoi 42 pour franchir la distance imposée, il lui en fallut, brusquement, quatre ou cinq de plus. La raison était ces arrêts inopinés qui entrecoupaient diaboliquement la progression, déjà ralentie par le portage des malades, qui se prolongeaient sans motif apparent, et s'achevaient sans préavis. Volontairement laissés dans l'incertitude, les prisonniers ne savaient jamais s'ils étaient arrivés au bout de l'étape ou bien, au contraire, s'ils allaient repartir dans les minutes qui suivraient.

La matinée était déjà très avancée lorsqu'ils atteignaient leur emplacement de bivouac, une vague clairière au milieu des bois, mais ils n'étaient pas, pour autant, au bout de leurs peines.

Tandis qu'ils vaquaient à leurs occupations ordinaires, ramassage des branches mortes, installation des foyers, lavage et cuisson du riz, soins d'hygiène corporelle, les Bo doïs qui les avaient escortés étaient relevés par leurs camarades de la seconde équipe, arrivés la veille au soir et qui avaient pu dormir pendant la nuit.

Ceux-ci, parfaitement reposés, se montraient aussitôt d'un entrain inquiétant. A peine les prisonniers commençaient-ils à s'organiser pour goûter un peu de répit, que les sentinelles intervenaient, organisaient un rassemblement imprévu, procédaient à un appel, comptaient leurs ouailles et les dirigeaient ensuite vers un nouvel emplacement, généralement situé en plein soleil, à proximité d'anciennes cuisines, ou près des feuillées du convoi précédent. Autant dire que les mouches, dans leur sarabande infernale, s'en donnaient à cœur joie et gâtaient, à plaisir, les quelques heures précédant le meeting politique de l'après-midi.

Les hommes ne dormaient plus, ou par bribes qu'ils

arrivaient à voler à l'attention, pourtant sans défaut, de leurs gardiens. Ils devinrent nerveux, irritables, avec, dans l'inconscient, le sentiment oppressant d'être fautifs à chaque fois qu'ils se laissaient aller au sommeil. Ils se réveillaient alors, d'un bond, l'air égaré, redoutant d'être surpris, sursautant à chaque hurlement d'un Bo doï surexcité.

Commencé au début de l'après-midi, vers trois ou quatre heures, le cours d'éducation politique s'étirait, interminable, pendant de longues minutes.

Tot Ka dissertait, à l'infini, sur les méfaits du colonialisme, la méchanceté des fauteurs de guerre, leur racontait l'histoire de l'Indochine, s'étendant à plaisir sur les atrocités françaises, la répression de la révolte de Yen Bay dans les années 1920, la famine de 1945, sciemment organisée selon lui par les grands trusts.

Un jour, le second ou le troisième de la « reprise en main », alors qu'un Européen demandait les raisons pour lesquelles les prisonniers de guerre français n'avaient pas droit, comme les prisonniers des autres conflits, aux colis de la Croix-Rouge, Tot Ka saisit la balle au bond :

– Savez-vous, monsieur, qui, en Indochine, dirige la Croix-Rouge française ? Eh bien, je vais vous le dire : son délégué général n'est autre que le mandataire de la Société des Pétroles Shell, et le président du comité de la Croix-Rouge pour le Tonkin représente à Hanoi les intérêts de la Compagnie des Chemins de fer du Yunnan !

« Croyez-vous que les Viêtnamiens accepteront de discuter avec de telles gens ? N'est-ce pas une insulte pour notre peuple, en lutte pour sa libération ?

L'argument n'était pas sans valeur, les prisonniers en convinrent volontiers. Mais Tot Ka, qui n'avait oublié aucune des recommandations de M. Dang, en profita pour passer à la mise en application de la seconde partie du programme. D'un ton doucereux, il demanda :

– Qui a posé cette question ?

– Moi, répondit Margoz, qui n'avait jamais cessé de tenir la Croix-Rouge pour la providence des prisonniers, lui dont la sœur occupait, à Genève, d'importantes fonctions au sein de cette organisation.

– Quel est votre chef de groupe ?

– C'est moi, dit Delbay, en se levant, très pâle, sur ses gardes, s'attendant au pire, se préparant déjà à renier son camarade.

– Vous n'avez pas su imposer aux membres de votre groupe la discipline exigée. Il n'y a pas de place, ici, pour les questions oiseuses. Vous êtes relevé de vos fonctions et recevrez, en punition, dix coups de rotin!

Delbay se rassit, abasourdi, humilié, ruminant sa déconvenue, échafaudant des projets de vengeance envers ce salaud de Margoz qui, il en était certain, avait fait exprès de le compromettre. Chef de groupe désavoué, il rentra dans le rang, le dos meurtri, la tête en feu, et s'aperçut alors que tous ses anciens amis, Vercruyse, Bornet, Adler et même Basquet, lui tournaient le dos, comme s'il avait été brusquement atteint de la peste.

– Tu ne vas tout de même pas me laisser tomber? dit-il à l'ancien « rat de la Nam Youm ».

– Tu peux crever, répliqua Basquet.

– Quelle belle ordure tu fais!

– Fais attention à tes propos. Depuis tout à l'heure, je suis ton chef de groupe. J'ai été désigné par Tot Ka lui-même!

D'avoir ainsi été distingué par Tot Ka remplissait Basquet d'une incommensurable fierté. Il avait très vite supputé les avantages qu'il pourrait tirer de ses nouvelles fonctions qui, pensait-il, lui donnaient droit de vie et de mort sur ses ennemis intimes, l'équipe des « criminels endurcis » regroupés autour de « Jo » Allenic et de Norris. Norris surtout qu'il jugeait responsable de ses malheurs passés. Et même si, depuis son procès et sa condamnation, ce dernier n'avait pratiquement pas ouvert la bouche et se réfugiait dans une solitude farouche, il n'en demeurait pas moins, aux yeux de Basquet, comme le plus dangereux de ses voisins.

D'entrée de jeu, Basquet avait pu savourer concrètement la marque de confiance et d'estime que lui avait manifestée Tot Ka. A l'issue de la première réunion des responsables de groupe, ce dernier lui avait offert, comme un présent royal, une cigarette entière, que Basquet s'empressa d'aller fumer, en solitaire, à l'abri d'un buisson.

– Vous en aurez d'autres demain, promit le commissaire.

« J'ai tiré le gros lot », se dit Basquet.

Il se trompait et ce fut sa perte.

Pendant deux jours encore, Tot Ka n'omit pas de lui donner la cigarette promise. Mais, le troisième soir, après une journée passée à l'ombre de l'ancien poste français de Nghia Lo, le commissaire se détourna ostensiblement de lui et offrit le cadeau à son voisin, Bakkouche, l'un des responsables du groupe des Nord-Africains, un vieux sergent-chef de tirailleurs, qui portait une superbe paire de moustaches.

Celui-ci ouvrit des yeux ronds, bougonna quelques mots dans sa langue et faillit refuser puis, finalement, accepta le présent.

Basquet, qui avait passé de longues années parmi les Marocains, avait, lui, compris ce qu'avait tenté d'expliquer Bakkouche. Il avait dit :

– Je ne fume pas, je préférerais une banane.

Sitôt la dispersion, il accosta le sous-officier et :

– Donne-moi ta cigarette, demanda-t-il.

– *Jib al banana* – Donne-moi une banane.

– Tu sais bien que je n'en ai pas. Allons, sois chic, je te revaudrai ça...

Bakkouche médita un moment cette promesse, et resta indécis, le front plissé par la réflexion. Finalement, son visage s'éclaira et il daigna sourire. Basquet sourit aussi, de confiance. Il ne pensait qu'à cette cigarette que l'autre n'allait pas manquer de lui offrir. Jamais il n'avait pu complètement se désintoxiquer du tabac et il lui était arrivé, bien souvent, de fumer en cachette des herbes séchées qui trompaient provisoirement son manque. Tot Ka l'avait, sans qu'il s'en doute, replongé dans son vice.

Bakkouche le prit par le bras.

– *Aji*, dit-il, d'un ton décidé.

D'abord, Basquet ne saisit pas vraiment les intentions du tirailleur. Il se laissa guider, persuadé seulement que son camarade ne voulait pas de témoins pour cette transaction. Mais l'autre l'entraînait toujours plus loin, au-delà des barbelés de l'ancien poste.

Puis il s'arrêta derrière un pan de mur et commença de déboutonner son pantalon.

– Mais tu n'y penses pas ? protesta Basquet, qui venait enfin de comprendre.

– Zig ! Zig ! ordonna Bakkouche, sobrement.

Basquet perdit pied. Tout ce qu'il trouva à opposer fut :

– Pas ici ! D'abord, on va nous voir...

C'était la chose à ne pas dire, elle indiquait une molle défense.

– *Safi!* [1] Tourne-toi ! répliqua Bakkouche en achevant de se dénuder.

Il y eut des cris, des appels, des galopades. Un Bo doï, qui satisfaisait tout près de là un besoin naturel, avait involontairement assisté à la scène et, à grands gestes de son bras libre – l'autre retenant son pantalon – il rameutait ses camarades. Ceux-ci accoururent, comme une volée de moineaux et reparurent bientôt, mi-scandalisés, mi-égrillards, remorquant les coupables que Tot Ka fit incontinent bastonner et attacher.

– Vos camarades sont des cochons ! lança-t-il, au meeting du soir. – D'ailleurs, vous êtes tous des cochons !

La phrase de M. Dang lui revint en mémoire : « J'en ferai des chiens ! » Mais même les chiens ne se conduisaient pas ainsi.

Tot Ka ne s'attarda pas trop sur l'incident ; d'ailleurs, comme ses camarades, il était pudique et l'on n'abordait jamais en public les questions de sexe. C'était, dans le Parti, considéré comme une perte de temps, une inutile dépense d'énergie, soustraite à l'effort de guerre.

Dans les groupes, les prisonniers commentaient l'événement, en soldats, avec une franche et rustique bonne humeur.

– Il n'empêche, dit Margoz. Il faut une rude santé pour être encore torturé par le démon de la chair ! Pour ce qui me concerne, le régime alimentaire a ceci de bien qu'il me délivre des tentations !

– Il faut une santé bien plus grande encore pour trouver quelque attrait à ce Basquet, ajouta Azam.

– Sans compter qu'il n'a sûrement pas eu le temps

1. Ça suffit !

de savourer sa cigarette! Il s'est déshonoré pour rien.

« Jo » Allenic releva la remarque émise par Mallier.

– On se déshonore toujours pour rien, corrigea-t-il. Je sais, il y a, parmi ce convoi, des types qui sont prêts à tout, même à se vendre, s'ils y voient une petite chance de ne pas mourir. Où se trouve la frontière ? A partir de quel moment cesse-t-on d'être un homme ?

Norris consentit, pour une fois, à sortir de son silence.

– Tu as posé la vraie, la seule question, Jo. Espérons que nous n'aurons pas à y répondre. Pour ma part, j'essaierai de survivre sans déchoir. Mais si jamais je suis confronté à ce dilemme, mourir ou déchoir, je souhaite avoir la force de bien choisir.

Le choix dont avait parlé Norris ne se posa pas tout de suite. Et d'ailleurs, les prisonniers du Convoi 42 n'avaient plus suffisamment de liberté pour faire autre chose que subir. Ils subirent, accablés, passifs; et le reste de la marche jusqu'à Yen Bay devait rester dans leur souvenir comme une sorte de cauchemar éveillé dont ils ne conservèrent que des fragments, des images furtives, éclatées, sans lien entre elles, la morsure du froid pendant une averse, la brûlure du soleil pendant une séance de rééducation politique, un instant de répit, à dormir debout, appuyés contre un arbre au cours d'une de ces haltes inopinées dont Tot Ka s'était fait une spécialité; la rencontre, à la nuit tombée, d'un paysan enchaîné qui cheminait, solitaire, agitant ses fers comme l'aurait fait un fantôme; les quolibets grinçants d'une troupe de gamins qui leur jetèrent des cailloux; le sourire édenté d'une vieille femme un peu folle qui leur offrit du thé dans un *khène* [1] de bambou en chantant les louanges de l'amiral Decoux [2].

Le Convoi 42 égrenait ses cadavres comme le Petit Poucet ses cailloux. Durant cette semaine d'enfer, ils furent trente-quatre à être ainsi enterrés sur le bord de la piste, à l'orée d'un bois, dans une fondrière inondée près d'un ruisseau

1. Récipient utilisé par les paysans, constitué par un entrenœuds de bambou, dont seule la partie supérieure est ouverte et taillée en bec verseur.

2. Gouverneur général de l'Indochine pendant l'occupation japonaise, de 1941 à 1945.

anonyme. Pauvres cadavres, expédiés à la hâte par des fosseyeurs indifférents, réduits eux-mêmes à n'être plus que des morts en sursis, à peine moins squelettiques, redoutant d'être les prochains sur la liste.

Au départ du convoi – cela leur paraissait aussi lointain dans le temps et dans l'espace que s'il s'était agi d'une autre vie, sur une autre planète – ils s'étaient révoltés contre la mort de l'un des leurs, la considérant comme un scandale. Mais, depuis le passage de la Rivière Noire, ils avaient en moins d'une semaine parcouru un long trajet vers le désespoir absolu, et la mort n'était plus pour la plupart d'entre eux qu'un des aspects quotidiens de leur misérable existence. La mort était banale. Banalisée plutôt, car elle ne marquait maintenant qu'une infime frontière, un fil, séparant leur détresse de leur délivrance.

La huitième nuit, ils traversèrent Yen Bay, grosse bourgade endormie. Ils surent qu'ils étaient arrivés car ils piétinèrent des tuiles pilées, et sentirent, sous leurs pieds nus, le froid des dalles de céramique qui, autrefois, pavaient les villas aujourd'hui rasées.

Dans l'esprit de beaucoup d'entre eux, aiguillonnés par l'évocation de quelques anciens qui y avaient cantonné au cours d'un séjour précédent, Yen Bay était synonyme de retour à la civilisation, la fin de la traversée de la Haute Région, l'entrée dans le Delta. Ils espéraient suivre de grandes avenues bordées d'arbres, traverser des vrais carrefours, apercevoir boutiques et magasins, et, qui sait ? croiser des civils, toute cette animation citadine qui leur manquait après de longues semaines passées dans le désert des montagnes.

Yen Bay avait été décrite comme une capitale coquette et gaie, paresseusement allongée au bord du fleuve Rouge, une garnison militaire dont la citadelle protégeait Hanoi contre les incursions des Pavillons noirs.

Ils découvrirent, à tâtons, un amas de paillotes minables, frileusement enchâssées les unes dans les autres sous leur parapluie de végétation, dans l'odeur écœurante de fiente et de purin. Non pas ces maisons graciles telles qu'ils avaient eu l'habitude d'en rencontrer dans le pays Thaï, mais des cagnas basses, posées à même le sol, longues et plates, aux murs de terre grise, calamiteuses et tristes.

Tot Ka n'ordonna pas la halte espérée; au contraire, il fit presser le pas, rassembla ses prisonniers le long de la grève, au bord du fleuve, et, sans presque attendre, les fit embarquer dans le bac qui effectuait la traversée. Moins de deux heures plus tard, le Convoi 42 avait, en entier, franchi le fleuve Rouge.

Beaucoup de prisonniers se montrèrent déçus. Tot Ka avait escamoté ce qu'ils attendaient, comme une croisière, avec le secret espoir qu'elle les conduirait vers Viet Tri et la libération. Au lieu de cela, toujours courant, ils escaladèrent la rive opposée et s'enfoncèrent dans une jungle épaisse par un vague sentier qui serpentait au flanc d'une colline.

3

Peu avant l'aube, « Jo » Allenic alla trouver Norris.

– Tu sais, lui dit-il, Mallier m'inquiète. Il est malade, il tousse à fendre l'âme. Hier, j'ai voulu l'aider à préparer son riz, mais il m'a envoyé sur les roses. Cette nuit, il s'est traîné, lamentable, sans accepter de céder son tour du brancardage.

Norris grogna; sa seule réponse. Il avait, lui aussi, remarqué les efforts faits par Mallier pour retrouver sa place parmi les membres de l'équipe, et reconquérir ainsi sa propre dignité. Comme la plupart des prisonniers, Mallier avait été très éprouvé par le rythme fou de cette semaine infernale, mais il avait suivi, les dents serrées, refusant toute marque d'attention de ses camarades.

La veille, il avait tout de même consenti à se présenter à la visite; il en avait été évincé aussitôt, uniquement nanti d'un fond de bambou rempli d'une décoction de feuille de goyave. Autant dire qu'il n'avait plus guère d'espoir de guérir. Il souffrait horriblement; un point de côté lui coupait le souffle, et déclenchait des quintes d'une toux sèche qui lui arrachaient les bronches. De violents accès de fièvre le laissaient pantelant, hagard, la tête bourdonnante, les jambes flasques, le cœur cognant.

Et pourtant, cette nuit encore, il avait refusé de céder son tour au brancardage du sergent-chef Bornet, l'un des premiers grands malades du groupe. Victime, peu après Tha Khoa, d'un accès de paludisme, Bornet en avait conservé les séquelles ordinaires dont la plus grave était l'impossibilité d'avaler le moindre grain de riz. Aidé du sergent-major Adler, l'adjudant Vercruyse avait tout essayé pour tenter d'alimenter son camarade. Ils lui préparaient des bouillies, faites de riz éclaté, parfumé aux herbes sauvages. Mais l'estomac révulsé du sergent-chef ne s'y trompait pas et restituait le tout, en éructations déchirantes. « Toto », l'infirmier viêtminh qu'ils avaient consulté, n'avait eu, pour médication, que cette seule constatation, faite d'un ton blasé :

– Lui, c'est bientôt *chêt*!

Et il s'était aussitôt désintéressé du problème. Exactement comme, un peu plus tard, il s'était désintéressé de Michel Mallier auquel il avait déclaré :

– Demain, toi c'est beaucoup cracher le sang...

Le sergent-chef Bornet se mourait, et il le savait. L'athlète qu'il avait été, quand il appartenait à l'équipe militaire de pentathlon du Bataillon de Joinville, n'était plus qu'un fantôme décharné, roulant des yeux fous, balbutiant des mots sans suite, cramponné à une idée fixe, manger des bananes.

Pour en obtenir, il avait tout donné à un P.I.M. qui lui servait d'intermédiaire auprès des paysans Thaï, sa chemise, sa veste de treillis kaki, son ceinturon de cuir, sa toile de tente, et jusqu'à son vieux chapeau de brousse fétiche.

Maintenant, il gisait, uniquement vêtu d'un maillot de corps déchiré et d'un pantalon retenu à la taille par un bout de câble téléphonique.

Il pesait à peine plus lourd que le grossier brancard de bambou qu'avaient confectionné ses camarades, trente-cinq kilos peut-être, et la peau, sous les côtes saillantes, semblait fine et tannée comme du parchemin. Lentement il agonisait.

Norris se leva pesamment en disant, la voix brève :

– J'y vais. Mallier a bien mérité qu'on s'occupe de lui.

Précédé de « Jo », il s'approcha du malade, étendu, à l'abri d'une toile de tente que Margoz et Phongue avaient tendue au-dessus de lui. Avec le jour, une petite pluie fine et glacée s'était mise à tomber, rendant le paysage d'une tristesse démoralisante. Maintenant, les prisonniers pouvaient se faire une idée plus juste de la région où le Convoi 42 avait établi son bivouac. Une maigre forêt, taillis et buissons, jouxtant une rizière inondée en bordure de laquelle s'élevait un misérable village frileusement niché dans un cocon végétal, épineux et bambous que surmontaient quelques aréquiers, en épi.

C'était là que les Bo doïs d'escorte avaient élu leur domicile provisoire, reléguant les habitants, des paysans de race Thô, dans leurs arrière-cuisines.

Mallier dormait, le corps secoué de brusques accès de fièvre, s'éveillant parfois brièvement pour tenter de dégager ses bronches en toussant, avec des grimaces de souffrance. Il était alors à demi conscient et ramenait sur lui, frileusement, les pans de la veste qu'Azam avait déposée sur lui. Il claquait des dents, misérable.

– Nous ne pouvons pas le laisser là, décida Norris. Allons chercher le brancard et transportons-le dans l'une des cagnas du village. Nous l'installerons près du feu et lui ferons avaler des boissons chaudes. Phongue?

– Oui?

– Tâche de dégotter « Toto », l'infirmier. Qu'il fouille dans sa musette et qu'il nous trouve quelques comprimés d'antibiotiques. Mallier est en train de nous faire une superbe bronchite aiguë. Si nous ne le guérissons pas rapidement, elle va dégénérer en congestion pulmonaire. Alors, nous ne pourrions plus rien pour lui. – Il se releva, ajoutant : La mort de Michel serait une catastrophe pour nous tous.

Tandis qu'ils attendaient le brancard qu'Azam et Margoz étaient allés chercher, Norris fit quelques pas, le dos voûté sous la pluie. « Jo » le rattrapa, demandant :

– Tu sais, moi aussi j'aime bien Mallier. J'ai assisté à la bagarre qu'il a menée, contre lui-même, pour remonter la pente, reconquérir sa propre estime, forcer l'admiration de toute l'équipe. Mais pourquoi affirmes-tu que sa mort serait plus catastrophique que celle, inéluctable d'ailleurs, de Bornet ?

– Je pourrais te répondre que la mort de Bornet montre que la lâcheté ne paie pas. Mais ce serait en faire un événement exemplaire, ce qui n'est pas le cas. Tant qu'il vivait, il n'a cherché rien d'autre qu'un minable petit confort personnel, et ceux qui le prennent pour un salaud se trompent, ce n'était, au fond, qu'un pauvre type sans envergure. Qu'il vive ou qu'il meure n'a pas d'importance. Cela ne prouvera rien, sinon qu'il est victime de lui-même et de la malchance, exactement comme la plupart des autres copains que nous avons abandonnés en route.

« Pour Michel Mallier, c'est différent. Il s'est battu tout seul, il a même refusé les mains tendues, il n'a rien renié, et c'est sans doute l'un des seuls qui sortira moralement grandi de cette épreuve. C'est pour cela que j'aimerais qu'il s'en tire.

– Tu as pourtant été d'une grande dureté envers lui, à Tha Khoa.

– Je sais. Je ne regrette rien. C'était nécessaire, d'abord pour moi; je devais éviter de m'attendrir sur mon sort. Je voulais aussi lui faire comprendre qu'il valait mieux que ce personnage vaincu et larmoyant dont il donnait l'image.

– Imagine ce qui se serait passé si ton attitude avait achevé de le démolir ?

– Il ne m'aurait plus intéressé et je le verrais mourir, avec beaucoup de peine sans doute, mais sans le regretter. Comme Bornet.

– Je ne te reconnais pas. Tu es devenu dur, impitoyable.

Norris fit face.

– « Jo », tu es un saint. La mort ne t'effraie pas et tu donnerais ta vie pour sauver celle de n'importe qui, fût-il ton pire ennemi. – Il sourit, corrigeant : Mais tu n'as même pas d'ennemi. Je pense à un autre saint que j'ai vu abattre, comme un chien, au bord d'une fosse commune, à Tha Khoa et, tu lui ressembles. Je veux parler du lieutenant Dubourg. Son dernier mot a été : « Priez... » et je suis à peu près certain qu'à ce moment-là, il était en train de pardonner à ses bourreaux.

« Moi, je ne suis pas un saint. J'ai peur, une peur atroce,

de la mort. Et je ne peux pas arriver à pardonner. Si je veux survivre, c'est pour témoigner de tout ce que nous avons subi, pour que l'oubli ne s'installe pas.

« Jo » Allenic répondit, d'une voix douce :

– Tu te trompes, je ne suis pas un saint. J'ai seulement essayé de me conduire avec honnêteté, me rappelant, à chaque instant de faiblesse, que je suis un sous-officier de l'armée française et que je devais à mes fonctions d'être le premier partout, et de prendre en charge les hommes qui m'ont été confiés, que ce soit par la hiérarchie militaire ou par le simple hasard d'un convoi de prisonniers.

Azam et Margoz revenaient, portant le brancard, suivis de Phongue qui remorquait par la manche un « Toto » mal réveillé et d'une humeur de dogue.

– J'ai eu du mal, expliqua Phongue. Il ne voulait rien entendre pour se déplacer et m'a fait observer que l'heure de la visite n'avait pas encore sonné.

– A-t-il des cachets ?

« Toto » ouvrit sa main droite dans laquelle deux comprimés commençaient à se dissoudre.

– Payez! ordonna-t-il.

– Combien ?

– 300 piastres [1]!

– Et d'abord, qu'essaies-tu de nous vendre ? demanda « Jo », pratique.

– Oraciline, répondit Phongue. J'ai vérifié.

1. 300 piastres « Hô Chi Minh ». Étalonnée sur le kilo de riz, la piastre qui avait cours dans les zones « libérées » fut, par la suite, arbitrairement évaluée par parité avec le franc (ancien) français. Exemples de prix :
Une cigarette : 60 piastres.
Une montre (de mauvaise qualité) : 70 000 piastres.
Une ampoule de quinine : 500 piastres.
Un kilo de viande : 4 000 piastres.
Une mandarine : 200 piatres.
Un œuf : 250 piastres.
Un kilo de riz : entre 500 et 800 piastres.
(Témoignage du général de Sesmaisons, recueilli par le colonel (E.R.) Robert Bonnafous pour sa thèse de doctorat d'université : « Les Prisonniers de guerre du Corps expéditionnaire français en Extrême-Orient dans les camps du Viêtminh » – Montpellier 1985.)

– Où veux-tu que nous trouvions de l'argent ? questionna Norris. – Je n'ai même plus ma montre.

Margoz fouilla dans la poche de son pantalon, en sortit un briquet qu'il tendit à l'infirmier viêt.

– Voilà de quoi régler l'addition, dit-il.

« Jo » Allenic parut surpris :

– Où as-tu trouvé ce briquet ? Je croyais que c'était interdit.

Magoz sourit, futé :

– Je l'ai fauché à un Bo doï voici quelques semaines et je l'avais conservé au cas où...

Ils firent avaler à Mallier les deux comprimés, mélangés à un peu de riz, puis ils le chargèrent sur le brancard, et se dirigèrent, d'un pas décidé, vers le cantonnement des Bo doïs.

A l'entrée du village, une sentinelle tenta de leur barrer le chemin. D'un geste autoritaire, Norris l'écarta, affirmant, péremptoire :

– Ordre de M. Dang !

Impressionné par l'assurance des prisonniers, plus encore peut-être par le nom de son chef, assené avec autorité, le Bo doï s'écarta, laissant libre le passage, poussant même l'obligeance jusqu'à leur indiquer une cagna écartée, en bout de village.

– Il n'y a aucun soldat dedans, traduisit Phongue.

Margoz, Azam, « Jo » et Norris traversèrent la placette et s'engagèrent résolument sur l'échelle qui menait à la maison en question. En haut des marches, le propriétaire, un vieux Thô en costume national, justaucorps bleu marine, pantalon flottant, prétendit leur interdire l'accès des lieux.

– Il affirme que cet homme va mourir, traduisit Phongue. Et que la mort d'un homme amène le malheur sur la maison !

– Explique-lui que c'est un ordre du commissaire politique !

Mais le vieux ne voulait rien entendre. Il se moquait pas mal des ordres d'un gradé dont il ignorait jusqu'à l'existence. Il moulinait de grands gestes, montrait le ciel, invoquait les « ma koui », ces génies néfastes, ameutait les voisins, et refusait obstinément de libérer le passage.

– Nous sommes refaits, observa Margoz. – Cet imbécile va finir par attirer l'attention d'un officier, et nous serons bien obligés d'admettre que nous avons raconté des balivernes à la sentinelle!

Phongue tentait, en vain, de parlementer. Derrière lui, une voix s'éleva :

– *Im!*

C'était la sentinelle, attirée par les éclats du paysan, qui s'était approchée et prenait, ostensiblement, le parti des prisonniers. En quelques phrases bien senties, le Bo doï dit son fait au Thô, médusé, lui expliquant probablement que les mauvais génies n'avaient pas leur place dans la panoplie marxiste-léniniste.

Pas très convaincu, le propriétaire baissait pourtant le ton, ébranlé par l'argumentation du soldat. La vue du fusil braqué sur son estomac eut raison de ses ultimes résistances. Il s'effaça, rentra dans sa maison en bougonnant.

Attentionné, le Bo doï se pencha sur Mallier, l'examina d'un œil critique et prononça, en viêtnamien, une phrase que Phongue traduisit :

– Il dit que Mallier est mal parti.

– Ça, nous le savons.

« Jo » et Norris avaient hissé le brancard sous l'auvent de la maison. Norris ordonna :

– Phongue? Demande à ce paysan de nous mettre des litres d'eau à bouillir. Nous allons essayer de réchauffer Mallier, de le faire transpirer.

– Chez moi, on avale des grogs bouillants, nota Azam.

– Avec un chapeau au bout du lit, n'est-ce pas? Et quand tu en vois deux, tu es guéri? ricanna Norris, qui ajouta : Mais ton idée n'est pas mauvaise. Phongue? Tâche de persuader le nha-qué de nous offrir une tasse de choum!

Le Bo doï avait suivi. Il appuya son fusil contre la cloison, sans imaginer une seconde que les Tou binh puissent s'en servir contre lui ou contre ses camarades, s'accroupit au chevet du malade dont il tâta le front, puis le pouls, avant de coller son oreille contre son torse. Il se releva, avec une grimace dubitative.

– Phongue?

– J'ai du choum! répondit l'intéressé, sortant de la maison. – Que veux-tu d'autre?

– Demande au Bo doï s'il a un diagnostic.

– Le même que le tien, répondit Phongue, quelques secondes après. – C'est une bonne bronchite, aiguë.

Par gestes, le Viêt demanda de coucher Mallier sur le ventre et de lui ôter sa veste. Puis il s'installa, à califourchon sur les reins du malade, et, en se servant du bord de son bol d'émail vert comme d'une sorte de palette, il effectua un massage en profondeur des muscles du dos, juste en dessous de l'omoplate, de façon à ramener le sang en un point central où il s'accumula, comme l'eût fait un gros hématome.

Il opérait lentement, répétant ses gestes, revenant en arrière, avec une application de paysan. Son visage n'exprimait rien, ni amitié, ni haine, simplement une attention infinie.

Quand il estima avoir achevé le massage préliminaire, le Bo doï se redressa, détacha du revers interne de sa veste d'uniforme une grosse épingle à nourrice. Il utilisa la pointe pour déchiqueter la peau, en un cratère dont le sang commença de s'écouler, noir, qu'il balayait du revers de la main.

Autour de lui, penchés en avant, les cinq camarades regardaient opérer le soldat, dont les gestes, à la fois doux et précis, les rassuraient.

– Cela me rappelle, en plus rustique, les antiques applications de ventouses scarifiées, observa Norris.

– Il cherche sans doute à obtenir le même résultat. En tout cas, ce Bo doï mérite une mention particulière au chapitre des braves types, ajouta « Jo » Allenic.

Jusque-là, Mallier s'était laissé faire, marquant seulement, d'une rapide contraction des épaules, la douleur infligée par la morsure de la pointe de l'épingle. Il tourna la tête et :

– J'aimerais bien savoir ce que vous fichez là tous! Et quel est l'imbécile qui fait du cheval sur mon dos?

– L'imbécile est peut-être en train de te sauver la vie, expliqua Norris.

– Tu es là, toi? riposta Mallier. – As-tu au moins les mains propres?

Ce rappel de la remarque sur les « pattes sales » que

Norris lui avait sèchement adressée, à Tha Khoa, mit ce dernier en joie.

– Un partout, observa-t-il, beau joueur. Cela va mieux, dirait-on ?

– Je ne sais pas ce que ce Bo doï est en train de trafiquer dans mon dos, mais cela me brûle comme une piqûre de frelon! En tout cas, j'ai l'impression d'être moins oppressé.

Le Bo doï avait terminé. Avant de se relever, il attrapa la tasse de choum que Phongue avait déposée près du malade et la renversa, brusquement, sur la plaie sanguinolente, en disant :

– Moyen guérir!

Puis il balaya l'air, devant lui, en s'adressant à Phongue qui, une fois encore, se fit l'interprète :

– Le camarade Cao Van Bâ vous demande de vous en aller. (Je ne crois pas qu'il ait été dupe une seconde). Il a terminé son service et va bien s'occuper de Mallier, vous pourrez le récupérer demain soir, il sera sur pied!

C'est ainsi, par la bouche d'un obscur Bo doï, que les cinq camarades apprirent que le Convoi 42 avait droit à une journée de repos. La première depuis Tha Khoa.

– Il aimerait vous serrer la main, ajouta Phongue.

Il y eut un net fléchissement du côté des prisonniers. Norris, le premier, accepta la main tendue :

– Ce n'est pas se déshonorer que reconnaître un brave type, quand on en rencontre un, déclara-t-il.

Vers midi, le sergent-chef Bornet mourut. Ou plutôt il s'éteignit d'un coup, comme la flamme d'une bougie que l'on souffle. Il n'eut même pas la force d'achever la phrase 'il avait commencée, la même depuis cinq jours :

– Je veux une ba...

Vercruyse et quelques-uns des hommes de son équipe partirent l'enterrer, auprès d'une tombe anonyme, en bordure de la rizière.

Un peu plus tard, une sentinelle vint chercher Norris :

– *Di vê cep de kan!* ordonna-t-elle [1].

1. Viens chez le chef de camp.

Norris enjamba les corps étendus des divers groupes, répandus sous les ombrages de la forêt. La pluie, qui avait cessé depuis midi, avait laissé place à un soleil ardent, qui chauffait dur, dans un ciel lavé. Un vrai soleil d'été, impitoyable et blanc, qui levait, sur la rizière proche, des vapeurs moites aux odeurs de vase séchée.

Le Bo doï était souple, se déplaçait vite, distançant un Norris maladroit, qui s'essoufflait, traînant la jambe. Depuis plusieurs jours, il avait observé une enflure anormale de ses mollets, enflure qui se prolongeait jusqu'à la plante des pieds, et lui faisait les chevilles énormes, bleuâtres, insensibles. Il ne s'inquiétait pas trop, mettant cet œdème au crédit de la fatigue, mais il était désormais obligé de compter avec ce handicap supplémentaire.

– Doucement! appela-t-il. *Châm! Châm!*

– *Maolên,* répliqua l'autre, prévisible.

L'un suivant l'autre, les deux hommes sortirent du périmètre imparti au convoi et se dirigèrent vers une pagode, posée, majestueusement, entre deux haies de cocotiers. A l'entrée, un garde déambulait, placide.

A la surprise de Norris, qui s'attendait à rencontrer Tot Ka, assurant depuis huit jours le commandement de l'ensemble, ce fut M. Dang qui apparut sur le seuil de la pagode et qui, du même geste, chassa le soldat et invita Norris à entrer.

Il ne le fit cependant pas asseoir, tandis qu'il effectuait lui-même le tour d'un petit bureau de campagne et se laissait tomber sur un pliant de toile.

– Norris, commença M. Dang, vous avez, ce matin, commis un acte d'indiscipline grave, enfreignant les ordres donnés par mon adjoint (vous l'appelez « Tot Ka », je crois?) et, de surcroît, en vous prévalant d'une autorisation que, d'après vos dires, j'avais octroyée! Reconnaissez-vous les faits?

Norris faillit répliquer avec insolence qu'il ne voyait pas le moyen de faire autrement; Dang était bien renseigné. Il opta pour la franchise, et répondit avec déférence :

– Oui, monsieur. J'ajoute que j'en revendique l'entière responsabilité, autant vis-à-vis de mes camarades, que du soldat que j'ai volontairement – un second adverbe lui vint en tête qu'il ajouta aussitôt – et injustement, trompé.

– Je ne peux qu'apprécier votre franchise, Norris. Je veux croire que vous avez pris cette initiative dans le but de soulager l'un de vos camarades. Mais pourquoi au préalable ne pas être venu me trouver ?

Norris se permit un petit sourire :

– Nous auriez-vous accordé cette autorisation ?

Dang ne cilla pas, mais il n'osa pas mentir. Il esquissa seulement un petit geste de la main, remarquant :

– Je ne suis pas une brute ! Il y a des situations que je suis en mesure d'apprécier !

– En réalité, monsieur, j'ignorais que vous étiez de retour parmi nous.

Paupières plissées, Dang examina son prisonnier en silence. Il l'avait convoqué pour lui faire part de son mécontentement, lui dire qu'il s'obstinait à se conduire comme un criminel endurci, se croyant toujours en pays conquis. Mais l'homme qu'il avait en face de lui ne cadrait plus avec celui qu'il avait rencontré neuf jours plus tôt, à Tha Khoa. Même s'il avait toujours cette barbe ébouriffée, qui mettait en évidence le creux des orbites au fond desquelles luisait un regard de loup aux aguets, Norris n'avait plus ce comportement agressif qu'il avait conservé, même sous le carcan. Il émanait de lui une placidité nouvelle, ni feinte humilité, ni fausse arrogance. De toute évidence, Norris avait changé ; il serait désormais difficile de le prendre en faute. Serait-il dompté ? Dang n'arrivait pas à le croire.

« Ce type reste dangereux pour nous », pensa-t-il, mais sans réelle conviction. Il éprouvait envers son prisonnier une indulgente curiosité. « Après tout, se dit-il aussi, il me doit la vie... »

Il se reprocha aussitôt ce qu'il prenait pour une faiblesse coupable. « J'aurais dû le faire exécuter. » Mais en dépit de ses efforts, il ne parvenait pas à se persuader que c'eût été comme il le disait « la solution correcte ». Ce prisonnier lui posait un problème.

Debout, sentant dans ses jambes une fatigue lourde, Norris attendait, la tête vide ; un monument d'indifférence, dépourvu de tout intérêt envers cet homme qui l'examinait en silence.

Il se bornait à admettre qu'il était entre les mains de « Julot » et que celui-ci possédait le pouvoir de le laisser vivre ou de le faire mourir, mais cela n'avait plus d'importance. La haine qu'il avait conçue après la mort du lieutenant Dubourg, cette haine, qu'il avait cultivée en lui pendant toute cette longue semaine de solitude et d'enfer, s'épanouissait maintenant en lui, forte, tenace, totale, et le rendait étranger à tout. Il était arrivé très loin, inaccessible même aux élémentaires brimades des Viêts.

Il s'aperçut qu'il s'éveillait à la haine comme d'autres s'éveillent à la conscience. Ou bien comme un agonisant découvrant brusquement qu'il entre en convalescence. Sa haine était sa cicatrice.

« Chacun se défend comme il peut, songea-t-il : Mallier s'est réfugié dans le refus; « Jo » Allenic cultive l'oubli de soi et l'amour des autres; Margoz se retranche derrière une indifférence goguenarde et Azam s'abrite sous le parapluie de la fidélité à ses principes.

« Moi, j'ai la haine... »

Dang laissa tomber ses mains, à plat sur la table. Il avait trouvé :

– Je ne vous punirai pas, déclara-t-il. Au contraire, j'ai décidé de vous désigner comme le responsable de votre groupe!

Il était satisfait de lui-même. Il avait enfin découvert la solution correcte. Cette proposition était une mise à l'épreuve, et, de plus, elle constituait un piège. Que Norris accepte ou qu'il refuse, il serait obligé de se dévoiler, de donner ses raisons. Dang attendit la réponse, avec une certaine jubilation.

« La ficelle est un peu grosse, songea Norris. Mais tu ne m'auras pas aussi facilement! »

Aussi c'est avec un grand naturel qu'il répondit :

– Je suis très touché de la confiance que vous me manifestez, répondit-il. – Mais l'usage démocratique que nous avons instauré au sein du groupe – à votre incitation d'ailleurs – veut que le délégué soit élu par l'ensemble des camarades...

Dang ne montra aucune contrariété. Mieux, il se permit un sourire :

– Je constate que vous êtes sur la bonne voie. Et je vous en félicite. J'attendrai donc la réponse collective de votre groupe.

CHAPITRE 11

1

Rarement sans doute, au sein du « Groupe numéro 2 », ne s'était manifestée aussi spontanément une pareille entente. Norris fut désigné à l'unanimité, même par ceux qui, jusque-là, ne lui avaient montré qu'indifférence ou hostilité déclarée. Il en fut surpris, tout comme le surprit la bonne grâce avec laquelle Adler, le délégué en titre, lui céda sa place.

Vercruyse lui-même s'en déclara enchanté et lui serra chaleureusement la main.

– Avec toutes mes félicitations, ajouta-t-il.

Quelques jours plus tôt, Norris l'aurait probablement rabroué. Pas cette fois, car il l'avait senti sincère.

La mort de son âme damnée, le sergent-chef Bornet, avait profondément bouleversé l'adjudant. Il avait brusquement compris que son attitude de soumission active à l'autorité des Can bô ne le mettait pas à l'abri des atteintes de la maladie ou de la mort. Il s'était compromis en vain et, plus grave, il avait entraîné à sa suite son camarade, qui avait été enterré dans l'indifférence, sinon l'aversion générales.

Non point qu'il ait soudain décidé de changer de camp et de basculer dans celui des « criminels endurcis », même s'il constatait que leur résistance à l'emprise des Viêts ne les avait pas particulièrement desservis. Ils ne se portaient ni mieux, ni plus mal que le reste du groupe.

Il s'était seulement rendu à l'évidence. La mort était

aveugle, elle frappait indifféremment les « bons » et les « méchants », les courageux et les lâches, les forts et les faibles. La conclusion qu'il en avait tirée était qu'il fallait faire le dos rond, se fondre dans la foule, ne pas attirer l'attention, éviter les gestes inconsidérés, attendre la fin de l'averse. C'était la seule chance de survivre, la seule en tout cas qu'il ait trouvée.

La candidature de Norris entrait exactement dans le cadre de sa nouvelle analyse. Adler, le sergent-major qui l'avait précédé à ce poste, était finalement trop mou, trop incolore; ballotté de l'un à l'autre, il était incapable d'assumer ce rôle de tampon qui aurait dû être le sien.

Au contraire, Norris était fort, solide. Il serait le paratonnerre idéal qui attirerait la foudre sur lui seul, la canaliserait, la détournerait du reste des hommes.

Peu avant le rassemblement des délégués, Norris eut un long entretien avec « Jo » Allenic, homme de bon conseil, et avec ses camarades de l'équipe, Margoz, Azam et Phongue.

– J'ai l'intention, leur dit-il, de fixer les limites du jeu. Vous ne m'avez pas désigné simplement pour être le porte-parole des Viêts mais aussi pour vous représenter.

« Je vais donc, paisiblement, exposer nos doléances. Qu'avez-vous à demander?

– Une meilleure nourriture, dit Margoz.

– Des soins appropriés pour les malades, ajouta Azam.

– Tu peux aussi souligner les mauvaises conditions qui nous sont faites, compléta « Jo ».

– Comptez sur moi, répondit Norris qui, cette fois, exposa à l'ensemble du groupe les trois points sur lesquels il avait décidé d'attirer l'attention des autorités du Convoi 42.

– Demande-leur aussi des cigarettes, Basquet n'a plus rien à fumer, lança un mauvais plaisant que l'intéressé foudroya du regard.

– Tu vas te faire mal voir, objecta Adler.

– Je n'avais rien demandé à « Julot! » Il n'avait qu'à me laisser dans mon coin.

La réunion venait de prendre fin, Dang avait simplement encouragé les délégués à persévérer dans la « bonne voie », en leur annonçant qu'ils pourraient se reposer la nuit à venir.

– Je sais, leur dit-il, que vous vous êtes beaucoup fatigués durant la traversée des montagnes. Mais, ajouta-t-il, fielleux, vous avez gagné un peu de temps et arriverez bien plus vite au camp.

C'était la première fois qu'il faisait allusion au camp qui devait accueillir les prisonniers à l'issue de la marche.

– Vous verrez, leur promit-il, vous pourrez vous y délasser et attendre, dans de bonnes conditions, le retour dans vos foyers.

Il allait se lever, signifiant par là que la séance était close. Norris leva la main :

– Puisque vous venez de faire allusion aux conditions de vie qui seront les nôtres dans le camp, ce paradis que nous espérons tous, puis-je attirer votre bienveillante attention sur celles qui nous sont faites au cours de cette marche ?

Dang leva un sourcil et se rassit, avec un geste d'agacement.

– Expliquez-vous, Norris.

– J'ai fait le total des morts du Convoi 42 depuis son départ de Diên Biên Phu, voici exactement trois semaines. Connaissez-vous leur nombre ? Nous avons enterré tout à l'heure le soixante-deuxième prisonnier. Compte tenu de l'état sanitaire de l'ensemble, il est à craindre que deux, sinon trois autres noms ne s'ajoutent avant demain soir à cette liste.

Norris dut admettre que « Julot » avait une parfaite maîtrise de lui-même. Dès le début de l'intervention, il s'était composé cette attitude de « bienveillante attention », la tête inclinée sur le côté, le sourire patelin. Et quand il répondit, ce fut d'une voix douce, rassurante même, en cadre politique habitué aux passes d'armes.

– Monsieur Norris, ignorez-vous que ce Convoi 42, l'un des derniers à quitter Muong Thanh, était composé, en grande partie, de vos blessés que nous avions ramassés un peu partout sur le champ de bataille. Des blessés qui n'avaient reçu aucun soin pendant des jours et des jours, et que nos soldats ont essayé de guérir. Mais ces hommes étaient bien trop affaiblis, ils n'ont pas résisté aux fatigues d'une longue marche.

« N'essayez donc pas de nous imputer la responsabilité de ces morts! Ce n'est tout de même pas notre faute si vos chefs ont été incapables de prévoir et de mettre en place les moyens de soigner vos blessés!

Tout n'était pas faux dans cette argumentation, à commencer par cette réalité que le Convoi 42 était en partie composé de blessés, plus ou moins bien guéris. « Jo » Allenic, Rémy, Michel Mallier entre autres faisaient partie du nombre. Mais Dang avait le génie de mélanger le faux au vrai, au presque vrai, au pas tout à fait faux, de pratiquer un amalgame tel qu'il était impossible de le discerner.

– Est-ce ma faute, monsieur Norris, conclut « Julot », si dans votre système militaire capitaliste, les médecins appartiennent à la caste des officiers? Ce qui explique notamment leur absence de ce convoi.

Il se fit conciliant pour admettre :

– Je vous concède qu'il y a eu, pendant cette marche, un nombre anormalement élevé de décès. Mais je constate aussi que vous êtes les premiers à vous plaindre. Vous n'avez pas de chance, les autres convois ont éprouvé les mêmes difficultés que vous avec infiniment moins de pertes.

Norris et tous ses camarades savaient qu'il s'agissait d'une affirmation mensongère. Les tombes qui s'alignaient à proximité des lieux de bivouac, de plus en plus nombreuses au fur et à mesure de la progression, attestaient que les convois qui les avaient précédés subissaient, eux aussi, d'importantes saignées dans leurs rangs.

Mais Dang lui-même était trop intelligent pour croire à cet argument, trop subtil aussi pour ne pas sentir chez ses interlocuteurs leur incrédulité. Il ne pouvait pas perdre la face, et pour cela, lâcher un peu de lest.

– Cela dit, reprit-il, je vous remercie d'avoir attiré mon attention sur vos conditions de vie. Il est possible que, par un excès de zèle dont ils devront me rendre compte, vos gardiens aient un peu présumé de vos forces. Je donnerai des ordres pour que vos étapes de marche soient raccourcies désormais.

L'absence de réaction lui montra que les délégués ne vibraient pas d'enthousiasme.

– Par ailleurs, je vous ferai distribuer demain matin une ration de viande.

Il saisit, dans les yeux, une lueur d'intérêt.

– Et du sel ? demanda un Allemand.

– Le sel est une denrée très rare dans ces régions de l'arrière-pays. Les troupes ennemies s'opposent à son transport vers les zones libérées. Mais vous avez raison, le sel est une denrée indispensable à votre bonne santé. Je vais faire acheter un produit de remplacement, du *mam-tôm* [1].

« Êtes-vous satisfaits ?

Ils l'étaient. Ils avaient surtout compris que Dang n'irait pas plus loin dans la voie des concessions et la promesse d'un peu de viande et de *mam-tôm* était finalement plus que la plupart des délégués n'osaient l'espérer. Quelques grognements, plus ou moins allègres, étaient censés concrétiser le contentement général. Dang prit un air peiné.

– L'usage démocratique veut que les décisions heureuses soient sanctionnées par une manifestation spontanée de joie, dit-il comme s'il déplorait le manque de savoir-vivre de ses hôtes.

Pour montrer l'exemple, il se mit à frapper dans ses mains, longuement, prenant chaque délégué dans le faisceau de son regard aigu, jusqu'à ce que celui-ci applaudisse à son tour. La cérémonie se prolongea tant que la totalité d'entre eux n'eut pas sacrifié au rite.

D'abord, Norris s'était abstenu. Il soutint, sans ciller, l'examen de Dang et son petit sourire exaspérant. Une sorte de duel s'engagea entre les deux hommes, également déterminés à ne pas céder.

« Je ne tomberai pas dans ton piège », disaient les yeux de Norris.

« Je t'aurai à l'usure, semblait répondre Dang, en frappant sans trêve ses paumes l'une contre l'autre. Vas-y ! »

Et Norris capitula. Pour se justifier après coup, il se dit qu'il n'avait pas le droit de compromettre les bonnes dispositions de Dang à l'égard de son groupe, et que l'octroi d'une portion de viande, de quelques bribes de *mam-tôm*, valait bien de sa part une marque de bonne volonté. « A quoi me sert de m'obstiner ? se demanda-t-il. A préserver intact

1. *Mam-tôm* : poudre de poisson séché, résidu pauvre de la distillation du *nûoc mam*, ce jus de poisson qui sert de condiment principal à la cuisine viêtnamienne.

mon amour-propre? C'est finalement une attitude égoïste... ». Mais il ne pouvait s'empêcher d'éprouver un vague malaise, comme une lâcheté.

Il applaudit donc, à son tour, et « Julot » l'approuva, d'un clignement de paupières, comme un gros matou satisfait.

« J'en ferai des chiens! » s'était promis Dang, à Tha Khoa. La marque de soumission de celui qu'il considérait comme son ennemi le plus avéré, le plus irréductible, lui montrait qu'il avait atteint son but. Et s'il était soulagé, c'était moins pour avoir réussi que pour constater, une fois encore, que les théoriciens du Parti ne s'étaient pas trompés. La rupture du rythme du sommeil, scientifiquement appliquée à un groupe d'hommes aussi résistants fussent-ils, arrivait à briser toute structure psychologique ou morale. Et cela, en un peu plus d'une semaine à peine.

Il n'y avait pas trace de mépris dans cette constatation, seulement le sentiment aigu de détenir la vérité.

« Je les ai menés sur le bon chemin », se félicita-t-il, apaisé.

Même si, le lendemain matin, la « portion » de viande annoncée se présenta sous la forme d'une lamelle de buffle boucané large comme une demi-paume, épaisse et sèche comme une vieille semelle de cuir, elle eut, sur l'ensemble des hommes du Convoi 42, l'effet attendu. Ils l'accueillirent comme un don providentiel, escomptant déjà l'effet que cette adjonction de vitamines et de sel produirait sur la cuisson de la ration de riz.

Les véritables problèmes se posèrent lorsqu'ils furent confrontés à sa préparation. Certains déchiquetèrent leur morceau en dés minuscules qu'ils firent longuement macérer dans un peu d'eau pour tenter de le rendre comestible. D'autres, moins chanceux, le plongèrent, entier, dans leur gamelle de riz. La plupart, découragés, le déchirèrent en fines lamelles qu'ils mastiquèrent ainsi qu'ils l'auraient fait d'une chique ou d'une tablette de chewing-gum.

En tout cas, cette attention, jusqu'alors inconnue, du chef de camp à leur endroit alimenta les conversations de la matinée.

Vers midi, Michel Mallier rallia l'équipe, escorté de son

fidèle ange gardien, le Bo doï Cao Van Bâ, l'infirmier bénévole et compétent.

En se cachant, ce dernier déposa entre les mains de Norris une poignée de petites tomates vertes, grosses chacune comme un grain de raisin et expliqua, péniblement :

– Faire cuire et donner à Mallier (il prononçait « Maghnié »). C'est bon pour guérir.

Norris le remercia, en sacrifiant au rite qui voulait qu'il lui serre longuement la main.

Mallier allait mieux. Il n'avait plus de fièvre et ses yeux avaient perdu de leur fixité un peu folle.

– Maintenant, affirma-t-il en bombant son torse maigre, je me sens en pleine forme.

« Jo » Allenic et Norris ne purent s'empêcher de trouver comique cette prétention, s'ils en jugeaient par l'aspect physique de leur camarade, véritable squelette que l'on eût dit réchappé des camps d'extermination nazis.

– Riez, riez! leur lança Mallier, vous n'êtes pas plus beaux à voir que moi.

Il remarqua alors les jambes de Norris, toujours enflées et bleutées. Il s'inquiéta :

– Il y a longtemps que tu es ainsi?

– Laisse tomber.

Mallier insista, prenant l'équipe à témoin :

– Mais enfin, regardez-le! Il est atteint de béri-béri! Nous ne pouvons pas le laisser comme cela!

Excédé par l'attention dont il était l'objet, Norris s'éloigna, mais « Jo » le rattrappa, disant :

– Mallier a raison, tu dois aller à la visite, sinon, à ton tour, tu seras incapable de marcher et nous serons obligés de te brancarder. Si tu te moques de ta propre santé, pense à nous et à l'effort supplémentaire que tu imposeras à l'équipe!

– D'abord, je n'irai pas à la visite, « Julot » serait trop content d'assister à ma déchéance. Ensuite, de quoi se mêle Mallier? Parce qu'il a été soigné, avec des remèdes de bonne femme, il s'imagine qu'il est devenu toubib!

Phongue intervint :

– Le béri-béri se soigne précisément avec des remèdes de

bonne femme. Tu es victime de ton régime alimentaire uniquement composé de riz blanc, débarrassé de ses vitamines. Moi, il y a déjà plusieurs jours que je m'octroie une cure de son.

– Du son?

– Oui, de la balle, si tu préfères, les résidus du décorticage que les paysans donnent aux cochons. C'est plein de ces vitamines dont la carence provoque le béri-béri. Je vais t'en trouver au village.

– Jamais tu ne me feras avaler ces saloperies, tout juste bonnes, comme tu l'as exliqué, pour les cochons!

Mais Phongue tint bon et, quelques minutes plus tard, il confectionna une mince galette, d'aspect décourageant, que Norris ingurgita du bout des lèvres, avec une mine dégoûtée, en l'accompagnant de longues rasades d'eau mise à bouillir avec des feuilles de citronnelle sauvage.

– On a l'impression d'avaler du sable, affirmait-il. Et je suis certain que cela ne tient pas au ventre!

Phongue éclata de rire :

– Tu expérimentes un régime amaigrissant... révolutionnaire! Cela me donne une idée. Lorsque je rentrerai en France, j'ouvrirai une boutique où je vendrai ces galettes. Je sens que je ferai fortune!

– Le mot « révolutionnaire » me semble en effet de circonstance, souligna Allenic.

L'arrivée de Tot Ka, à l'heure du rassemblement précédant le départ de la nouvelle étape, parut de mauvais augure. Les prisonniers avaient remarqué que Dang laissait généralement à son adjoint la responsabilité d'annoncer les mauvaises nouvelles ou de faire appliquer de façon rigoureuse les consignes qu'il avait données.

Et d'ailleurs, la mine renfrognée du Can bô les renseigna mieux qu'un long discours préalable. Discours d'une brièveté toute fonctionnelle :

– *Tot ka* (tout le monde) devra rendre les gamelles! annonça-t-il.

– Pourquoi? Seraient-ce désormais les Bo doïs qui vont se charger de la cuisine? demanda quelqu'un.

– C'est sans doute ce que Dang appelle « amélioration des conditions matérielles de la vie des prisonniers »? persifla Margoz.

Tot Ka négligea l'interruption. Du reste, il n'avait plus rien d'autre à ajouter. En viêtnamien, il lança deux ordres secs, qui jetèrent les Bo doïs, omniprésents, et efficaces, à l'assaut des prisonniers, qu'ils aidèrent, manumilitari, à vider leurs sacs ou leurs baluchons, récupérant les gamelles qu'ils rapportaient, en tas, aux pieds de Tot Ka, imperturbable, qui regardait s'amonceler, en tas, la plus invraisemblable collection de récipients divers, noircis par le feu, rouillés d'humidité, dégageant, tous cette odeur indéfinissable de riz suri et de charbon ranci.

– On dirait une décharge publique, observa Margoz.

Il y avait du vrai dans cette remarque. Aux gamelles réglementaires, en aluminium roulé, bleues de crasse, s'ajoutaient les boîtes en fer des rations de combat, des cuvettes à l'émail écaillé, des casques lourds, et toutes autres sortes de récipients, au milieu desquels, impérial, incongru par son volume même, trônait une sorte de monstre métallique couvert de suie, cabossé, malmené par d'innombrables accidents de parcours; une bonne vieille touque homologuée par l'intendance française qui avait, en des temps meilleurs, servi probablement à conserver de la graisse ou du saindoux, mais qui, au fil des jours, avait perdu toute apparence décente.

Cette touque captait les regards; personne, dans aucun groupe, ne se souvenait de l'avoir jusqu'ici aperçue sur le dos ou dans les bagages de quiconque. Comment était-elle arrivée là? Par quel miracle avait-elle jusqu'alors échappé à l'attention? Le mystère était entier. En tous les cas, si elle fascinait les prisonniers, il n'en était aucun – et sûrement pas son ex-propriétaire – qui ne redoutait de se la voir attribuer.

Son encombrement lui-même constituait déjà un lourd handicap, sans parler de sa capacité, environ vingt litres, qui rendrait précaire, sinon tout à fait impossible, la cuisson individuelle d'une ration quotidienne de riz.

Tandis que les prisonniers rassemblaient leurs maigres affaires, éparpillées par les soldats, Tot Ka procéda à une redistribution « juste et équitable » selon ses propres termes, des ustensiles, en commençant, comme prévu, par le groupe des Africains auquel succéda ceux des Musulmans.

Tous remarquèrent qu'il évitait soigneusement d'adjuger la fameuse touque qui s'enfonçait, solitaire, au milieu de la marée descendante des gamelles.

– Je prends les paris, observa Margoz. – La grosse marmite est pour nous!

– Je ne parie pas, riposta Vercruyse, acide. – C'est aussi évident que la sale gueule de Tot Ka. – Mais il ajouta, grognon : Tout cela, c'est la faute de Norris! Quel besoin a-t-il eu de se faire remarquer? Et c'est nous qui, une fois encore, allons payer la facture!

– En admettant qu'elle échoue dans le groupe numéro 2, intervint l'intéressé, je la prendrai en compte. Es-tu satisfait.

– Je suis satisfait, avoua Vercruyse. – Après tout, c'est ton problème. Et, dans le fond, il est normal que tu supportes les conséquences de tes interventions intempestives.

Il pensait : « Je l'avais bien jugé, il est le paratonnerre idéal... »

Les camarades protestèrent :

– Pourquoi te sacrifies-tu? interrogea « Jo » Allenic. Moi, j'étais déjà décidé à la faire tirer à la courte paille!

– Norris, groupe numéro 2! appela Tot Ka.

Norris s'avança, et constata qu'il ne demeurait plus, du tas énorme de tout à l'heure, qu'une quinzaine de récipients individuels... et la touque, objet dédaigné, aussi solitaire qu'une carcasse abandonnée.

« Étrange, songea-t-il. En dépit des morts du convoi, il y a toujours moins de marmites que de prisonniers! »

Il revint auprès de ses camarades. Vercruyse exigea d'être servi le premier, puis Adler. Les autres se disputèrent les restes, à l'exception de Norris et de ses amis de l'équipe, auxquels la touque fut définivement attribuée.

– Finalement, fit observer Azam, qui ne perdait jamais de vue l'aspect pratique des choses, nous faisons sans doute une moins mauvaise affaire qu'il n'y paraît.

– Explique-toi, riposta Margoz.

– Auparavant, nous étions obligés, chacun pour soi, de

vaquer à des occupations identiques, mais séparées : laver le riz, trouver du bois, allumer le feu, surveiller la cuisson. A partir de maintenant, tout est changé. Nous sommes six, rassemblés par force autour de « la grosse gamelle ». Je propose qu'à tour de rôle, deux d'entre nous prennent en charge cette corvée. Ce qui laissera aux quatre autres deux jours entiers pour coincer la bulle en attendant que le repas soit prêt.

La proposition d'Azam fut accueillie, avec des cris d'enthousiasme. Le gendarme avait raison.

– Vivent les « Compagnons de la Grosse gamelle »!, lança Michel Mallier.

Le surnom, d'abord réservé aux membres de la confrérie, devait leur rester au point d'être adopté même par Tot Ka qui ne les désigna plus que de cette façon.

La première étape, depuis le franchissement du fleuve Rouge, se passa, ainsi que l'avait promis « Julot », dans des délais acceptables, mais sous une averse de fin du monde, au milieu d'une forêt de bambous épaisse qui absorbait jusqu'à la plus infime clarté, le ton clair d'une chemise, la tache blême d'un visage ou d'une main. Les prisonniers étaient uniquement guidés par le crissement des pieds sur les feuilles craquantes des bambous et, le plus souvent, par le tintement des gamelles, hâtivement amarrées aux bagages.

Le ciel était si bas que les gradés estimèrent ne pas craindre d'intervention de l'aviation nocturne et autorisèrent leurs Bo doïs à allumer des torches, ce qui donna au Convoi 42 l'apparence d'une procession de fantômes tintinnabulants.

Ils suivirent un peu plus tard le ballast rectiligne de l'ancienne voie du chemin de fer du Yunnan, débarrassé de ses traverses et de ses rails. Puis, après quelques kilomètres en direction du nord-ouest, ils bifurquèrent à droite et empruntèrent les vestiges d'une ancienne route goudronnée, pleine de trous et d'ornières, creusée, par endroits, de coupures en « touches de piano », par lesquelles les Viêts interdisaient le passage des camions ou des blindés ennemis.

Cette route les mena enfin à proximité d'une importante bourgade, dans une cocoteraie en bordure de rizière, où ils reçurent la permission de s'installer en bivouac. C'était bien la première fois qu'ils atteignaient le gîte d'étape avant le jour.

La soudaine accélération du rythme de la marche avait sans nul doute constitué une fatigue importante, fatigue aggravée, pour ceux – de plus en plus nombreux – qui marchaient pieds nus, par la rugosité du sol. Mais ils avaient meilleur moral. La configuration plate du terrain, qui les changeait agréablement des dénivelés constants de la Haute Région, et surtout la certitude qu'ils se rapprochaient enfin du but, ce camp mythique et paradisiaque que Dang leur avait laissé entrevoir, effaçaient bien des angoisses.

Entre Tha Khoa et Yen Bay, Tot Ka s'était appliqué à leur retirer l'espoir. Et voilà qu'ils se reprenaient à espérer, même si, comme le fit observer Norris, ils n'attendaient qu'une cage et des barreaux.

– Belle perspective, grogna-t-il.

– Mets-toi à leur place, réplique « Jo ». – Ils sont à bout de force, et pour eux, le bonheur consiste à cesser de marcher à l'aventure. Ils n'aspirent plus qu'à poser leur sac, s'installer, ne plus redouter de repartir encore. Ils ne sont pas bien exigeants.

– Raconte ce que tu veux, tu ne me feras jamais admettre que l'on puisse baigner dans l'euphorie à l'idée de se retrouver derrière des barbelés!

– Tu sais bien que tout cela est provisoire. La paix risque d'être signée d'un moment à l'autre, observa Margoz.

– Premièrement, tu n'en sais rien. C'est peut-être une astuce des Viêts pour décourager toute nouvelle tentative d'évasion. Les Allemands ont déjà fait le coup à mon père. Ils lui ont dit « Krieg gross malheur! Bientôt fini! Vous rentrer Pariss, Kognak, madame... ». Moralité, il est resté quatre ans dans son stalag, sans rien tenter parce qu'il espérait la fin proche de la guerre!

« Deuxièmement, j'attends d'être arrivé dans cette colonie de vacances que Dang appelle « le camp » pour me forger une opinion. Mais je crains que certains d'entre nous n'éprouvent de cruelles désillusions! Il n'y a logiquement aucune raison pour que nous soyons mieux traités que nous l'avons été jusqu'à maintenant. Le « camp » ne fera pas de nous des touristes choyés. Nous demeurerons ce que nous avons été : des criminels de guerre en rééducation.

– Tu nous ennuies, dit Mallier, maussade. – Tout le monde ne peut pas être, comme toi, une voyante extra-lucide! Laisse-nous souffler un peu. Après tout, ce qui importe, c'est de rentrer chez nous, vivants.

C'était la première fois depuis longtemps que Michel Mallier intervenait aussi brusquement et s'opposait avec fermeté à son camarade.

Norris se calma, aussi vite qu'il s'était énervé.

– Excusez-moi. Je vois tout en noir. Et vous avez sans doute raison, l'important est de rester vivants.

La journée s'écoula, sans autre incident, sous un ciel de l'été tonkinois, humide et glacé le matin, torride et moite l'après-midi.

Ils dormirent, ce qui ne leur était pas arrivé, au cours d'une étape, depuis bien avant la Rivière Noire et les Bo doïs les laissèrent faire. Décidément, le régime semblait s'assouplir, ce qui laissait penser que Norris s'était alarmé pour rien.

Le rassemblement du soir confirma cette impression de détente. Au cours de la séance d'information, Tot Ka se montra souriant, se permit même des plaisanteries sur « les Compagnons de la Grosse gamelle », les félicitant pour avoir découvert sans l'aide de leurs gardiens les vertus du travail collectif.

Il abrégea bientôt ces considérations, jugées oiseuses en d'autres temps, pour aborder l'essentiel de la discussion politique :

– Grâce à la clémence du président Hô Chi Minh, vous avez compris que la voie de la vérité passe par la discipline, l'hygiène et la vigilance. Vous avez, de vous-même, ramené à la raison les entêtés qui s'obstinaient à refuser d'ouvrir les yeux! Maintenant, vous avez votre juste récompense...

Il s'interrompit, sachant qu'un regain d'intérêt ferait converger dans sa direction tous les regards. Les prisonniers s'attendait sans doute à quelque mesure concrète, une cuillerée de mélasse supplémentaire, une banane entière peut-être ? Il assura sa voix et poursuivit, solennel :

– Vous entamez votre dernière semaine de marche. Dans huit jours, vous serez au camp.

Tot Ka n'était pas psychologue. Il s'aperçut cependant qu'il n'avait pas obtenu le succès escompté. Huit jours, pour les hommes qui lui faisaient face, c'était le bout du monde. Un autre continent. En franchissant le Fleuve Rouge, ils avaient eu l'espoir d'être arrivés à destination, dans ce Viêt Bac annamite où ils avaient pensé séjourner en attendant la libération. Ils apprenaient que le camp était plus loin, encore plus loin.

– Jusqu'où irons-nous ? demanda quelqu'un. – En Chine ?

Il ne se trompait pas beaucoup.

Tot Ka se moquait d'effacer la mauvaise impression produite par sa déclaration. Il enchaîna, avec un grand naturel :

– Combien de morts aujourd'hui ?

Exceptionnellement, il n'y en avait pas. Ceux qui avaient pris cette question pour une subite marque d'intérêt durent se rendre à l'évidence, c'était une simple formalité de routine.

– Dans ce cas, départ dans un quart d'heure, conclut le Can bô.

2

Brusquement, les Bo doïs s'agitèrent, courant en tous sens, agitant le faisceau de leurs lampes électriques sous le nez des prisonniers du groupe numéro 2.

– Quelque chose qui ne va pas ? demanda Norris.

Il était environ 1 heure du matin, c'était la seconde pause « horaire » de l'étape. Tout à l'heure, ils avaient franchi le Song Chay sur un ancien pont Eiffel, maintes fois saboté ou bombardé, mais que les Viêts avaient, avec obstination, remis en état à force d'astuces et de bambou.

Il faisait clair, la lune était exactement dans l'axe de la route, la marche s'était déroulée jusque-là sans incident. Et puis, sans raison apparente, les Bo doïs s'affolaient, s'appelaient, recomptaient leurs ouailles.

– Il manque un type dans votre groupe, expliqua un gradé à Norris.

Norris se renseigna

– C'est Basquet, dit enfin une voix, je ne l'ai pas revu après le passage du pont métallique.

– Tu ne pouvais pas le signaler plus tôt?

– Chacun est libre, pas vrai? répondit avec indifférence Rémy, le parachutiste au visage de fouine. – S'il a voulu s'évader, c'est son problème, pas le mien.

– J'imagine mal Basquet en train de s'évader, grogna Norris. Je le vois plutôt en train de dormir...

– Allez le chercher! ordonna le gradé.

– Il est peut-être malade? suggéra « Jo » Allenic. Dans ce cas, il serait astucieux de partir à cinq ou six pour le brancarder.

– Exact. Qui est volontaire?

Il y eut l'habituel silence. Norris interrogea Rémy :

– Je ne suis pas volontaire. Basquet est une lopette et s'il crève, il l'aura bien cherché. – Il se cabra : Et puis tu ne peux pas me forcer, moi aussi je suis malade.

Norris remarqua qu'un certain nombre des membres du groupe, principalement ceux qui l'avaient soutenu lorsqu'il s'était agi de s'opposer à « Jo » Allenic et à ses camarades, s'étaient discrètement éclipsés.

– J'y vais, décida « Jo » en se levant et enfilant son sac.

– Je t'accompagne, ajouta Mallier.

– C'est tout?

– Si tu m'invites aussi aimablement, lança Margoz, je ne puis faire autrement que de t'accompagner.

– Et moi? interrogea la voix faussement acerbe d'Azam. Personne ne me sollicite? Je ne suis plus bon à rien, peut-être?

– O.K., dit Norris. – On y va!

Vercruyse s'approcha et glissa :

– Tu es chef de groupe. Ton rôle n'est pas de participer aux corvées.

– Ah bon? Dans ce cas, prends ma place!

– Ce n'est pas cela que je voulais dire.

– Alors, ne dis rien.

Et il s'éloigna, allant rejoindre ses quatre camarades qui

avaient fait demi-tour et suivaient la piste, en sens inverse, accompagnés par deux des Bo doïs d'escorte.

Ils retrouvèrent Basquet six kilomètres plus loin, assis au bord de la piste, de l'autre côté du pont. Il pleurait. Geste de rage ou de détresse, il avait déchiré les photos de sa femme et de ses deux enfants qui gisaient, éparpillées, autour de ses pieds.

– Vous êtes des fumiers, gémit-il en apercevant ses camarades. – Vous m'avez laissé tomber! Ça vous est égal si je crève! Personne ne peut me sentir! Tout ça parce que j'ai été chef de groupe...

– Ne raconte pas n'importe quoi, répondit « Jo », affable, nous ne t'avons pas laissé tomber. La preuve, nous sommes là!

– Et nous venons de nous avaler deux heures de marche pour te récupérer, ajouta Margoz.

Mais Basquet geignait toujours, il ressassait on ne savait trop quelle vieille rancune.

– Vous avez toujours été contre moi. Dès le début! – Il s'en prit à Norris : Toi, tu m'as fait perdre mes provisions de route! C'est ta faute si je suis malade!

Excédé, Norris tenta de le raisonner :

– Cesse de pleurnicher, cela ne sert à rien de ruminer! L'important, c'est de tenir le coup jusqu'au camp! Allons, debout!

– Je ne peux pas marcher.

– Mais si, rétorqua Azam.

– Oh, toi, le gendarme, tu ne vaux pas plus cher! Tu es complice de Norris. – Il se fit suspicieux : D'ailleurs vous êtes tous complices! Pourquoi est-ce vous qui êtes là? Je sais, vous êtes venus pour me voler mon riz! Vous voulez me faire crever plus vite, c'est cela?

– Il est complètement fou, dit Margoz.

– Que faisons-nous? demanda « Jo ». – Les Bo doïs commencent à s'impatienter. Ils ont peur d'arriver trop tard au bivouac pour manger chaud...

– Nous allons te porter, suggéra Mallier le plus aimablement possible.

– Vous en profiterez pour me voler mon riz.

Cela tournait à l'idée fixe. Norris prit les choses en main.

Avec l'aide des deux Bo doïs qui avaient coupé et ébranché deux perches de bambou, il confectionna une civière faite de suspentes de parachute et sa propre toile de tente.

Pour avoir précédemment participé à des brancardages de longue haleine, celui du sergent-chef Bornet notamment, Norris avait mis au point, avec « Jo », une technique, rudimentaire, mais efficace, qui ne nécessitait que trois porteurs seulement. En avant, les deux montant longitudinaux directement posés sur ses épaules, un homme seulement, qui n'avait à supporter que le poids des jambes du malade. A l'arrière, attachés au montant latéral, les épaules protégées par le boudin de riz, les deux autres brancardiers.

Par ce moyen, il avait ainsi parcouru une étape entière sans avoir besoin d'être relayé.

Mallier se plaça en tête, « Jo » et lui, à l'arrière, et le groupe reprit la piste.

Dès qu'il avait compris qu'il allait être vraiment secouru. Basquet s'était laissé faire, sans plus prononcer une parole. Mais, au bout de quelques kilomètres, son obsession revint et il se mit à débiter des injures, une litanie sans fin. Il s'agitait sur sa couche, remuant les bras en tous sens, rendant le brancardage encore plus pénible.

– Bon sang! finit par s'écrier Mallier, qui supportait à l'avant les contrecoups des gesticulations du malade. – Arrête de gigoter! Tout ce qu'on te demande c'est de ne rien faire! D'être passif!

– Espèce de voleur! cria Basquet, hors de lui. – Tu n'as pas le droit de me parler ainsi! Je ne suis pas un sac de chiffons! Et puis j'ai un nœud de bambou qui me rentre dans les côtes!

– Si tu ne la boucles pas, gronda Norris, exaspéré, je t'assomme! Parole!

– Mets-y un peu du tien, l'encouragea « Jo ». – Pour nous non plus, ce n'est pas le confort!

– Toi, « Jo », tu es le seul chic type de l'équipe. Dis-leur qu'ils doivent me rendre mon riz!

– Personne ne te l'a volé.

– Mais si, je ne le trouve plus! J'en avais fait un boudin avec la manche de ma chemise! Il était dans mon sac, il a disparu!

– Nous l'avons placé sous ta tête!

Afin de contrôler les affirmations de « Jo », Basquet se retourna, manquant de tomber hors de sa civière. Son geste, inconsidéré, cassa le rythme de la marche. Norris trébucha, sa cheville le rappela douloureusement à l'ordre

– Tu es un traître, gémit Basquet. – Tu veux me faire le coup du légionnaire au col des Méos!

– Ne dis pas de sottises, c'est toi tout seul qui as failli te flanquer par terre. Et puis, je te le répète. Ou bien tu te tais ou c'est moi qui te calme!

– « Jo »? dis à ce type de ne plus me menacer. – Je me plaindrai à Tot Ka. C'est mon copain, Tot Ka...

Il délirait. Il prononçait des mots sans suite, le corps agité de tremblements nerveux, puis, il finit par s'endormir, sans doute bercé par le rythme de la marche. Les porteurs avaient adopté le pas glissé, analogue à celui des *nha qués* qui esquivent ainsi les contrecoups du balancier de bambou.

Basquet dormait, mais il avait le sommeil agité, articulant parfois des menaces sans suite.

– Je vous aurai, promettait-il. – Je vous aurai tous! Je ne vous donnerai pas mon riz...

Le petit groupe ne rattrapa le reste du convoi qu'une fois arrivé à l'étape du jour.

Norris alla trouver Vercruyse :

– Nous avons fait notre part de travail, lui jeta-t-il d'un ton sans réplique. A vous autres de vous occuper de Basquet. J'en ai marre de ses jérémiades.

Et il alla se coucher. Il était à bout de fatigue et d'exaspération.

Il ne dormit pas longtemps. Vers midi, Tot Ka le fit convoquer :

– Il s'agit d'aller au prochain village pour y chercher des vivres frais! Désignez une corvée.

Comme il fallait s'y attendre, la proposition ne trouva guère d'échos. Mais cette fois, Norris n'était pas décidé à se laisser fléchir par les protestations des membres du groupe. D'autorité, il choisit parmi les « évolués ».

– Vous obéissez, leur lança-t-il.

– Pour qui te prends-tu ? riposta Rémy, hargneux. – Pour un Viêt ? Ici, tu n'es rien ! Tu n'as pas d'ordres à donner.

Norris marcha sur lui, l'attrapa par le devant de sa veste.

– Encore un mot comme celui-là, et je te flanque mon poing dans la gueule.

L'autre se débattait, mollement. Vaincu, il prit le parti de gémir, prenant ses camarades à témoin. Mais ceux-ci, peu soucieux d'attirer sur eux les foudres de leur délégué, se tinrent cois, redoutant d'être désignés à sa place.

– C'est bon, grogna-t-il, résigné. – J'y vais ! Mais tu n'as pas fini d'entendre parler de moi...

Cinq minutes plus tard, Rémy était de retour, l'air triomphant.

– J'ai expliqué à Tot Ka que j'étais malade. Il m'a dispensé des corvées et il a ajouté que tu devais montrer l'exemple !

– Nous te remplacerons au brancardage, dit Margoz.

– Et je t'aiderai à porter ton sac, ajouta Azam.

Norris s'éloigna, accablé. Les Viêts auraient sa peau, il en était certain. Après tout, il l'avait bien cherché, à vouloir, à toute force, leur tenir tête. Ils désiraient le briser, comme ils avaient brisé la plupart des prisonniers du Convoi 42.

« La solution, pensa-t-il tandis qu'il avançait, en équilibre instable, sur la diguette qui menait au village, serait de me faire mouton parmi les moutons. Mais c'est probablement trop tard, je suis repéré... »

A la suite de ses compagnons de corvée, il pénétra dans le village, un pauvre village de plaine, des cagnas tristes et basses, alignées de guingois le long d'une large piste de terre creusée de flaques d'eau dans lesquelles des *nhos* au cul nu s'obstinaient à tremper leur hameçon.

Des habitants vaquaient, paisibles ou découragés, d'une maison à l'autre, portant des fagots, des khènes de bambou enfilés aux bouts du balancier, ou bien, seulement, les bras ballants comme s'ils cherchaient à tuer le temps.

Tout au bout, un tailleur rapetassait des vêtements, sur une antique machine à coudre, insolite dans le décor. Plus insolite encore, une superbe glace en pied trônait, vestige de temps de splendeur, sous un auvent de latanier.

Norris s'en approcha, curieux de voir à quoi il pouvait bien ressembler. Cela faisait presque deux mois qu'il n'avait eu l'occasion de contempler son visage. Il s'approcha et la silhouette qu'il entrevit déclencha un réflexe immédiat. Il se retourna, cherchant des yeux celui de ses camarades qui s'était intercalé entre le miroir et lui. Il dut se rendre à l'évidence, il était seul. Alors, lentement, comme s'il redoutait ce qu'il allait découvrir, il fit de nouveau face et ce qu'il aperçut le figea d'incrédulité. Ce n'était pas possible que ce soit lui, Benjamin Norris, cet épouvantail qui grimaçait un sourire jaunâtre à son intention! Ce vagabond aux cheveux hirsutes, à la barbe en broussaille, aux vêtements délavés, pleins de taches multicolores, pendant, lamentables, accrochés à ces épaules maigres, aux angles aigus.

Jusque-là, habitué à n'être entouré que de barbus maigres, ses copains, il avait fini par oublier qu'il était devenu comme eux, hagard, flou, avec des gestes incertains d'alcoolique. De se découvrir ainsi le frappa comme une révélation.

« Tu ferais peur à ta propre mère », pensa-t-il, stupéfait.

Il capta, dans la glace, les reflets furtifs de quelques badauds qui s'étaient approchés, curieux et craintifs, et qui les dévisageaient comme ils auraient dévisagé un phénomène de foire, un animal fabuleux ou l'extravagant produit venu d'une autre planète.

« Je leur fais l'effet d'un Martien », pensa-t-il.

Il se retourna et s'approcha du Bo doï qui commentait à l'intention des villageois médusés la venue de cet être extraordinaire, ce soldat français tel que le décrivaient les affiches de propagande. Ce parachutiste réputé invincible et que la volonté du président Hô Chi Minh (mille ans de vie!) avait réduit à l'état de mouton docile.

Norris vint tout près de lui et, montrant sa barbe et ses cheveux, il dit :

– *Sao lam!* [1]

Le Viêt acquiesça.

– *Sao lam*, répéta-t-il.

La foule approuva, en bruissant, avec, de ci de là,

1. *Sao lam* : laid, mauvais. Opposé à *tot lam* : bien, et à *nghiu lam* : bon (au goût).

quelques petits rires moqueurs à l'adresse de Norris dont l'accent devait leur sembler comique.

– Moyen *cat-toc*[1] ?

Le Bo doï parut décontenancé par une pareille demande. Elle ne figurait dans aucune rubrique prévue par le règlement. Il réfléchit longuement et finit par admettre que la requête n'était pas inacceptable.

– La « lysiène », ajouta Norris.

L'idée lui en était venue, brusquement. Une idée tout à fait farfelue, l'envie soudaine de changer d'apparence, de surprendre les copains, avec, par-dessus tout, l'envie de dérouter Tot Ka et « Julot ».

« Ils s'interrogeront longuement pour tenter de deviner le but inavoué que je poursuis. Ils n'admettront jamais l'évidence : j'ai seulement voulu rigoler. Mais est-ce qu'un prisonnier a le droit de rigoler ? »

Le Viêt avait compris le sens du mot « lysiène » qu'il traduisit, didactique, à l'intention des badauds, auxquels il infligea quelques considérations personnelles sur les nécessités et les avantages des soins corporels. Puis il demanda l'adresse du coiffeur local. Des bras se tendirent, quelqu'un appela.

Un petit vieillard barbichu émergea d'une paillote proche et s'approcha, en trottinant. Le Bo doï expliqua les vœux formulés par son Tou binh, et le dialogue s'engagea.

– Je n'ai pas d'argent, prévint Norris qui n'avait pas envie de se voir poursuivi par la justice populaire pour « grivèlerie », tout en se demandant si, dans les zones « libérées », le mot ou la chose avaient leur raison d'être.

Il précisa, geste à l'appui, montrant ses mains vide.

– *Khong-co tiên!*

Le gardien traduisit, en corrigeant.

– Cela ne fait rien, monsieur le prisonnier, répondit le coiffeur, avec un accent chantant. – Je serais heureux et fier de vous offrir gratuitement mes services, et de contribuer au rapprochement de nos deux peuples! – Il se fit humble, ajoutant : Mais il faudra excuser ma maladresse. Il y a bien longtemps que je n'ai pas coupé de barbe.

1. Coiffeur; littéralement : « coupe-cheveux ».

– Aller vite! dit la sentinelle, sans grande conviction.

Il faisait beau, le Bo doï se sentait peut-être en vacances, loin de ses chefs, loin de la routine du bivouac, seul responsable de ce prisonnier, ce qui lui conférait aux yeux de ses compatriotes, ces nha qués ignorants, une grande importance.

– *Tot-ka cai-toc* [1], précisa Norris, en s'asseyant sur le tabouret de bois.

L'expression eut le don de ravir la foule qui s'était rapprochée et faisait cercle; elle la répéta, l'usa jusqu'à la trame, avec des petits rires aigrelets, ravis.

En dépit de son âge et de sa prétendue maladresse, le coiffeur travailla vite. Il avait, pour l'occasion, récupéré dans un coin obscur de sa boutique une bribe de savonnette dont il se servit pour fabriquer une mousse abondante qui amollit à point les poils rugueux de son client.

Il rasa tout, allant jusqu'à pourchasser le duvet des oreilles, gratter l'intérieur des narines, et poussa même l'art jusqu'à redessiner la forme des sourcils.

Et quand, enfin, il eut terminé son office, le coiffeur prit le bras de son client qu'il entraîna, escorté du cortège toujours grossissant des villageois, jusqu'au miroir du tailleur devant lequel il le planta.

Norris éprouva le second choc de la journée. Ainsi rasé, le crâne poncé tel un œuf, le menton et les joues glabres, il ressemblait, trait pour trait, à la photographie qui, dans sa jeunesse, l'avait le plus frappé sur les atrocités nazies, celle d'un déporté émergeant, hagard, d'un camp de concentration.

Même regard halluciné, mêmes pommettes saillantes, même pomme d'Adam tendant la peau flasque d'un cou squelettique. Il se fit peur. Mais il s'obligea à sourire pour remercier l'obligeant barbier auquel, longuement, il serra la main, sous les applaudissements de la population, ravie du spectacle inespéré auquel elle venait d'assister et qui, à n'en pas douter, allait alimenter les conversations de la semaine.

C'est alors qu'un paysan remarqua les chevilles du prisonnier, si enflées que Norris avait été obligé de rouler le

1. Littéralement : tout le monde les cheveux.

bas de son pantalon jusqu'au-dessous des genoux. Il y eut un conciliabule, auquel d'un air pédant se mêla la sentinelle.

Quelques minutes plus tard, une vieille femme apporta un bol fumant rempli d'un liquide brunâtre, à l'odeur équivoque de *nuoc-mam*, où surnageaient des herbes finement coupées.

Norris retint une grimace de dégoût, puis il s'obligea à avaler cette étrange décoction, essayant de se persuader que la médecine paysanne, établie par des siècles de tradition, était sûrement éprouvée, donc efficace.

Il ne se trompait pas. Un peu plus tard dans la soirée et pendant toute la nuit, il fut pris d'incessantes envies de vider sa vessie, et officiait ainsi, durant de longues minutes. Mais au matin, il constata que l'œdème avait disparu.

Mais pour l'instant, la corvée terminée, les prisonniers se rassemblaient, portant d'énormes baluchons garnis de liserons d'eau, ces « vivres frais » dont avait parlé Tot Ka tout à l'heure. Norris chargea son ballot sur son dos et, en colonne par un sur la diguette, le cortège regagna le bivouac.

C'est là que Norris connut son heure de gloire. A peine apparut-il, en tête du peloton, que les quolibets fusèrent, suivant de près les quelques secondes de stupéfaction engendrée par son nouvel aspect.

– Laisse-toi pousser les dents, cria quelqu'un. – Tu ressembleras à Dracula!

– Ma parole, lança un autre, tu sors d'une chambre à gaz?

Désarçonné par la tête que Norris s'était faite, Tot Ka n'imagina pas une seconde, ainsi pourtant qu'il le pensait auparavant, que son prisonnier puisse songer à s'évader. Il le dévisagea et eut ce commentaire ambigu :

– Vous avez l'air d'un bonze. Mais d'un bonze fou.

CHAPITRE 12

1

Michel Mallier galopa jusqu'à la tête du brancard où s'était attelé « Jo » Allenic et l'apostropha :

– Devine ce que je viens de voir?

La tête coincée entre les montants, « Jo » répliqua, d'une voix lasse :

– Comment veux-tu que je devine? Je suis comme un cheval de trait, j'ai des œillères!

– J'ai vu une borne kilométrique!

– C'est normal, répliqua Norris, de l'arrière. – N'as-tu pas remarqué que nous marchions depuis une heure sur une route nationale?

Mallier ne se retourna pas, répondant :

– Justement. Mais sais-tu ce que j'ai lu? J'ai lu : « Tuyen Quang, 24 kilomètres; Hanoi, 140. »

– Pas de quoi pousser ces cris d'Indien! renvoya Norris, aigre. – Nous sommes à 140 kilomètres de Hanoi. La belle affaire! Quand nous avons quitté Diên Biên Phu, nous en étions déjà à trois cents, à vol d'oiseau. Nous avons donc parcouru, en six semaines la coquette distance de 160 kilomètres. Un exploit!

De l'autre côté du brancard, la voix placide du gendarme s'éleva :

– Nous avons effectué un certain nombre de détours, ne l'oublie pas.

Mais Norris n'était pas d'humeur à accepter une discussion, surtout celle-là qui lui semblait sans intérêt. Attelé au brancard depuis le départ de l'étape, il était saturé des gémissements et des jérémiades d'un Basquet, de plus en plus faible, mais qui trouvait assez de forces pour s'en prendre spécialement à lui. Il était fou.

La veille, au cours de l'étape qui avait suivi sa séance chez le coiffeur, alors qu'il cheminait, ne transportant sur son dos que la « grosse gamelle », il avait entendu Basquet pousser des hurlements de bête à l'agonie.

– Norris veut me tuer! Norris m'a volé mes provisions! Appelez Tot Ka! Il faut me protéger...

Furieux, Norris s'était approché, une canne à la main. Il ne pouvait plus supporter ces cris lamentables. Il ne pouvait plus accepter ces accusations, ces insultes. Pourquoi ce salopard s'en prenait-il toujours à lui?

– Si tu ne la fermes pas tout de suite, avait-il grondé, je te casse la tête à coups de bâton, dussé-je te frapper sur ton brancard!

Ce n'était pas une menace en l'air. La rage l'aveuglait. La fatigue, cette persécution permanente dont il était l'objet, avaient balayé tout autre sentiment humain. Basquet avait beau être malade, il y avait des choses intolérables qu'il n'avait pas le droit de dire.

– D'accord, tape-moi dessus! Espèce de lâche! Voleur! Je te maudis...

« Jo » Allenic et Michel Mallier avaient eu le plus grand mal à calmer Norris.

– Il ne sait plus ce qu'il raconte, il divague.

– C'est ça! prenez la défense de cette charogne. Après tout ce qu'il a fait...

– Tout cela, c'est du passé. Maintenant, tu vois bien qu'il est malade! avait plaidé Mallier.

– Malade! Malade! – Norris avait explosé. – Moi aussi, je suis malade! Nous sommes tous malades! La seule différence, c'est que nous tenons encore sur nos jambes alors que cette ordure se laisse porter comme un pacha! Et, en plus, il m'abreuve d'insultes alors qu'il devrait être reconnaissant des attentions que nous avons envers lui!

« Au lieu de cela, il contribue à nous affaiblir! A cause de lui, nous crèverons peut-être de fatigue!

« Seulement vous, les bonnes âmes, vous le plaignez! c'est à ne pas croire!

« Jo » n'avait rien répondu. Au bivouac, il avait pris sur lui de sermonner Georges Basquet. Norris les avait entendus, qui chuchotaient à quelques pas de lui. A chaque argument de « Jo », Basquet répondait par de nouvelles lamentations.

– N'écoute pas Norris, gémissait-il. – Il n'attend qu'une chose, c'est que je crève pour s'emparer de mon riz! Surveille-le, je suis sûr qu'il guette une occasion de me tuer! C'est un assassin, il n'en est pas à son premier crime!

Basquet faisait allusion à un drame qui s'était déroulé quelques jours plus tôt, au sein de l'un des groupes des Musulmans. Laissé de garde aux affaires de son équipe, un jeune Algérien avait été retrouvé égorgé, les objets dont il avait la charge envolés. Personne n'avait découvert le coupable, même si les prisonniers étaient nombreux à le connaître. La loi du silence était absolue parmi les Nord-Africains.

Accuser Norris de ce forfait, ainsi que Basquet le laissait entendre, était grave. Elle serait tombée dans l'oreille d'un Bo doï qu'elle eût valu, sans aucun doute, les pires sévices à l'accusé.

Par chance, aucune oreille indiscrète ne traînait près d'eux à ce moment-là. Mais, désormais, Norris éprouvait une haine féroce envers Basquet. Il en était arrivé au point qu'il se sentait capable de l'écraser, à coups de bâton, pour peu qu'il perde le contrôle de ses nerfs. Il ne se reconnaissait plus lui-même.

Au soir, alors qu'il chargeait, à son tour, le brancard sur ses épaules, il avait prévenu :

– Basquet, ne m'adresse plus la parole! Crève si tu veux, mais crève en silence. Un mot de trop et je ne réponds plus de rien.

Du coup, Michel Mallier était resté aux aguets, un peu en arrière, surveillant son camarade du coin de l'œil, prêt à intervenir. Moins pour voler au secours du malade que pour empêcher Norris de commettre l'irréparable.

Pendant les premiers kilomètres, terrorisé, Basquet s'était abstenu. Mais, avec le délire, ses vieux fantasmes étaient revenus l'habiter. Il balbutiait des mots sans suite, entrecoupés de plaintes lancinantes :

– Mon riz... On veut me voler mon riz...

Norris serrait les dents. Il bandait toute sa volonté pour ne pas céder à la violence. Il était obligé de crisper les poings, ses ongles profondément enfoncés dans la paume, pour se contrôler encore un peu. Au moins jusqu'à l'étape, plus guère éloignée, espérait-il.

– « Jo »! appela Michel Mallier. – Formidable! Sais-tu ce que je viens de lire sur la nouvelle borne kilométrique?

– Dis toujours...

– Tuyen Quang, 23 kilomètres. Hanoi, 139! Nous nous rapprochons! C'est fabuleux, non?

– Garde ton calme, conseilla « Jo ». – Si nous allions vers la libération, cela se saurait!

– Peut-être, mais la nouvelle borne que nous venons de franchir indique : « Tuyen Quang 22 kilomètres, Hanoi 138 ». Je vous dis que nous sommes sur la bonne route! Le R.C.2!

Colportée de bouche à oreille, la nouvelle eut tôt fait de remonter la colonne et, bientôt, les rumeurs les plus folles se mirent à courir. L'allure générale s'accéléra, ce qui eut pour effet d'étirer le Convoi 42 de façon anormale. Les Bo doïs eux-mêmes se virent débordés. Ce n'était plus une marche, c'était une débandade générale. Certains prisonniers, hallucinés, voyaient déjà les lueurs de la ville.

Cette euphorie fut de courte durée. Bientôt, le groupe de tête obliqua sur la gauche et s'engagea, par une petite piste, sous les hautes futaies. Une nouvelle fois s'éteignit la mince étincelle d'espoir trop vite allumée.

Les prisonniers durent se rendre à l'évidence; ils n'allaient plus vers la libération. Au contraire, ils remontaient en direction du nord.

Un petit kilomètre encore, et ils débouchèrent sur une vaste esplanade bordée de cagnas, ouvertes comme des éventaires de loterie foraine. Au fronton de chacune d'elles, de longues banderoles de bambou tressé, portant des inscriptions dans la plupart des langues en usage au sein du corps expéditionnaire, français, allemand, arabe.

Chaque baraque se composait d'un long bat-flanc de lattis,

posé à environ un mètre de hauteur, et surmonté d'un toit à une pente, en feuilles de latanier [1]. Au cours des haltes, à certains gîtes d'étape, les prisonniers avaient déjà vu ou utilisé ce type d'abri, simple, léger, suffisant pour y passer une nuit ou deux. Mais jamais encore ils n'en avaient rencontré d'aussi importants, ni, surtout, d'aussi bien construits. Dans la clarté du petit jour naissant, ils leur trouvèrent même un air confortable.

Ces baraques étaient disposées, sur deux rangs, le long des trois côtés d'un quadrilatère déboisé, d'environ un demi-hectare. Une disposition rigoureuse qui leur donna la certitude d'être enfin arrivés à destination, ce « Camp » où, selon les propres paroles de « Julot » : « ils pourraient se délasser en attendant la libération ».

– Nous y voilà! affirma Michel Mallier, crédule, prenant à son compte les bruits qui, déjà, circulaient de groupe en groupe.

Rien, selon lui, n'était plus logique :

– Nous sommes placés à proximité de la R.C.2. A mon avis, tous les camps sont échelonnés dans cette région. Cela facilitera les évacuations...

– Tu attends sans doute aussi les colonnes de camions qui vont te prendre en charge pour t'emmener, paisiblement, jusqu'à Hanoi? répliqua Margoz, sceptique. Pourquoi pas des autocars?

Agacé, Mallier haussa les épaules et se porta à la hauteur de « Jo » pour l'aider à se libérer des attaches du brancard et le déposer au sol.

Dès leur entrée dans le camp, les Bo doïs avaient canalisé chaque groupe en direction de l'une des cagnas qui leur était attribuée. Celle du « Groupe n° 2 » se trouvait à l'extrémité d'un des alignements, adossée à la berge d'un petit ruisseau envahi de moustiques.

Basquet se taisait maintenant, les yeux mi-clos, les lèvres retroussées par un rictus de lapin, déjà presque cadavre. Son ventre gargouillait lorsqu'ils posèrent à terre la civière et une odeur épouvantable se dégagea.

– Où l'installe-t-on? demanda « Jo » Allenic.

1. Sorte de palmier aquatique, aux feuilles en éventail, qui s'utilisent, soit tressées, soit refermées, accolées entre elles, comme des tuiles.

– Où tu veux, renvoya Norris, exténué. – Pas ici en tout cas, il pue trop. Tiens, refile-le à Vercruyse. C'est bien le tour de son équipe de se charger de lui!

– Il ne va hélas sans doute plus nous encombrer longtemps, observa « Jo »

Pour la première fois Margoz se mit en colère. Sa barbe blanche en faisait une sorte de sage à l'antique et il avait toujours donné de lui l'image d'un bon garçon sans malice, qui n'avait pas, ou peu, d'états d'âme. Et pourtant, ce matin-là, il explosa :

– Il ne manquerait plus que cela! Je trouve qu'il nous a bien encombrés, comme tu dis! Je suis comme Norris; il y a des moments où j'ai eu envie de le tuer!

« Jo » arrondit les yeux, sidéré par la violence du ton.

– Portons-le chez Vercruyse, admit-il. – Margoz, viens avec moi!

Vercruyse et ses camarades apprécièrent modérément le cadeau.

– Vous auriez tout de même pu le laver, protesta l'adjudant. – Il est sale, il a fait sous lui!

A son tour, « Jo » perdit son sang-froid.

– Va le laver toi-même! Et mets-le à sécher!

– Mon riz! balbutia Basquet, dans un souffle.

– A propos, où est son riz? demanda Delbay, soudain soupçonneux.

– Sous sa tête! Tu n'as qu'à vérifier. Nous n'en avons pas soustrait un seul grain!

« Jo » tourna les talons et alla à l'autre bout de la baraque, rejoindre ses compagnons. Mallier et Azam s'activaient déjà, préparant le feu de branches sous la « grande gamelle ». Ils étaient de bonne humeur, tout à leurs projets pour faire de ce séjour au camp une remise en condition avant la libération qu'ils étaient convaincus devoir intervenir dans un proche avenir.

Ils échafaudaient même des plans pour après.

– Tu devrais entrer dans la gendarmerie, expliquait Azam. Avec ta citation de Diên Biên Phu, tu as toutes les chances d'être admis à présenter l'examen d'entrée à l'École de Chaumont. Au besoin, je me porterai garant de toi; c'est une caution qui compte, n'oublie pas que je suis assermenté!

Mallier n'était pas très enthousiaste.

– J'arrive en fin du contrat que j'avais souscrit pour l'Indochine, répondait-il. – Je ne suis pas certain d'avoir envie de rempiler. Je rêvais d'aventures, j'ai été servi au-delà de mes espérances. Il faudra me laisser le temps de digérer tout cela!

– Les délégués! *Di vê cep de kan*!

Un ordre de routine. Norris se leva du bat-flanc sur lequel il était allongé, les mains sous la tête, et, avec un soupir, se rendit en traînant les pieds à la convocation. Tot Ka fut bref.

Tous les malades seront rassemblés à dix heures ce matin. Ils seront ensuite brancardés jusqu'à l'hôpital numéro 128 qui se trouve à quatre kilomètres d'ici, de l'autre côté de la Rivière Claire!

– Sommes-nous arrivés au camp? demanda l'un des délégués du groupe des Allemands.

Tot Ka adopta l'attitude du professeur mécontent d'une interruption oiseuse.

– Qu'est-ce qui vous faire croire cela?

– *Ich weiss nicht*. Je ne sais pas, c'est un bruit qui court depuis ce matin.

– Il ne faut pas écouter les bruits qui courent! Il faut seulement écouter les consignes de vos gardiens et de vos chefs!

Pendant cinq minutes, il enfourcha son dada favori, sur les bienfaits de la vigilance et les détenteurs de la vérité, pour conclure enfin, avec une certaine condescendance :

– Vous auriez dû remarquer vous-mêmes que ce camp n'est pas assez confortable pour constituer votre destination finale! Il vous faudra marcher encore un peu! Vous êtes seulement ici dans un camp de triage provisoire.

Il tourna les talons, lançant, par-dessus son épaule :

– N'oubliez pas, rassemblement à dix heures!

L'esprit ailleurs, vagabondant en toute liberté, Norris marchait devant, ne sentant même plus dans ses bras le poids du brancard. Il s'était à nouveau muré dans son silence après une discussion aigre-douce avec les membres du groupe qui avaient refusé, avec de plus ou moins bonnes raisons, de participer au portage de Basquet jusqu'à l'hôpital.

Pour clore le débat, il avait décidé de l'effectuer lui-même, accompagné du seul volontaire qui s'était proposé, l'inusable « Jo » Allenic. Une seconde équipe s'était alors offerte pour prendre leur relève, Mallier et Phongue. Ils cheminaient derrière le brancard, sur la piste de terre étroite et dure qui serpentait entre les arbres.

– Fais attention! grogna « Jo », de mauvaise humeur. Avec ton pas de paysan, tu ne me facilites pas la tâche!

Norris s'excusa. « Jo » avait raison. Pour éviter au bambou des flexions trop prononcées qui aggravaient la tension des muscles des bras, il fallait adopter le pas glissé des *nha qués* esquivant les retombées du balancier.

– J'étais distrait, ajouta-t-il.

Mais la remarque de son camarade le troubla. Jamais encore « Jo » n'avait montré une telle acrimonie. Il semblait que l'annonce faite par Tot Ka, en ruinant l'espoir insensé, un instant caressé par les prisonniers qui s'étaient crus enfin arrivés à destination, avait, d'un seul coup détraqué les caractères. Même au sein de l'équipe qui, pendant les épreuves endurées en commun, avaient montré une solidarité sans faille, le moral s'émoussait, provoquant mille petits heurts, jusqu'alors inconnus. Tout à l'heure, Margoz avait déclaré, tout de go, que le riz était « dégueulasse » et que les « duettistes » qui l'avaient préparé, Azam et Mallier, avaient saboté le travail.

A quoi Azam, de nature pourtant placide, avait rétorqué, vertement :

– Les tire-au-flanc n'ont rien à dire!

Ce qui était injuste, Margoz avait toujours assumé sa part des fatigues et des corvées. Du coup, il avait refusé le brancardage de Basquet.

Et voici maintenant que « Jo » lui-même cédait à l'aigreur générale.

« Mauvais, très mauvais, se dit Norris, pourtant lui-même pas exempt de reproches. Les Viêts sont en train de nous posséder. Leur lent travail de sape, entamé à Tha Khoa, est en train d'aboutir. Nous ne sommes pas loin de nous détester les uns les autres... »

Norris avait raison, même s'il l'ignorait encore. Le climat général du Convoi 42 n'avait jamais été aussi exécrable. D'abord soudés par un mépris commun des Viêts, mépris qui avait ensuite évolué du ressentiment à la haine, les prisonniers en arrivaient à ne plus se souffrir entre eux. Vis-à-vis de leurs gardiens, leurs sentiments allaient maintenant de la tolérance à la crainte, en passant, pour certains, par l'obséquiosité la plus veule.

C'était à tout cela que songeait Norris, tout en brancardant un Basquet, inconscient, qui se réveillait parfois pour s'inquiéter de la présence de son riz.

– Ce salaud de Delbay me l'a volé! geignait-il.

Il ne se trompait pas. Ses anciens camarades l'avaient dépouillé sans aucune vergogne, prétextant qu'il n'en avait plus besoin, et que, de toute façon, il aurait été incapable d'en avaler ne serait-ce qu'une boulette, ce qui était tout aussi vrai.

Il était hideux à voir. Son visage avait pris une teinte jaune de vieil ivoire avec des reflets verdâtres. Des furoncles avaient éclos à la base du cou, derrière les oreilles, et suintaient, pleins de pus blanchâtre. Marbrées de crasse, les mains crispées sur le ventre étaient zébrées de cicatrices provoquées par les incessantes démangeaisons qui le torturaient. Les vêtements souillés, dégageant une odeur nauséabonde, il n'avait plus rien d'humain. C'était un sac d'os déjà pourrissant, baignant dans ses déjections.

Juste avant d'aborder à la Rivière Claire, la piste s'élargissait, plongeant en pente douce vers une petite crique sablonneuse abritée des observations aériennes par une voûte de feuillage. En cet endroit, la largeur du lit de la rivière n'excédait pas cent mètres, que des pirogues, attachées d'une berge à l'autre par un filin mobile, traversaient en un va-et-vient incessant, transportant les malades, les brancardiers et leurs civières.

Affairé, l'air important, affirmant ses fonctions par une blouse blanche dont il s'était affublé, un infirmier vietnamien auscultait brièvement chaque malade avant d'indiquer, d'un signe de tête, qu'il lui accordait son visa d'entrée à l'hôpital dont on n'apercevait, par une trouée entre les arbres, qu'une série de toits pointus.

Arrivé devant Basquet, il réprima un mouvement de dégoût et, d'un ton pincé :

– Je ne veux pas de « ça » dans mon hôpital! ramenez-le au camp!

Phongue et Mallier assurèrent alors le transport du retour. Au camp, ils voulurent restituer le mourant aux membres de l'équipe Vercruyse, provoquant un tollé général.

– Vous n'avez pas été fichus de le faire admettre à l'hôpital, débrouillez-vous! déclara Vercruyse, définitif, le mufle mauvais, le poing menaçant, soutenu par ses voisins, armés de bâtons, tout aussi déterminés que leur chef.

La pluie se mit à tomber, une violente averse d'été, qui en un instant transforma la place centrale du camp en un cloaque luisant, parcouru de rigoles de boue liquide.

Mallier et Phongue ramenèrent Basquet et le mirent à l'abri sous le bat-flanc de cai phèn, sur lequel ils s'accroupirent eux-mêmes, indécis.

– Qu'en faire ? demanda Mallier.

– Attendre qu'il meure.

Basquet entendit cette dernière phrase. Il s'agita sur sa civière, rassembla toutes ses forces pour hurler :

– Je ne veux pas mourir! Pas ici! Pas comme ça! Je veux rentrer chez moi! Vous êtes tous des ordures! Vous vous êtes mis d'accord pour me laisser crever, mais je ne me laisserai pas faire!

Sa fureur retomba, il se mit à geindre, à pleurer, à supplier.

– Pourquoi est-ce moi qui dois mourir ? Pourquoi ? C'est injuste! Je ne voulais pas venir en Indochine! Je n'étais pas fait pour être un soldat, laissez-moi rentrer! Par pitié!

Il se tut, le corps secoué de sanglots. Où trouvait-il encore la force de pleurer, lui qui n'était plus qu'un agonisant ? Où puisait-il cette ultime énergie, ce refus de la résignation, lui qui n'avait montré, tout au long de la bataille et durant la longue marche, que couardise et lâcheté, fuite devant le risque ou l'effort ? C'était incroyable et mettait Mallier et ses camarades à la torture.

– Faites-le taire! cria, de l'autre extrémité de la cagna, la voix pointue de Rémy.

Le parachutiste au visage de fouine eut une crise nerveuse. Il s'éloigna, en claudiquant, vers la baraque du chef de camp en proférant des injures. Deux Bo doïs l'assommèrent proprement et le ramenèrent, calmé, dans sa baraque.

Basquet geignait toujours, d'une toute petite voix d'enfant abandonné.

– Salauds! Salauds! Donnez-moi mon riz! Je veux manger, je veux retrouver ma santé! Je suis fatigué seulement parce que vous n'avez pas accepté de m'aider...

Il appelait au secours, il protestait de ses bonnes dispositions.

– Je ne recommencerai plus! Je le jure... J'ai une femme et des enfants!

– Tu aurais peut-être dû y penser avant! répliqua Mallier avec brusquerie, sans se rendre compte que l'autre était au-delà de tout entendement.

Il avait réussi ce prodige de se dresser, le buste soulevé, appuyé sur les coudes. Il voulut crier. Son cri s'étrangla dans sa gorge, se transforma en une quinte de toux rauque, caverneuse, qui le rejeta en arrière, la bouche ouverte, les yeux révulsés. Il toussa encore deux ou trois fois, gémit, s'étouffa, cracha des grappes de petits vers roses qui coulèrent sur ses joues, s'accrochèrent aux poils de sa barbe.

Il était mort.

Ils partirent l'enterrer, de l'autre côté du ruisseau à moustiques auprès duquel était édifiée leur baraque. Ils étaient cinq, les mêmes, regroupés autour de « Jo » qui avait aidé au transport du cadavre. Azam creusait la fosse, peinant sur le terrain argileux, difficile à entamer avec l'outil que les Bo doïs lui avaient prêté, une perche de bois au bout de laquelle était fixée une sorte de cuillère de fer, en forme de tuile, à peine large comme la paume de la main.

– Des outils de fainéants, se plaignait Azam, écœuré par la saignée dérisoire que chaque pelletée évidait dans le sol.

Il fallut aux cinq camarades près de trois heures d'un effort constant pour arriver à creuser une fosse décente. Trois heures pendant lesquelles Basquet se décomposait, sous l'ardeur d'un soleil de nouveau présent, ardent et moite. Des fourmis rouges s'étaient déjà infiltrées dans ses oreilles, ses narines; elles dévoraient ses orbites, innombrables, voraces, obstinées, à peine chassées que déjà revenues.

Basquet se défaisait. Il fallut, pour le déposer dans sa tombe, que les camarades le traînent, empoignant ses vêtements, le cœur au bord des lèvres.

Après l'avoir rapidement recouvert de terre, ils ne s'attardèrent pas à lui rendre des honneurs dont ils ne le jugeaient pas dignes. La seule oraison funèbre à laquelle il eut droit émana de Margoz, qui, sans aucune passion, dit simplement :

– Ce n'était pas la peine de nous emmerder aussi longtemps pour en arriver là, de toute façon.

2

Norris marchait de nouveau sur la piste menant à la Rivière Claire, en direction de l'hôpital 128 où l'avait envoyé, le matin même, un ordre de Tot Ka.

Derrière lui, allongé sur la civière, se tenait Adler, le sergent-major, qu'un accès de paludisme avait failli emporter dans la nuit et qui gisait, inconscient, livide, les yeux clos, cernés de noir, sans réaction.

Cette fois, l'adjudant Vercruyse n'avait pu esquiver la corvée. Il était là, à la tête de la civière, le visage tendu par l'effort, luisant de sueur. Mais il était seul de son équipe à avoir consenti à brancarder son camarade. Les brancardiers de relève étaient les mêmes, « Jo » et Phongue.

Les quatre kilomètres leur parurent interminables, mais ils finirent malgré tout par arriver au bac, accueillis, comme la veille par le même infirmier bougon qui daigna leur accorder le droit de passage. Cinq ou six autres malades avaient déjà franchi la rivière lorsque enfin arriva leur tour.

Ils déposèrent Adler dans le fond, s'assirent de part et d'autre du plat-bord, et, une fois sur l'autre rive, reprirent leur fardeau.

L'hôpital 128 était constitué d'une dizaine de grandes baraques au vaste toit à deux pentes, rappelant les paillotes thaï. En dessous, deux rangées de bat-flanc se faisaient face, abritant les malades groupés deux par deux sous une même moustiquaire de tulle blanc. L'ensemble dégageait une impression de propreté, presque de confort.

Norris et Vercruyse furent accueillis par un grand diable d'Antillais, le visage avenant, la voix douce, flanqué de l'inévitable « conseiller » de l'armée populaire, qui s'affubla, d'emblée, du titre de « médecin-chef ».

– Faites semblant de croire que c'est vrai, leur glissa l'Antillais. Moi, je ne suis que l'ex-médecin capitaine Armstrong. J'ai été capturé en 1950, voilà bientôt quatre ans, sur la R.C.4. – Tu es para? demanda-t-il à Norris.

– Oui, mon capitaine.

– Ici, apprends à ne pas dire « Oui, mon capitaine ». Cela peut être considéré comme un manque d'évolution politique.

– Comment dois-je vous appeler?

Armstrong haussa les épaules et répondit, non sans humour :

– Appelle-moi « camarade infirmier ». C'est mon titre. – Il changea de sujet, s'intéressa à la veste de tissu camouflé que portait Norris et conclut : L'Intendance française a fait là un bel effort de conception. Mais c'est valable pour des paras riches! Pour des paras taulards, il y a bien trop de poches!

A la suite du médecin-chef viêt, Armstrong examina brièvement le sergent-major Adler et conclut :

– Nous allons le remettre rapidement sur pied. Il a l'air fragile, mais il a un fond de robuste santé.

– Merci, dit Vercruyse, sobrement, c'est mon copain.

Armstrong leur désigna un baraquement isolé, d'où s'échappait un filet de fumée bleue :

– Allez aux cuisines, faites-vous donner un bol de riz. Dites que c'est moi qui vous envoie.

Ils avaient découvert, non loin de là, un petit enclos ombragé, jouxtant un potager soigneusement ratissé et ils s'y étaient installés pour déguster leur collation, empaquetée dans une large feuille de bananier, une boule de riz que Phongue avait assaisonnée de petits piments verts, très forts, qui emportaient le palais :

– C'est plein de vitamines, assurait leur camarade. – Et ça augmente le tonus de la paroi intestinale. Souverain contre les amibes!

Ils ne pensaient à rien, goûtant comme un bonheur le simple fait d'être là, sans rien faire, décortiquant à petites pincées un riz qui, pour la première fois depuis longtemps, était cuit à point, chaque grain encore ferme sous la dent, parfumé à souhait.

Une ombre se profila à l'entrée de l'enclos, un Européen au visage empâté de mauvaise graisse, engoncé dans une tenue civile, veste *cu nao* [1] délavée, pantalon noir rapiécé aux genoux. Les jambes qui en sortaient étaient constellées de petites cicatrices rondes et brunes. Il se dégageait de ce nouveau venu quelque chose d'indéfinissablement malsain.

– Que faites-vous là? demanda-t-il d'un ton sec.

– Tu vois, nous cassons une petite croûte.

– Vous n'avez pas le droit d'être ici. C'est un endroit réservé aux officiers!

– Tu es officier? interrogea Norris, insolent.

– Oui.

– Je viens d'apprendre que les grades des prisonniers n'existaient plus!

– Je ne suis pas prisonnier. Je suis...

– ... un salopard de déserteur? compléta « Jo ».

– Un rallié, corrigea l'Européen.

– C'est la même chose. Et quelle sorte de sale boulot es-tu censé accomplir chez les Viêts?

Le « rallié » cilla. Face à ces quatre prisonniers qui ne le craignaient pas, il était décontenancé. Il tenait son autorité des Viêts, mais, sans leur présence, il s'apercevait brusquement qu'il n'était rien.

– Partez d'ici tout de suite! ordonna-t-il, croyant, par un acte de fermeté, reprendre le contrôle de la situation.

En vain. Pas un des quatre hommes ne bougea, ils continuèrent même à grignoter leur riz, à petits coups de dents gourmands.

– Ne m'obligez pas à sévir! menaça-t-il.

1. Teinte brunâtre des sarraus que portent les paysans tonkinois.

– Essaie toujours, mon pote! Mais compte bien : nous sommes quatre!

– Je m'étais toujours demandé à quoi pouvait bien ressembler un déserteur, ajouta « Jo » sur le ton de la conversation. – Maintenant, je sais. C'est laid, c'est flasque, c'est bouffi, ça pue.

– Peut-être ferions-nous mieux d'obéir? souffla Vercruyse. – Il est fichu d'ameuter les Bo doïs.

– Votre camarade a raison, ajouta le rallié. – Vous allez vous attirer des ennuis! Des gros! Ici, nous ne plaisantons pas avec la discipline. N'oubliez pas que vous êtes des prisonniers! – Il crut bon d'ajouter, avec un soupçon de méchanceté : Vous n'êtes pas encore libérés! Il existe des camps de redressement pour les fortes têtes ou les esprits subversifs!

– D'accord, finit par dire Norris, apparemment conciliant.

Mais il lui était venu une idée diabolique. Et il surprit, dans l'œil de « Jo », exactement la même lueur. Sans s'être concertés, les deux copains avaient décidé de tuer ce renégat.

L'envie s'était imposée, sans qu'ils aient besoin de se concerter. Non qu'ils fussent des tueurs, prêts à faire mourir un homme pour le simple fait qu'il leur déplaisait. Mais ils étaient imprégnés de cette ambiance haineuse, que les Viêts avaient empoisonnée. Tout être nuisible ne méritait pas de vivre. Les sévices endurés durant la marche avaient éliminé un Basquet, coupable de n'être que lui-même, un personnage veule et lâche. La logique du système devait, de même, faire disparaître ce...

– Quel est ton nom? demanda Norris.

– J'ai choisi de m'appeler « Chiên Si ». En viêtnamien, cela signifie : le combattant.

Norris encensa, du menton. Il savait maintenant comment s'appelait celui qu'il tuerait.

Les quatre camarades sortirent de l'enclos, un par un, achevant de grappiller les ultimes grains de riz encore contenus dans la feuille de bananier. Puis, exactement comme s'ils reprenaient une conversation laissée en suspens, « Jo » questionna :

– As-tu un plan ?
– Oui. Essayons de l'attirer en direction de la rivière. Je l'assommerai et je le balancerai à la flotte !
– D'accord.
Ils pressèrent le pas, encadrèrent le nommé « Chiên Si », et, l'air innocent, ils entamèrent avec lui une conversation à bâtons rompus, évoquant leur condition misérable de prisonniers, parlant de leurs espoirs de paix, de leur prochaine libération.
– Quel espoir te reste-il ? demanda « Jo ». – Je te regarde et je te trouve mauvaise mine. Ni le climat, ni le régime alimentaire ne te conviennent. Pourquoi ne demanderais-tu pas à être rapatrié avec nous ?
– Pour être traduit devant un tribunal militaire belliciste ? Non merci !
– Nous sommes des combattants, plaida Norris, hypocrite. Nous pouvons comprendre ton cas. La lassitude...
– Tu ne peux rien comprendre ! J'ai choisi mon camp !
– Une erreur peut se réparer, observa «Jo ».
Ils marchaient l'air insouciants, mais ils se rapprochaient des limites de l'hôpital. Déjà, ils entendaient le clapotis de la rivière. Norris avait saisi son bâton de marche. Il le serrait, fermement, l'assurant dans sa main. Encore quelques mètres, dès qu'ils auraient franchi le rideau d'arbres qui les mettrait à l'abri des regards. Il était calme.
Quelque chose, un rien, peut-être une prémonition, alerta le nommé Chiên Si. Sans doute avait-il l'habitude d'être sur ses gardes ? Ce n'était probablement pas la première fois qu'il était entouré d'hommes prêts à l'abattre. Il fit brusquement volte-face.
– Je pense, dit-il en les regardant dans les yeux, que vous voulez me tuer. Mais vous ne le ferez pas. Pas vous. Moi, j'en serais tout à fait capable parce que j'ai choisi de vivre ici, parmi les soldats du Viêtnam, et que je crois dans la révolution.
« Vous demeurez encore trop imprégnés d'un humanisme imbécile. Vous croyez à des vertus dépassées, ce que vous appelez l'honneur, la fidélité, que sais-je encore ? Vous ignorez que ces vertus sont les chaînes qu'ont rivées à vos chevilles ceux qui sont vos vrais maîtres, les impérialistes, les

capitalistes, tous ces gens qui vous ont envoyés mourir pour défendre leurs privilèges et qui ne vous en auront aucune reconnaissance.

« Vous serez, à jamais, dans le camp des vaincus!

Et il tourna les talons, revenant vers l'hôpital, le dos un peu plus voûté, la tête un peu plus basse.

– Il a bluffé ou bien nous a-t-il devinés? demanda Norris.

« Jo » Allenic esquissa un geste d'ignorance.

– Je crois pourtant que cela m'aurait soulagé!

Vercruyse et Phongue les avaient rejoints. Ils semblaient déconcertés.

– Nous venons de croiser le déserteur, expliqua Vercruyse. Il était vert de rage...

– ... ou de peur, compléta Phongue, plus psychologue. – Que lui avez-vous fait?

– Rien, mentit « Jo ». – Seulement une simple petite mise au point.

Déjà, de la rive, les Bo doïs les hélaient, impatients. Les quatre camarades rejoignirent la vingtaine de porteurs qui attendaient, bras ballants, placides ou fatalistes, d'être au complet pour entreprendre la traversée de la Rivière Claire. Les barques effectuèrent leur va-et-vient familier. Norris, « Jo », Phongue et Vercruyse embarquèrent les derniers. Sans surprise, ils avaient l'habitude d'être laissés pour compte.

Au moment où leur barque allait s'éloigner de la rive, un cavalier apparut, monté sur un alezan superbe. Il stoppa sur la berge, et, d'un ton sans réplique, enjoignit au passeur de stopper. D'un seul bond, il sauta à terre, embarqua dans la foulée et s'assit à la proue, toisant les quatre prisonniers, tassés dans le fond de la barque.

Norris le dévisagea et s'aperçut, contrairement à ce que laissait croire sa tenue, d'un vert d'uniforme, qu'il ne s'agissait nullement d'un Annamite. L'homme était grand, très mince avec quelque chose d'infiniment noble dans l'allure et dans le maintien. Un visage long, mince, des yeux noirs qui respiraient l'intelligence. Il évoquait bien plus quelque prince berbère qu'un quelconque Can bô. Il sursauta. Il ne se trompait pas. Le nouveau venu était arabe.

Encore un déserteur ? En tout cas, il s'agissait d'un déserteur de haut rang. Ses vêtements avaient manifestement été coupés exactement à sa mesure, son casque de latanier était recouvert d'un tissu de soie grège et il portait au poignet une montre au bracelet et au boîtier d'or.

Négligemment, le passager sortit de la poche de sa chemise un porte-cigarettes en métal guilloché, en extirpa une Craven « A » qu'il alluma avec un Flaminaire à gaz dernier modèle.

Il paraissait absent, bien au-dessus des contingences ordinaires propres aux fonctionnaires du Viêt-minh et, l'air blasé, environné de volutes bleuâtres, il regardait avec bienveillance les évolutions de son cheval qui passait la rivière en nageant.

Son regard désabusé se posa enfin sur les quatre hommes, assis, les fesses dans l'eau croupie qui baignait le fond de la pirogue et il parut leur manifester un intérêt condescendant.

– Vous êtes Français, n'est-ce pas ? demanda-t-il d'une voix rauque où les « r » roulaient doucement.

– Non, répliqua vivement Norris, insolent, nous sommes des Chinois. Mais personne ne s'en est aperçu, nous sommes ici incognito.

Son mépris des déserteurs, quelle qu'en soit la nationalité, avait été plus fort que sa curiosité.

– En effet, enchaîna Vercruyse, l'air sucré, en veine de politesse. – Nous rentrons de l'hôpital où nous sommes allés escorter l'un de nos camarades.

L'autre s'en moquait éperdument. Il avait seulement envie d'attirer l'attention des prisonniers sur son statut de personnage important. Il négligea Vercruyse.

– Vous allez bientôt rentrer chez vous, laissa-t-il tomber, indifférent.

– Qu'en savez-vous ? demanda « Jo ».

– J'ai encore écouté les dernières nouvelles à la radio. Il semblerait que les pourparlers de paix soient sur la bonne voie. Votre Mendès France a l'air de vouloir faire d'importantes concessions...

– Mendès France ? Qui est-ce ? s'informa Vercruyse.

L'Arabe lui adressa un regard de dédain.

– Ne me dites pas que vous ignorez qui est votre nouveau Président du Conseil! – Il se fit didactique : Il a remplacé Laniel! Et il a obtenu la confiance de la Chambre en s'engageant à signer la paix en Indochine dans un délai d'un mois!

– Un mois?

Vercruyse était sidéré.

– En réalité, votre Mendès France ne songe qu'à rapatrier au plus vite le corps expéditionnaire français pour venir défendre les propriétés qu'il possède chez nous, en Afrique du Nord.

Vercruyse était assoiffé de détails. Mais l'Arabe estimait en avoir suffisamment dit. Aussi brusquement qu'il l'avait entamée, il mit fin à la discussion, s'intéressant exclusivement aux croupades de sa bête qui s'ébrouait sur la rive.

3

De retour au camp, alors qu'ils rejoignaient leur baraque, les quatre camarades aperçurent, trônant au milieu de la place centrale, perché sur un tonneau de deux cents litres apporté là pour la circonstance, leur compagnon de voyage. Autour de lui, les Nord-Africains étaient rassemblés et manifestaient, par des cris, des applaudissements, leur amitié à ce personnage, important dans les rangs ennemis, mais qui, malgré tout, était des leurs, qui leur parlait du pays, des promesses de paix, du prochain retour dans leurs foyers.

– Il leur a dit, traduisit Vercruyse : « Rentrez chez vous, imitez les valeureux combattants du Viêtnam qui ont su, tout seuls, secouer le joug odieux du colonialisme, et employez votre combativité à libérer votre patrie... »

Jusque-là, les clivages entre les groupes n'étaient marqués que par une sorte de corporatisme, fait de la barrière des langues, des religions, des unités d'origine. A partir de ce meeting, l'attitude des Nord-Africains se modifia de spectaculaire façon. S'ils ignoraient les Français, ils se mirent à les mépriser, à les provoquer ouvertement, à leur chercher d'incroyables querelles, que les Bo doïs se firent un plaisir d'arbitrer à leur avantage.

En quelques heures, le Convoi 42 changea de visage et d'atmosphère. Et ceux qui croyaient avoir connu le pire se rendirent très vite compte que le pire était à venir :

– On nous avait promis le paradis, dit Michel Mallier, qui n'avait dû son salut que dans la fuite après une vague altercation avec un Algérien. – Je crains que le camp définitif ne soit une fosse aux serpents!

TROISIÈME PARTIE

« Nous avons une haine, une haine farouche et sacrée contre les brigands colonialistes, mais cette haine n'est pas pour vous, victimes de la politique colonialiste criminelle qui signifie pour vous la servitude, la misère et la mort. »

Hô Chi Minh
Lettre aux Prisonniers de guerre

CHAPITRE 13

7 juillet

1

Et la fatigue, vieille compagne. Pas uniquement cette faiblesse des muscles que l'on peut effacer avec une heure, une nuit de repos et qui permet aux corps d'exister, avec leur force et leur souplesse, mais un abattement, une lassitude que rien, semble-t-il, ne pourra guérir. La tête était vide, les membres rompus. Pas un seul signe d'espérance ne donnait envie aux prisonniers de s'accrocher à ce qui leur restait de vie.

A nouveau, ils marchaient. Les jours succédaient aux jours, tous semblables, tous marqués au coin de la morosité.

Aux montagnes du pays Thaï avaient succédé les plaines de la Moyenne Région, coupées de brèves collines touffues, plantées d'épineux, de taillis impénétrables, de bambous gros comme des piliers de cathédrale. La piste s'enfonçait, blanche sous le soleil ardent, toujours plus loin vers le nord, traversant parfois quelque misérable hameau dont les habitants regardaient, indifférents, déambuler le cortège des fantômes gris.

Depuis qu'ils avaient quitté le camp de triage du kilomètre 22, les hommes du Convoi 42 avaient cessé d'imaginer leur avenir. Ils étaient brisés; quelque chose, entamé pendant la terrible semaine d'avant Yen Bay, avait achevé de se déliter sous l'action conjuguée de l'espoir anéanti, et du vide absolu dans lequel ils avaient été replongés.

Et ce n'étaient pas les quelques éléments d'un paquetage sommaire que des Bo doïs blasés leur avaient remis avant le départ, une moustiquaire, un pantalon de grossière toile bleue, une petite serviette kaki et un bol de tôle émaillée, qui étaient de nature à les réveiller de leur torpeur. Bien au contraire. Ils avaient eu le sentiment d'appartenir, un peu plus complètement, au système carcéral du Viêtminh.

Quelqu'un, Margoz probablement, avait résumé l'état d'esprit général :

– Tant qu'un prisonnier demeure en prison préventive, il conserve ses affaires personnelles. Il peut croire encore à l'erreur judiciaire, à la clémence des juges, à une mesure de grâce. Mais lorsqu'on l'affuble du droguet de la centrale, l'uniforme des bagnards, il sait qu'il n'est plus qu'un condamné.

C'était exactement cela. Ils avaient tourné le dos à la route de Hanoi, ils avaient franchi la Rivière Claire et ils s'éloignaient du chemin de la liberté. Tout leur était indifférent.

Les Bo doïs leur avaient fait escalader des cols, plonger vers des cuvettes où des paysans s'affairaient, en essaims, dans des rizières en damiers irréguliers. Ils les avaient fait défiler sous des arcs de triomphe, échafaudages branlants secoués par le vent, bambou et cai phèn, auxquels étaient suspendus de grossiers portraits d'Hô Chi Minh, de Ma Len Kop [1] ou de Lénine, encadrés de slogans à la gloire des dirigeants communistes (*Muôn Nam!*), du *Dang Lao Dong* (Parti des travailleurs) ou bien encore de la vaillante Armée populaire.

Ils les avaient promenés sur des diguettes, ils les avaient menés, un après-midi entier, sous une pluie battante, à travers une piste boueuse, un cloaque gluant rempli de sangsues voraces.

Les prisonniers subissaient tout, sans rien manifester d'autre qu'une apathie profonde, chacun replié sur soi,

1. Façon vietnamienne d'orthographier « Malenkov », qui avait succédé à Staline en 1953.

uniquement sensible à ses propres problèmes, de misérables petits ennuis, la sangle d'un sac qui leur meurtrissait une épaule, la piqûre infectée d'un insecte, la soif dévorante, les crampes intestinales, et une incommensurable envie de s'arrêter là, de ne plus faire un pas, la plante des pieds cuisante, coupée de crevasses provoquées par la corne usée aussitôt que formée.

Certains avaient enveloppé leurs chevilles de lambeaux de parachute, retenant des morceaux de semelles, des bouts de cuir, des lamelles de bambou pour limiter l'usure de la peau. Ils étaient obsédés par la solidité de leur système, à l'intérieur duquel l'eau des ruisseaux, jointe à la poussière de la piste, rongeait les orteils comme de la toile émeri.

Tout leur était souffrance. La pluie ou le soleil, le chaud ou le froid, la marche comme le repos, les moustiques et les mouches; les tiques, les punaises, les poux qu'ils véhiculaient sur eux, d'étape en étape, et qui les réveillaient dans leur maigre sommeil pour les piquer, leur sucer le sang, les mordre, les dévorer. Ils avaient le corps en feu, et, dans l'oreille, le zonzonnement vrillant des bêtes, à les rendre fous.

Ils avaient le teint gris, l'œil jaune, la peau flétrie, la langue blanche. Ils avaient la démarche incertaine, une certaine maladresse du geste, le réflexe émoussé, les réactions ralenties, parfois disproportionnées, toujours à contretemps.

L'équipe de la « grosse gamelle » elle-même n'était pas épargnée. La cohésion, manifestée dès le début, entretenue à coups de volonté durant la marche, commençait à laisser apparaître des fissures, des failles, des brisures. L'épreuve était trop inhumaine pour ne pas écailler le vernis, livrer l'homme aux autres, dépouillé de tout ce qui l'aidait à tenir debout, plus nu encore qu'au jour de sa naissance, mais pesé, jaugé, jugé sans complaisance par ses voisins, ses camarades.

Personne ne faisait plus de cadeau. Il n'y avait ni justification, ni excuse qui tienne. Seule comptait l'attitude du moment, pour encourir critique et condamnation. Tout était prétexte à drame, même – et surtout – ce qui, naguère, eût été considéré comme un enfantillage, une bousculade involontaire, un grain de riz refusé, un secours demandé.

Chacun se protégeait, se calfeutrait, soupçonnant l'autre des intentions les plus noires, ne lui passant rien, ne lui pardonnant rien non plus.

Se contenir, se surveiller demandait trop d'efforts pour y consentir, aussi les prisonniers se laissaient aller à des accès de rage incontrôlée, à des accusations extravagantes, à des suspicions malveillantes.

Seul le silence était une attitude d'homme. Norris et « Jo » Allenic y parvenaient encore. Le premier parce que sa nature l'y poussait, le second, parce qu'il ne voulait pas ajouter de l'huile au feu qui couvait. Les autres se chamaillaient, comme des gamins, avec autant d'âpreté, autant de sérieux, autant d'entêtement à ne pas céder sur une broutille qu'ils auraient sûrement négligée une semaine plus tôt.

Ils ne s'en rendaient pas compte encore, mais ils en étaient arrivés au point où Dang avait voulu les amener, cette « infantilisation » du comportement qui les rendrait incapables d'esprit critique, seulement aptes à tout croire.

Norris avait vu « Julot » au camp du kilomètre 22. Ou plutôt, il l'avait écouté après avoir été convoqué :

– Je vous quitte, avait expliqué celui qui avait conduit le Convoi 42. – Mon rôle est terminé. Dans quelques jours, vous arriverez enfin à destination. Vous avez, je crois, mérité de vous reposer, même s'il vous reste encore bien du chemin à parcourir pour devenir, enfin, de véritables « combattants de la paix ».

Puis il avait conclu, avec un sourire où perçait une sympathie que Norris estima sincère :

– Vous pouvez tout à fait devenir un bon prolétaire.

Le lendemain, une nouvelle équipe de Bo doïs était venue relever celles qui avaient escorté le convoi depuis Diên Biên Phu. C'étaient, pour la plupart, de vieux briscards de la « vieille garde », façonnés par des années de guérilla ou endurcis par le combat révolutionnaire. Leur fanatisme du début s'était au fil des mois et au dur contact des réalités, transformé en une sorte de scepticisme désabusé. Ils étaient uniquement pétris d'habitudes, avec le calme et l'insensibilité de ceux qui sont revenus de tout.

Rustiques, endurants, ils n'étaient pas loin de considérer

les prisonniers comme des mauviettes qu'un rien suffisait à abattre. Mais ils étaient capables, et ils le montrèrent à de nombreuses reprises, d'un geste de solidarité, partager une cigarette, rectifier l'ordonnance d'un feu, encourager un traînard, participer au brancardage d'un malade, toutes choses interdites par un règlement que leurs prédécesseurs se gardaient d'enfreindre, mais dont, eux, les « Anciens », savaient s'accommoder.

Il leur arrivait de bavarder parfois avec un voisin de rencontre, un prisonnier hagard auquel ils racontaient combien serait agréable leur existence au camp. L'un d'eux, un humoriste, avait même évoqué, avec un rire gras, le « bifteck-pommes frites » qui serait leur menu quotidien.

Ils avaient franchi une nouvelle rivière, le Song Gam, traversé Chiêm Hoa, petite bourgade étagée sur les flancs d'une colline, et, par une piste tortueuse, escaladé un petit col à travers une plantation de bambous formant au-dessus de leurs têtes une voûte sombre d'où s'envolèrent, en grappes compactes, des chauves-souris poussiéreuses, dont les ébats affolés firent pleuvoir des nuées de tiques venimeuses.

Ils débouchèrent, en milieu de journée, dans une cuvette assez vaste, piquetée, de-ci, de-là, de hameaux coquets perchés sur leurs pilotis, coupée de haies vives, parsemée de rizières en terrasses, épousant le contour des collines.

En avant, un moulin à eau, bois et bambou, actionnait une roue à aubes dont les godets se déversaient dans une canalisation de bambou, formant un aqueduc aux bras multiples qui s'étendait à travers la plaine.

Des paysans, silhouettes noires et courbées, repiquaient le riz en longues lignes parallèles, sous l'œil placide de gros buffles violets alanguis dans leurs mares.

C'était un paysage paisible et champêtre, idyllique même, mais qui plongea les prisonniers dans un étrange malaise, un peu à la façon d'un intrus surprenant un spectacle qui ne lui est pas destiné, la prise de conscience qu'il existait, en dehors d'eux, un autre univers, celui des vivants évoluant librement dans un décor immuable, eux qui n'avaient plus l'habitude que des marches de nuit ou en brousse, avec l'ombre ou les fourrés pour seuls témoins.

Entre les deux, comme une vitre infranchissable, l'obstacle invisible mais réel de leur état d'hommes enchaînés.

Paradoxalement, ce fut presque avec soulagement qu'ils abandonnèrent la cuvette pour s'enfoncer, à nouveau, dans un tunnel végétal, leur univers familier, un sentier à peine tracé qui serpentait, fantaisiste, entre les arbres et les fourrés.

Il était quatre heures de l'après-midi lorsqu'ils débouchèrent à l'orée d'une clairière, un puits au milieu des hautes futaies au fond duquel courait un ruisselet charriant une eau jaune.

Une petite passerelle de bois enjambait le ru, flanquée, sur sa gauche, d'une sorte de guérite légère, surmontée d'un toit de latanier. Au-delà, étagées sur les pentes, des cagnas se devinaient, sommaires, quatre piquets de bois supportant la toiture et le bat-flanc de *cai-phèn.*

Ils étaient arrivés au Camp 42.

2

Deux choses les frappèrent aussitôt, qui devaient les marquer à tout jamais. L'odeur. Et les mouches [1]. L'odeur surtout.

Une odeur de pourriture, chairs et végétation, presque palpable tellement elle imprégnait l'atmosphère, fade, sucrée, gluante. Une odeur qui s'incrusta dans leurs narines jusqu'à supplanter toute autre sensation, qui graissa leurs vêtements et qu'ils devaient conserver longtemps, même après leur libération. Une odeur qui hanta leurs nuits au point qu'il leur arriva de se lever et après s'être douchés, de s'asperger d'eau de toilette.

Presque tous les prisonniers eurent le même réflexe de stupeur.

1. Les officiers du camp nº 1, qui y séjournèrent pendant quelques jours dans la seconde quinzaine du mois d'août, donnèrent au Camp 42 le nom de « Camp des Mouches ».

– C'est cela, ce fameux paradis dont nous avait parlé Dang avec autant d'emphase ? Cet endroit de rêve où nous pourrions « nous délasser » ?

Ils contemplaient, interdits, au bord du désespoir, cette clairière d'où la clarté n'arrivait, atténuée, que par un trou de verdure, loin au-dessus de leurs têtes, ces cagnas bancales et à demi ruinées, ces rigoles malodorantes qui drainaient vers le ruisseau des suinteurs suspectes, tout ce qui, durant les jours, les semaines et – peut-être ? – les mois à venir, allait constituer leur nouveau cadre d'existence.

Jamais ils ne s'étaient sentis aussi frustrés, malades de déception, suant d'angoisse. Leurs pas soulevaient des nuées de grosses mouches vertes ou noires qui se posaient sur eux, les aveuglant, pénétrant leurs narines, s'incrustant au coin des paupières, tourbillonnant autour des sacs, se posant, avides, sur leurs jambes, sur leurs bras qu'ils agitaient en tous sens, en vain, combat stérile, perdu d'avance.

Ils se laissèrent guider jusqu'aux cagnas que les Bo doïs leur indiquèrent, et se laissèrent tomber sur leurs bat-flanc, poussiéreux, marbrés de taches noirâtres sur lesquelles s'acharnaient encore des bestioles affamées.

Ils n'avaient pas le courage de défaire leurs sacs, comme si le simple fait de prendre possession des lieux leur paraissait une acceptation résignée de leur sort. Jusqu'au bout, ils voulaient croire à une erreur d'aiguillage, un monstrueux cafouillage de l'organisation viêtminh. Ils étaient même prêts à en rire, comme d'une sinistre plaisanterie. Ils pensaient :

« C'est impossible ! Quelqu'un, un Bo doï va venir, il va nous expliquer qu'il s'agit d'une mauvaise interprétation des ordres. Qu'il a voulu seulement se moquer de nous... »

Mais rien ne se produisit de semblable, et le Bo doï qui vint se camper devant la cagna attribuée au « groupe numéro 2 » se contenta de leur annoncer, d'un ton professionnel, qu'ils devaient s'installer vite parce qu'un rassemblement général était prévu à 5 heures.

Le chef de camp était un petit homme mince et soigné, le cheveu calamistré, la tenue sans un faux pli, le geste onctueux, l'allure élégante, qui faisait, par opposition, paraître Tot Ka encore plus rustre qu'il ne l'avait semblé. Il s'exprimait dans un français châtié, aux tournures parfois précieuses, avec une urbanité parfaite qui faisait immanquablement penser à quelque hôtelier accueillant les touristes d'un voyage organisé.

Il était juché sur une estrade surélevée, agrémentée d'un pupitre qui lui donnait un petit air de chaire d'église et tenait, sous son regard aimable, la foule disparate des *tou binh,* inconfortablement assis sur des troncs de bambou, posés sur de simples fourches de bois plantées en terre.

Il lui fallait une bonne habitude, jointe à une solide dose d'aveuglement, pour ne pas remarquer l'état de délabrement physique de son public, et le ton, d'un parfait naturel, de son allocution n'était pas le moindre des contrastes de cette prise de contact entre un geôlier-chef et ses pensionnaires.

– Je vous souhaite, osa-t-il proclamer, la bienvenue au camp d'internement des prisonniers de guerre numéro 42! J'espère que vous y passerez un séjour exempt de tracas et de soucis. Vous pourrez vous y détendre, vous remettre des fatigues de la longue marche que vous avez effectuée depuis Muong Thanh. Ceux d'entre vous qui souffrent des séquelles de blessures, ou des suites de maladies, recevront, dans notre infirmerie, les soins attentifs que réclame leur état.

« Il va sans dire que vous ne devez pas oublier votre état de prisonniers de guerre. Ainsi que le stipulent les conventions de Genève, il vous échoit d'obéir aux ordres de vos gardiens, principalement en ce qui concerne les mesures d'hygiène.

Il esquissa une moue navrée, comme s'il sollicitait un peu d'indulgence :

– Je le sais, notre climat est rude pour les Français que vous êtes, habitués à des régions tempérées. C'est la raison pour laquelle vous devez être vigilants, combattre les insectes, être d'une rigoureuse propreté. Ainsi vous épargnerez-vous les atteintes des maladies que nos paysans subissent depuis des siècles, le paludisme, la dysenterie, la spirochétose.

– La spiro... quoi? interrogea une voix.

– La spirochétose, compléta le chef de camp qui, dans les heures suivantes, devait être affublé du surnom de

« Monseigneur » tellement il était rempli d'onction tout ecclésiastique. – C'est une maladie, propagée par un virus, le spirochète, que l'on trouve dans l'urine des rats. Ces rats pullulent dans ces forêts. Aussi devrez-vous être attentifs. Non seulement vous devrez laver vos ustensiles ménagers, mais, avant de vous en servir, les présenter longuement à la flamme du foyer, ainsi arriverez-vous à bout de ces microbes malfaisants!

Sur les bancs du fond, ceux des « mauvais élèves », les bâillements se faisaient de moins en moins discrets. Les « rebelles » de l'équipe de la « grosse gamelle » et quelques autres retrouvaient leur verve, aiguisée par les propos lénifiants du chef de camp.

– Ne mettez pas vos doigts dans votre nez, murmura Margoz, imitant l'accent nasillard du Viêtnamien.

– Vous êtes priés de laisser cet endroit aussi propre que vous l'avez trouvé en arrivant, ajouta Mallier.

Ils n'osaient pourtant pas trop remuer; ils s'étaient aperçu que les mouvements inconsidérés de l'un d'eux mettaient en péril l'équilibre instable des autres. La perche sur laquelle ils étaient assis avait en effet une fâcheuse propension à virer sur elle-même entre les bras de sa fourche porteuse.

– Si vous avez des problèmes, disait « Monseigneur », consultez vos gardiens! Eux seuls détiennent la vérité et l'autorité!

Et il se lança dans une diatribe verbeuse où il balayait pêle-mêle les « galons, vains hochets d'une fausse gloire belliciste », et les médailles, « faux ornements, fruits d'un courage dévoyé ».

– Mais il est antimilitariste, cet imbécile! observa Norris.

– Parlez-nous plutôt de la conférence de Genève! lança un légionnaire parachutiste.

Le chef de camp sourit, affable :

– J'ai appris, expliqua-t-il suavement, que des bruits circulaient parmi vous selon lesquels le gouvernement français était disposé à entamer des pourparlers avec nos dirigeants. Je vais vous mettre en garde contre ces rumeurs, colportées par des gens irresponsables qui veulent vous bercer de fallacieux espoirs.

« La conférence de Genève se poursuit, c'est vrai. Mais les impérialistes américains et leurs complices, les bellicistes anglais et les jusqu'au-boutistes français, représentant le grand capital et les trusts, unissent leurs efforts pour saboter les perspectives de paix!

Son bras se tendit, son index désigna, par-dessus les têtes alignées à ses pieds, le petit groupe de « Jo » et de ses compagnons.

– Ne vous laissez pas abuser! leur lança-t-il dans un avertissement qui se voulait solennel. – Ne croyez pas les inconnus de rencontre! Ceux qui sortent de leur rôle pour berner les crédules que vous êtes!

Norris et « Jo » s'entre-regardèrent. De toute évidence, le chef de camp savait qui était à l'origine de ces rumeurs. Quelqu'un l'avait renseigné.

– Il y a un mouchard dans l'équipe, souffla « Jo ».

– Ne me dis pas qui tu soupçonnes, je crois avoir deviné.

Ils se tournèrent en direction de Vercruyse qui esquissa, à leur intention, une grimace interrogative.

– Qui a bien pu cafarder? leur demanda-t-il à mi-voix.

– Ne nous prends pas pour des imbéciles, en plus!

Vercruyse haussa les épaules.

– Si vous pensez qu'il s'agit de moi, vous faites fausse route! De toutes les façons, je n'ai même eu ni le temps, ni l'occasion de parler à quiconque depuis mon arrivée. – Il balaya l'air avec impatience. – Oh! Et puis zut! Croyez ce que vous voulez, je m'en moque!

– Si ce n'est pas Vercruyse, dit Phongue, ce ne peut être que l'un des Bo doïs de notre escorte.

– Encore faudrait-il que ton Bo doï comprenne le français! Ce qui est moins que certain.

– Détrompe-toi. Les Viêts ont placé auprès de nous un certain nombre de mouchards dont le rôle consiste, précisément, à jouer les analphabètes, mais qui nous espionnent, jour et nuit!

L'explication de Phongue était logique. Elle ne réussit pas tout à fait à convaincre, et la suspicion demeura, empoisonnant un peu plus l'ambiance du groupe.

Le soir tombait. La conférence avait pris fin, sur l'injonction faite aux prisonniers d'avoir à se présenter, un par un, aux « guichets » des cuisines pour y percevoir leur repas du soir. C'était la première fois qu'ils n'étaient pas astreints, eux-mêmes, à préparer leur ration de riz. Ils ne tardèrent pas à le regretter. Les cuisiniers étaient en effet une poignée de pauvres bougres usés, sales et, pour la moitié, malades, qui leur servirent une purée infâme, parfumée à la benzine, avec un solide goût de cramé.

– Depuis combien de temps êtes-vous là? demanda Mallier au préposé.

– Moi? A peine deux mois! répondit le squelette. – J'ai été ramassé sur Béatrice, le 13 mars...

Mallier demeura stupéfait. Il était persuadé que ses pauvres camarades étaient au moins prisonniers depuis plusieurs années. Il le dit.

– Quand nous sommes arrivés, à la mi-avril, il restait encore cinq ou six parachutistes capturés à Na San en octobre 1952. Ils sont tous morts durant les semaines passées.

– On meurt beaucoup par ici?

Le légionnaire haussa une épaule fataliste.

– Oui, admit-il. – Nous sommes les huit survivants d'un groupe de trente-cinq légionnaires de la 13 [1]. – Il ricana et ajouta : Va donc faire un tour de l'autre côté du ruisseau, c'est là que se trouve le cimetière. Tu feras un voyage très instructif!

Mallier s'assura, d'un rapide regard circulaire, que personne, qu'aucune oreille indiscrète ne traînait à proximité.
– Il n'y a pas de barbelés, on doit tout de même pouvoir s'évader?

– Ne crois pas cela. Nous sommes ici mieux gardés par la jungle que par le meilleur mirador! Et dès que tu sors de la forêt, il y a les civils qui sont autant de geôliers; ils touchent une grosse prime en cas de capture d'un Tou binh évadé.

« Tu t'en apercevras toi-même : si tu pars en corvée, ne

1. 13e demi-brigade de la légion étrangère, dont le 3e bataillon fut anéanti sur « Béatrice » dans la nuit du 13 au 14 mars 1954.

t'avise jamais d'abandonner, même de quelques mètres, le groupe dont tu fais partie. Tu serais aussitôt attaqué, battu, ficelé et ramené, comme un cochon suspendu à un bambou, au Can bô local. La chasse au Blanc est, par ici, une industrie prospère!

– Mais de nuit?

– C'est la même chose. Des guetteurs sont placés aux points de passage obligés. Ils se parlent en tapant sur leurs tam-tams! Tu ne feras pas dix mètres, je te le dis!

Mallier n'était toujours pas convaincu. Il insista :

– D'accord pour admettre que la voie terrestre est bloquée. Il reste la rivière? D'après mes calculs, nous sommes à moins de 10 kilomètres du Song Gam, et le Song Gam se jette dans la Rivière Claire! Il doit tout de même être possible de descendre le courant?

– Voici cinq semaines, quelques copains ont tenté l'aventure; ils avaient fabriqué un radeau de bambou. Ils n'ont pas dépassé Tuyen Quang, la Rivière Claire est minée. La plupart d'entre eux ont été tués. Un seul est revenu. Il habite ici. Dans le cimetière.

Mallier s'éloigna, tête basse. Provisoirement résigné, mais pas entièrement persuadé que l'aventure était chimérique.

« Je dois m'évader, se promit-il. Rien que pour me prouver que j'en suis capable. J'ai manqué mon départ, je ne raterai pas ma sortie. »

Il était bien décidé à se libérer lui-même, sans attendre ni le bon vouloir des Viêts, ni la conclusion, toujours problématique, des « accords de Genève ».

En haut, sous les cagnas, les prisonniers procédaient à un exercice qui allait être rituel chaque soir; ils promenaient, sous le plancher des cagnas, leurs bat-flanc, des torches de bambou dont les flammes étaient censées chasser les moustiques et en brûler les larves. En fait, comme ils s'en aperçurent bien vite, cette opération ne parvenait qu'à éloigner provisoirement les anophèles, laissant tout juste le temps aux habitants des baraques de se glisser sous les moustiquaires chinoises qu'ils avaient tendues, entre les montants de leur abri.

La nuit éteignit bien vite les conversations. Des conversations qui tournaient, comme les insectes devant les fanaux du poste de police viêtminh, autour des préoccupations immédiates ou à court terme : la nourriture et la libération. Bobards, supputations diverses, affirmations péremptoires ou recettes culinaires en composaient l'essentiel. Des thèmes éculés, cent fois rapetassés comme les bouts de cuir qui leur tenaient lieu de chaussures, mais qui constituaient, pour les hommes exténués, le meilleur des somnifères.

3

L'emploi du temps, qui devait être scrupuleusement respecté durant le séjour au camp, commençait, au lever du jour, vers les 5 heures du matin, par la distribution d'une « petite soupe », constituée d'une louche de riz recuit jusqu'à devenir une bouillie blanche, dont l'avantage résidait dans le fait qu'elle était tiède et vaguement salée.

Nantis de ce viatique, rapidement avalé, les prisonniers se rassemblaient sur l'esplanade bordant le ruisseau. Là, après comptage et recensement, Tot Ka présidait à la répartition des corvées, par groupes. Comme il le fit remarquer dès le premier jour :

– Les travaux que vous effectuerez ici n'ont pour but que d'améliorer vos conditions de vie. Vous bénéficiez d'un régime de faveur : autrefois les Tou binh étaient astreints à des tâches d'intérêt général, réparer les routes, remettre en état les ponts sabotés par l'aviation impérialiste, participer à l'effort de guerre de la population.

« Dans ces conditions, vous devez travailler avec l'enthousiasme et l'émulation socialistes!

Il y eut quelques ricanements sur les rangs. Pour eux, prisonniers rescapés d'une longue marche à la mort, l'enthousiasme tout comme l'émulation, à plus forte raison s'ils étaient socialistes, ne leur paraissaient pas être des vertus essentielles.

– Nous allons donc demander à tous les groupes de fournir dix hommes chacun qui prendront à leur charge les corvées extérieures : en premier lieu, aller jusqu'au dépôt et en ramener 15 kilos de riz par homme.

« En second lieu, aller dans la forêt, au-dessus du camp, et couper des bambous pour réfectionner les cagnas qui sont en mauvais état.

« Enfin, aménager le cimetière du camp qui doit devenir un endroit salubre, suivant les prescriptions de l'hygiène...

– Communiste ? demanda Margoz, l'air innocent.

Tot Ka prit un air offusqué comme devant un blasphème.

– Sachez, monsieur Margoz, que le communisme est un but vers lequel tendent tous nos efforts. Le système idéal dans lequel l'humanité vivra heureuse, libre et pacifique, débarrassée de ses contradictions internes, dans l'égalité, le travail et le bonheur.

« Le socialisme constitue la voie pour parvenir à la perfection communiste. Nous n'en sommes, pour le moment, arrivés qu'à cette étape provisoire!

Margoz se tut. Il ne tolérait que les conversations « vulgaires », manger, dormir en attendant la libération. Tout le reste était considéré par lui comme autant de fumées sans consistance.

– Les volontaires pour les corvées, restez ici. Les autres, retournez dans les baraques, vous accomplirez les travaux intérieurs, nettoyage des « chambres », des abords des maisons, creusement des feuillées, ramassage des fagots pour les cuisines!

Les groupes se reformèrent, d'âpres discussions s'engagèrent pour désigner les volontaires des corvées. Chacun des prisonniers avait au moins une bonne raison à faire valoir pour regagner son bat-flanc.

– Je suis malade, se plaignait Rémy, dont la maigreur accentuait encore le profil pointu de rat.

– Je suis fatigué, protesta Delbay.

– Nous sommes tous plus ou moins malades ou fatigués, répliqua Norris.

– Je suis volontaire, dit « Jo », ajoutant, avec logique : Il est nécessaire pour notre équilibre d'avoir des activités physiques! Je mets en garde ceux qui se laisseront aller à « faire du bat-flanc ». C'est le chemin le plus sûr vers le cimetière.

– Si tu vas chercher le riz, je viens avec toi, décida Margoz. Marcher me fera du bien.

Norris lui jeta un regard en biais.

– Toi, je te vois venir; tu as l'intention de prélever un impôt personnel sur ton chargement.

– Je suis Suisse, répondit l'intéressé.

– Il ne faudrait pas que les mauvaises habitudes prises pendant la marche se poursuivent ici, reprit Norris. Les corvées retombaient toujours sur les mêmes. Chacun doit y participer, à tour de rôle, c'est le moins que vous puissiez faire.

Il s'attendait aux récriminations coutumières. A sa grande surprise, Vercruyse vola à son secours.

– Norris a raison, trancha-t-il avec une autorité qu'il n'avait encore jamais manifestée avec autant de fermeté. Il ne doit plus exister de tire-au-flanc! Nous devons retrouver, dans ce camp, nos habitudes militaires!

C'était nouveau. Et inattendu. Vercruyse enchaîna :

– Pendant la marche, nous avons pratiqué le « sauve qui peut » individuel. Mais cette époque est révolue, nous n'avons plus d'excuse.

Il se tourna vers Norris :

– Tu as été un chef de groupe exemplaire. Mais je pense que la hiérarchie doit reprendre ses droits. Le moment est venu pour moi d'assumer, non pas la responsabilité, mais le commandement du groupe.

– C'est bien volontiers que je te cède ma place.

– Je montre l'exemple! Je suis volontaire pour la corvée de bambous. Delbay et Rémy, vous venez avec moi. Sans discussions. Qui va chercher le riz?

– Nous, dirent ensemble « Jo » Allenic, Margoz et Mallier.

– Et la corvée du cimetière?

Phongue rit :

– Il ne reste que Norris et Azam! Et moi, bien entendu.

Vercruyse renvoya les autres vers les baraques en les prévenant :

– Demain sera votre tour des corvées extérieures. Et je ne tolérerai pas d'absents à l'appel!

– Nous avons découvert Vercruyse! glissa Margoz à Mallier. Quelle autorité!

– Et quel vocaculaire! « Je ne tolérerai pas d'absents à l'appel! » L'adjudant se réveille!

– Il était temps!

– Je me suis fait avoir, dit Vercruyse, au cours de la réunion politique de l'après-midi. Je croyais que le transport du bambou était une sinécure. Fatale erreur : c'est lourd, c'est rigide et c'est très long! Et en plus, la piste zigzaguait, en toboggan, entre des buissons et des fondrières! J'avais l'impression d'être un déménageur essayant de faire passer un cercueil dans un escalier en colimaçon!

– Ne me parle pas de cercueil, répliqua Norris. Nous nous sommes appuyé la corvée du cimetière! C'est à ne pas croire! Les cadavres sont à moitié sortis des trous par les rats, ou d'autres rongeurs! Quant aux croix, n'en parlons pas, les termites s'en donnent à cœur joie. A croire qu'elles sont communistes elles aussi! Je suis atterré!

– Il faut faire attention où tu mets les pieds, renchérit Azam. Ou bien alors, tu risques d'enfoncer jusqu'aux genoux à travers une mince croûte de terre en piétinant un copain.

Il ajouta, prosaïquement :

– C'est tout de même un travail nécessaire, sinon les eaux de ruissellement s'infiltrent jusqu'à la rivière, où elles se mêlent aux eaux des cuisines!

Seule l'équipe des porteurs de riz montra un peu d'optimisme.

– Une promenade de santé, expliqua « Jo ». Les Bo doïs sont décontractés, et, finalement, les 15 kilos de riz par homme ne sont pas une trop lourde charge.

– Dans quoi les avez-vous transportés? s'enquit Phongue.

– Dans des pantalons dont les jambes sont attachées. Nous les mettons autour du cou, comme une bouée de sauvetage.

– Taisez-vous! souffla Michel Mallier. On va nous faire la lecture du journal! Enfin des nouvelles fraîches!

Un « Ancien » était monté à la tribune. Il déplia le journal, un numéro de *l'Humanité* dont il entreprit de lire quelques brèves nouvelles, soigneusement triées par le chef de camp. Grève à la S.N.C.F. Manifestation chez Renault. Agitation chez les mineurs...

– Les travailleurs de France en lutte contre le capitalisme, commenta « Monseigneur ».

– Donnez-nous plutôt des nouvelles sportives! cria un humoriste. Qui a gagné l'étape d'hier du Tour de France?

Le lecteur leva les deux mains, en signe d'ignorance, et crut devoir expliquer :

– Ce n'est pas dans le journal, il date du mois de février!

Il y eut quelques rires, quelques quolibets aussi :

– Est-ce qu'on sait quel est le réactionnaire qui a cassé le vase de Soissons?

Le chef de camp grimpa en vitesse sur sa chaire, leva les mains pour rétablir le calme.

– Je conçois, lança-t-il, que vous ne vouliez pas demeurer passifs pendant les séances d'éducation politique. C'est bien! Mais il ne faut pas que vos interventions soient stériles et qu'elles ne concernent que des questions futiles! J'estime que le moment est venu, pour vous, de prendre conscience des vrais problèmes politiques qui se posent à votre pays et que vous participiez, de façon active, à la lutte des travailleurs français, épris de paix, contre les impérialistes américains et leurs valets, les fauteurs de guerre!

– Ça y est, soupira Margoz. Juste au moment où nous allions nous distraire...

– Savez-vous qu'aux frontières mêmes de votre pays, les armées allemandes se préparent à la revanche? Demain, si vous n'y prenez garde, les fascistes vont reprendre les armes et massacrer une nouvelle fois les humbles prolétaires français!

En quelques phrases brèves, le chef de camp dépeignit une situation dramatique, évoquant les « hordes barbares des revanchards allemands s'apprêtant à déferler sur les plaines françaises », avec la complicité des « chéquards » et des « marchands de canons » prêts à contempler le carnage en fumant de gros cigares et en se livrant au « stupre » et à la « fornication »...

– Là, dit « Jo » qui commençait à s'amuser, il pousse le bouchon un peu loin.

Devant lui, dans les rangs des légionnaires « germaniques », se montra une certaine agitation. L'un d'eux cria, avec un fort accent teuton :

– Il faut libérer nous tout de suite! Je ne feux pas rater cela!

Négligeant l'interruption, « Monseigneur » poursuivit sa description apocalyptique, puis il enchaîna :

– Heureusement que les travailleurs français et leurs camarades allemands veulent fraterniser dans leur combat pour la paix. Ils ont solennellement condamné le projet criminel de la C.E.D. [1]

– Vous, prisonniers de guerre français, devez participer à cette lutte! Refusez la C.E.D.! Opposez-vous à ce projet belliciste qui ne peut que rallumer la guerre dans une Europe à nouveau dévastée!

Il se tut, une seconde, puis il ordonna :

– Levez-vous! Et criez avec moi : « Non à la C.E.D.! »

Mollement, les prisonniers se levèrent, en bredouillant le slogan dans un murmure à peine perceptible.

– Vous manquez de conviction! observa « Monseigneur » sans se départir de son onction naturelle. Êtes-vous partisans de la paix?

– Bien sûr, répondirent quelques voix.

– Alors, vous devez le clamer, de toutes vos forces! – Il leva le poing gauche. – Faites comme moi! Criez : Vive la paix en Indochine! A bas la C.E.D.!

Quelques rares poings se dressèrent, aussitôt baissés.

– Vous semblez ne pas comprendre, constata le chef de camp. Je viens de vous donner un ordre! Quelques-uns d'entre vous éprouvent peut-être des scrupules à montrer leur amour de la paix! Cela prouve combien est encore enracinée en eux la propagande impérialiste. Il faut l'extraire de vos esprits! – Et il conclut, suave : Le plus tôt sera le mieux. Mais je ne suis pas pressé, votre riz de ce soir risque seulement d'être entièrement brûlé...

1. Projet de constitution d'une défense commune de l'Europe occidentale où les forces de l'O.T.A.N. étaient intégrées sous commandement unique. Le projet s'appelait « Communauté européenne de défense ». Il fut combattu à la fois par les communistes et les gaullistes, et ne vit pas le jour.

Vercruyse se retourna et, s'adressant aux hommes de son groupe :

– Notre vie est en jeu, dit-il. Je prends la responsabilité de tout et je vous ordonne d'obéir au chef de camp!

Un peu partout, au milieu du rassemblement, les chefs de groupe semblaient distribuer des consignes identiques. Norris entendit, près de lui, un vieux sous-officier marocain apostropher l'une de ses ouailles en termes vigoureux :

– Il y a promesse de mariage entre godillot *diali, fil terma dialek*! [1]

Le résultat sembla satisfaire le chef de camp. Il ne remarqua pas que, sur les travées du fond, Norris et « Jo » avaient ensemble levé les deux mains en fredonnant :

– Ainsi font, font, font...

Plusieurs jours s'écoulèrent, qui devaient rester dans la mémoire des prisonniers comme un cauchemar éveillé dont ils semblaient ne jamais devoir émerger. Véritables robots, ils participaient, de moins en moins nombreux, aux corvées essentielles, assommés de fatigue, brûlants de fièvre, titubants de faiblesse.

Il faisait une chaleur d'étuve, au fond de la clairière où les moisissures s'épanouissaient sur les bat-flanc, sur les vêtements qui ne séchaient jamais, sur la peau des orteils, et même sur le riz. Les larves éclosaient, grouillant sous les baraques, dans les toitures, aux abords du ruisseau, moustiques, mouches, taons, punaises ou tiques.

Les hommes demeuraient hagards, étalés sur leurs couches, gisant, tels des cadavres, la bouche ouverte sur un air trop rare et saturé d'humidité, le corps en sueur, les membres rompus. Peu trouvaient le courage, ou la force de se traîner au-dehors et bien souvent, leurs déjections ajoutaient à l'aggravation des conditions d'hygiène.

Beaucoup d'entre eux n'arrivaient pas à surmonter les épreuves de la route. Il semblait qu'ils aient franchi un seuil irréversible d'où ils ne pourraient revenir.

Alors, ils se laissaient porter jusqu'à l'infirmerie, une

1. Promesse de mariage entre ma chaussure et ton cul.

baraque tout en bas du camp, la seule qui soit enclose de cloisons de *cai-phèn*, uniquement constituée de deux rangées de banquettes se faisant face, où, deux fois par jour, les malades recevaient des soins, généralement une compresse d'eau croupie, et percevaient, à chaque repas, une cuillère de lait concentré sucré.

A ce régime, rares étaient ceux qui ressortaient de cette baraque en utilisant la porte par laquelle ils y étaient entrés. Leur voyage s'achevait, à l'autre extrémité, dans une petite pièce, meublée d'une civière de bambou sur laquelle reposaient les morts en attendant que les fossoyeurs viennent les chercher.

Il y eut, pourtant, dans les premiers jours de l'arrivée au camp 42, une sorte de rémission, d'état de grâce, pendant lequel l'espoir d'une libération proche, contribua à soutenir le moral des plus atteints, qui se cramponnèrent, de toutes leurs maigres forces, au peu de vie qui leur restait.

Mais l'absence de nouvelles, le vide dans lequel ils se retrouvaient plongés, l'abandon quasi permanent de leurs camarades, occupés à des corvées extérieures, l'environnement débilitant de leurs frères en infortune, achevèrent de les détacher de leur envie de survivre. Une petite lumière venait brusquement de s'éteindre en eux.

Alors, ce fut l'hécatombe.

A certains signes, elle était pourtant prévisible. Les rangs s'éclaircissaient singulièrement au cours des rassemblements du matin dont étaient exempts les malades couchés et, au soir, à la conférence quotidienne de Monseigneur, l'effectif présent ne représentait plus guère que la moitié de ceux qui avaient franchi l'enceinte du camp quatre jours plus tôt.

Le chef de camp affectait d'ignorer qu'il ne s'adressait plus qu'à quelque 150 prisonniers, auxquels, sans trêve, il s'obstinait à parler des « bonnes conditions d'hébergement » qui leur étaient faites, et mettait au compte d'une « faiblesse passagère » les absences qu'il constatait.

Il osa même ajouter :

– Je souhaite que vos camarades soient rapidement rétablis. Nous ne pourrions en effet pas rendre à la liberté des hommes dont l'état de santé risquerait d'être utilisé comme un argument de propagande par les ennemis de la paix!

L' avertissement était clair. Il fit une énorme impression sur les auditeurs.

– Nous sommes condamnés à mort, dit Margoz, sombre.

Mais Monseigneur, imperturbable :

– C'est à vous, les prisonniers valides, d'expliquer aux camarades que la paresse est contre-révolutionnaire!

– Il est fou, grogna « Jo » Allenic.

– Non, répondit Norris. Il est fanatique. Il refuse d'accepter la réalité, si elle va contre sa foi, ou si elle ne concorde pas avec sa logique marxiste. Un prisonnier est par définition un homme qui se repent. Un malade est un lâche qui cherche à esquiver ses responsabilités.

« Dans son genre, il est encore bien plus redoutable que « Julot », parce qu'il n'a aucune haine contre nous. Son sens critique est complètement annihilé par son idéologie. Il ne voit le monde que comme il devrait être, suivant les critères qu'il a plus ou moins bien assimilés.

Monseigneur avait achevé sa mise en garde. Il passa, selon son habitude, à l'étude de cas concrets.

– Voici quelques jours, à Hué, raconta-t-il avec sérieux, une grande manifestation s'est déroulée pour réclamer la paix en Indochine. Le commandant de la garnison a envoyé la police « fantoche » et réactionnaire pour disperser cette manifestation, mais la police, éclairée par la foule, se mêla bientôt aux manifestants. Alors, l'on fit appel à un régiment de tirailleurs marocains. Mais les tirailleurs, à leur tour éclairés par la foule, se joignirent bientôt aux pacifiques travailleurs.

Dans le récit de Monseigneur, toutes les unités de la garnison de Hué étaient, à l'en croire, passées du côté de la rébellion, artilleurs, légionnaires, parachutistes, fraternisant à qui mieux mieux dans une ambiance « fraternelle et joyeuse » qui se prolongea jusque tard dans la nuit.

– Ne manquait plus que le feu d'artifice, lança Margoz.

Chapitre 14

20 juillet

1

Torse nu, son dos maigre arqué par l'effort, le front ruisselant de sueur dans un vrombissement lancinant de mouches en escadrilles compactes, Norris pelletait de la terre avec une sombre fureur. Ses cheveux et sa barbe, qui commençaient à repousser, lui faisaient un visage bicolore, en jaune et bleu. Depuis combien de temps creusait-il ainsi ? Il aurait été incapable de le dire et on ne l'aurait pas étonné en lui affirmant qu'il avait toujours effectué ce travail, tant il était devenu indissociable de son existence. Comme un forçat rivé à sa chaîne, il creusait, lui semblait-il, la même tranchée depuis sa première pelletée.

« Stakhanoviste » de la fosse, comme il se définissait lui-même parfois, il partait, chaque matin, vers le cimetière à la façon d'un paysan retournant vers son champ, sa pelle sur l'épaule, et n'en revenait qu'au soir, éreinté, hagard, au bord de l'évanouissement, pour reprendre souffle en écoutant les vaticinations de « Monseigneur » dont les phrases avaient du mal à se frayer un passage jusqu'à son cerveau embrumé.

Il n'y avait plus de relève. L'effectif du groupe numéro 2 ne le permettait plus, et, désormais, chacun des « valides » était devenu un « spécialiste ». « Jo » Allenic, Mallier et Margoz assuraient les corvées extérieures, Vercruyse, Rémy et Delbay, la collecte des fagots pour les cuisines.

Azam et Norris étaient fossoyeurs en titre.

Quant à Phongue, par le consensus général des délégués de groupes, il avait été élevé au poste d'interprète officiel. Une tâche dont il s'acquittait d'irréprochable façon, les prisonniers savaient, maintenant, qu'ils étaient défendus auprès du chef de camp ou de son adjoint, dans leurs incessants litiges avec les Bo doïs de garde. Il lui arrivait souvent d'atténuer, dans ses traductions, les propos un peu vifs que les Tou binh adressaient à leurs geôliers lorsque ces derniers les encourageaient à manifester un peu plus d'ardeur révolutionnaire.

– Dis à ce con que s'il continue à me les briser, je vais lui flanquer mon poing sur la gueule!

Et Phongue traduisait :

– Mon camarade a pris bonne note de votre observation, il promet de redoubler d'efforts.

La plupart du temps, le gardien trop zélé se satisfaisait de la réponse. Une fois, pourtant, un Viêt insoupçonnable jusque-là rétorqua dans un français impeccable :

– Conseillez à votre camarade un peu plus de modération dans ses paroles...

– Et pourquoi? demanda bêtement le coupable encore sous l'effet de la surprise.

– Je pourrais les comprendre, dit le Viêt en s'éloignant.

Tout comme les quelque vingt autres fossoyeurs « volontaires d'office », Norris et Azam n'avaient de la vie quotidienne du camp qu'une idée tout à fait factice. C'était un peu comme s'ils en avaient été exclus. Ils étaient des prisonniers à part, menant ailleurs une autre existence seulement rythmée par la recherche, le transport et l'inhumation des cadavres.

Il y en avait eu 24, le premier jour de ce qu'ils appelaient « la grande hécatombe ». Il y en eut 27 le lendemain, avec un fléchissement à 15 le jour d'après. Il est vrai qu'il s'agissait du 14 Juillet et que, ce jour-là, l'ordinaire avait été amélioré, même pour les malades.

Les fossoyeurs assistèrent, de loin, aux réjouissances « révolutionnaires » commémorant la prise de la Bastille, cette citadelle érigée, selon « Monseigneur », par les riches pour y enfermer les prolétaires.

Ce jour-là, le camp avait pris un air de fête, si l'on pouvait qualifier ainsi la floraison de slogans, rédigés au charbon de bois sur des panneaux de cai-phèn, accrochés au fronton des cagnas et célébrant, chacun à sa manière et dans plusieurs langues, la détermination des prisonniers à « lutter pour la paix ».

Il y eut un grand meeting où « Monseigneur » se surpassa en donnant, de la Révolution française, une version revue par Marx et corrigée par le folklore viêtnamien.

Louis XVI y était dépeint comme un « mandarin sanguinaire » dont le spectacle favori consistait à regarder du haut de son balcon les paysans ramasser les grains de riz que les aristocrates leur jetaient, pour se distraire.

Son discours achevé, il fit défiler devant les prisonniers médusés un couple allégorique symbolisant la Révolution permanente, en l'occurrence un Bo doï brandissant son fusil, incarnant la « marche triomphale du peuple viêtnamien ayant secoué le joug du colonialisme », avançant en sautillant, bras dessus bras dessous avec un prisonnier, pantalon effrangé, coiffé d'un bonnet phrygien approximatif et armé d'une pique de bambou, censé représenter un soldat de l'An II, « héros de la lutte des travailleurs français contre l'esclavage ».

Le « défilé » achevé, le chef de camp engagea les prisonniers à chanter leur hymne révolutionnaire, cette *Marseillaise* qui, selon lui, avait mené à la victoire les travailleurs et les prolétaires de tous les pays épris de justice et de liberté.

Les Français obéirent, avec cœur, même s'il s'en trouva pour se figer dans un garde-à-vous tout militaire, la main tendue, accrochée au bord de leur coiffure.

– Pour clôturer cette mémorable journée, annonça Monseigneur, voici deux bonnes nouvelles qui, je l'espère, vous réjouiront tous.

« En premier lieu, je vous annonce que votre menu sera amélioré. Vous toucherez, chacun, une portion de viande et, par groupes, un quart de mélasse.

« En second lieu, sachez que dès demain une bibliothèque sera ouverte à tous pour vous aider à parfaire vos connaissances politiques, et, également, pour vous distraire.

Si la première des « bonnes nouvelles » fut accueillie avec des transports d'allégresse par les Européens, elle provoqua une émeute parmi les Musulmans quand ceux-ci se rendirent compte que la viande en question (réduite, à l'usage, à une fine lamelle individuelle quand elle n'était pas constituée par des bribes d'os) était du porc. Pour calmer les esprits, Phongue fut chargé d'aller expliquer au chef de camp l'origine de l'incident. Bon prince, Monseigneur décida d'octroyer aux Nord-Africains une portion de riz supplémentaire.

Cela n'arrangea guère les choses. Le riz passa directement dans les feuillées, car il avait été mis à cuire dans les marmites qui avaient précédemment servi à la préparation du cochon.

– Dites à vos camarades qu'ils sont encore victimes de leur fanatisme religieux. L'obscurantisme est contre-révolutionnaire!

Mais Phongue se garda bien de transmettre cette appréciation à ses camarades.

La « bibliothèque » annoncée avec emphase s'avéra, dans la réalité, d'une minceur de choix consternante, exclusivement composée d'une dizaine de vieux numéros de la version française, passablement éculés, de la revue *Etudes Soviétiques* et d'un nombre égal d'exemplaires périmés de *l'Humanité*, d'ailleurs soigneusement expurgés des pages jugées « futiles », le sport, les spectacles et les faits divers.

Curieusement, ce fut *l'Humanité* que se disputèrent les prisonniers, et le chef de camp n'aurait pas manqué de s'en féliciter, si Delbay, qui avait décidé de jouer la carte du « progressiste », et manifestait depuis peu un « zèle socialiste » ostentatoire, ne lui avait révélé le véritable motif de cet engouement subit.

– Les numéros de *l'Humanité* sont imprimés sur du papier « avion ». Certains de mes camarades (dont il livra les nom) ont commis le sacrilège de s'en servir pour rouler leurs cigarettes!

Comme récompense, Delbay reçut une banane séchée qu'il dégusta, seul, derrière la baraque tandis que les coupables, après avoir été sermonnés, durent effectuer devant les prisonniers rassemblés à l'heure de la conférence quotidienne une autocritique d'autant plus remarquée que c'était la première fois qu'un tel exercice était pratiqué.

– Nous demandons humblement pardon à tous ceux que nous avons injustement privés de l'occasion d'être informés objectivement sur les luttes et les espoirs des travailleurs français, dirent-ils, repentants.

L'autocritique devint, dans les jours suivants, l'un des temps forts des séances de rééducation par la réflexion et le retour sur soi-même.

Margoz lui-même en fit l'expérience. S'étant fait surprendre en train de dissimuler un pochon de riz, dérobé au cours d'une corvée de ravitaillement, il fut obligé d'exprimer publiquement sa sincère contrition, et jurer solennellement de ne jamais plus recommencer.

– Je tiendrai parole! assura-t-il.

Il tint parole en effet. A partir de ce jour-là, Margoz ne vola plus que du sel, des bananes ou du tabac.

2

Norris acheva de recouvrir le cadavre, un petit Arabe auquel la mort avait rendu un visage d'enfant apeuré Puis il ficha sa pelle dans le sol meuble et lança à Azam :

– J'en ai marre. J'arrête pour aujourd'hui.

– Moi, répondit le gendarme, je n'ai pas fini. Le « mien » était un géant! Pas loin de deux mètres! J'ai été obligé d'agrandir la fosse. C'est pas du travail!

L'un et l'autre avaient atteint un point de saturation tel qu'il confinait à l'indifférence et les morts qu'ils inhumaient n'étaient plus pour eux, que des données techniques, sans qu'ils éprouvent le moindre sentiment, ni tristesse, ni compassion. Seulement les égards indispensables pour éviter aux cadavres la profanation des rongeurs de la forêt.

Sa veste sur l'épaule, Norris quitta l'enclos du cimetière et emprunta le petit sentier qui descendait vers le ruisseau. Là, suivant son habitude, il se mit nu et procéda à de longues et minutieuses ablutions. Puis il s'allongea, les yeux ouverts sur la fuite des nuages dans le ciel, le corps lavé, le cerveau vide.

Généralement, « Jo » Allenic venait ponctuellement le retrouver et, après s'être lui-même nettoyé, il s'allongeait à son tour et les deux amis échangeaient quelques brèves phrases sans importance, entrecoupées de longs silences complices.

Ce soir, « Jo » tardait à venir. Cela lui arrivait parfois, lorsqu'il avait été expédié en corvée lointaine qui nécessitait deux jours de délai, lorsque les dépôts avaient été déplacés ou simplement vidés par les prisonniers d'un camp du voisinage.

Norris ne s'alarma donc pas. Il se releva lorsque le soleil disparut derrière le grand *lim* qui couronnait la clairière, et, après avoir enfilé sa veste, il effectua la traversée du marigot avant d'entamer le raidillon qui menait à sa baraque.

Mallier l'y attendait, le visage grave.

– « Jo » est malade, dit-il très vite. – Avant-hier, au cours de la corvée de transport du cochon du 14 Juillet, il a eu un évanouissement. Cela ne s'est pas arrangé...

– Un évanouissement? Pourquoi ne m'en avoir rien dit?

– Qu'est-ce que cela aurait changé? Je l'ai obligé à rester dans la baraque toute la journée et Margoz nous a déniché un peu de lait pour lui faire un bouillie de riz. Mais je suis inquiet...

Norris se précipita, le cœur chaviré, s'attendant au pire. Et ce qu'il vit le consterna.

« Jo » était allongé, les yeux clos, mais le visage crispé de souffrance. Le souffle court, rauque, il usait ses dernières forces à conserver, malgré tout, une attitude digne. Aucune plainte ne sortait de ses lèvres exsangues.

– « Jo »! appela Norris, doucement. – C'est moi, Norris. Comment te sens-tu?

« Jo » ouvrit les yeux, esquissa un pâle sourire et sa main chercha celle de son ami, qu'il serra, faiblement.

– Pas très bien, je le crains.

– Allons, du courage, ce n'est qu'une faiblesse passagère. Tu as trop présumé de ta résistance. Repose-toi. Nous allons veiller sur toi.

Le malade cligna des yeux, un assentiment, une façon de laisser croire qu'il était dupe de ce pieux mensonge.

– Combien de morts, aujourd'hui ?

– L'hécatombe a recommencé. Nous avons encore mis en terre vingt-six malheureux camarades.

– A ce rythme, combien seront les rescapés ?

– La libération n'est sûrement plus qu'une question de jours, affirma Norris. – Des bruits courent d'une signature imminente de la paix.

Il avait décidé de mentir. L'espoir pouvait, seul, aider son copain à tenir. Mais « Jo » fit « non » de la tête :

– Des bruits, toujours des bruits...

– De quoi as-tu besoin ? Si tu veux, je vais extorquer au chef de camp ou à Tot Ka une banane ou un œuf ?

– Ne te donne pas cette peine. J'ai eu tout ce qu'il me fallait, Mallier et Margoz sont d'excellents gardes-malades!

Norris resta là longtemps, sans parler. Il était tellement effondré qu'il n'éprouvait pas la haine qui l'avait envahie à la mort du lieutenant Dubourg. Il se maudissait d'être aussi inutile, aussi impuissant, face à la maladie de celui auquel il avait voué une admiration sans borne. Il pensait seulement :

« C'est trop injuste à la fin! Pourquoi lui! Pourquoi ? »

Et il pria, pour la première fois depuis l'enfance, il implora le Seigneur.

– Ne nous faites pas cela, mon Dieu! N'importe qui d'autre, moi si vous voulez, mais pas lui. Pas ça!

Peu à peu, les valides du groupe numéro 2 se rassemblaient auprès de leur camarade. Ils étaient quelques-uns à l'avoir critiqué, parfois même à l'avoir injurié. Mais ils avaient fini par l'admirer, par admettre que le courage dont il avait fait montre tout au long de l'épreuve n'était pas seulement une attitude dictée par quelque sentiment de supériorité, mais seulement par le souci de témoigner, en donnant l'exemple, de la dignité d'un prisonnier.

Spontanément, tous décidèrent d'organiser un tour de veille pendant la nuit. C'était d'autant plus méritoire qu'il était rigoureusement interdit aux Tou binh de se déplacer entre l'extinction des feux et le signal du réveil, l'un et l'autre annoncés par un gong. Pour leurs besoins naturels, ils disposaient de khènes de bambou, placés sous la baraque, qu'une corvée allait vider au matin.

Tard dans la soirée, « Jo » appela Norris.

– Qu'ont-ils fait de nous ? constata-t-il, avec désespoir.

Puis il ajouta :

– Te rappelles-tu ? Un jour, j'ai demandé jusqu'à quel point de déchéance l'on pouvait aller pour survivre. Moi, je sais. Et je n'irai pas plus loin. Pas plus bas.

Norris ne répondit pas. Allenic avait donné sa réponse.

Vers minuit, il sembla se réveiller d'un long cauchemar et se dressa sur un coude :

– Dans trente ans, dans quarante ans, si vous survivez, vous resterez marqués par l'épreuve que nous avons traversée. Revient-on, intact, de l'enfer ?

Puis il se recoucha. Il ne devait plus rien dire d'autre.

« Jo » Allenic fournit encore un dernier effort pour rendre l'âme. Et quand il mourut, à l'aube, son visage tendu exprimait l'attente d'autre chose.

Norris lui avait fermé les yeux. Ils le portèrent, en cortège, jusqu'à la rivière où ils le lavèrent, et le rhabillèrent avec des soins attentifs. Puis ils le roulèrent dans sa moustiquaire, misérable linceul et l'accompagnèrent jusqu'au cimetière.

Il n'était pas de coutume, au camp, de fournir à un mort une escorte importante. Pour les Viêts, un cadavre de prisonnier ne représentait que la dépouille d'une sorte de déserteur qui n'avait trouvé que ce moyen pour échapper à la rééducation. Ils se montrèrent donc surpris des honneurs inhabituels rendus à « Jo ».

Ils ne manquèrent pas, non plus, d'observer qu'au passage du brancard sur lequel ses camarades l'avaient hissé, tous les prisonniers de tous les groupes, sans exception, se levaient et saluaient.

Le premier réflexe des gardiens fut, évidemment, de tenter de disperser le cortège et de réexpédier les hommes qui le composaient, à leurs tâches réglementaires. Mais, aux regards qui se posèrent sur eux, exempts de crainte ou de servilité, pleins, au contraire, de ferme assurance, ils s'écartèrent et, pour quelques-uns, ils présentèrent les armes.

Norris et Azam choisirent, pour l'emplacement de la tombe, un endroit qui dominait le cimetière, à l'ombre d'un banyan dont les racines offriraient une protection contre l'invasion des bêtes de la forêt.

Puis, après avoir enseveli leur camarade, les prisonniers du groupe respectèrent une longue minute de silence. Tout près, des Allemands enterraient aussi l'un des leurs, un sous-officier du 2e bataillon étranger de parachutistes nommé Hertel.

C'était probablement leur « Jo » à eux, car ils étaient venus, nombreux, l'escorter jusque-là.

A leur tour, ils se figèrent, et, unissant dans leur chant d'adieu les deux sous-officiers rassemblés dans la mort, ils entonnèrent, gravement :

Ich hatt' einen Kameraden...

3

La mort de « Jo » avait frappé de stupeur les hommes du groupe numéro 2. Tout se passait en eux comme si, inconsciemment, ils avaient considéré « Jo » comme un rempart face à l'adversité, la maladie, les Viêts. Et voilà que ce rempart venait de s'abattre, les laissant sans défense.

– Qu'allons-nous devenir, maintenant? se demandaient-ils avec angoisse, découvrant brusquement qu'ils étaient livrés à eux-mêmes, sans critère sur lequel calquer leur attitude, sans exemple auquel se raccrocher.

« Jo » avait fini par emporter l'adhésion de tous, ce qui était loin d'être le cas avec Vercruyse, ou Norris, auxquels l'on reprochait, au premier, d'affirmer son autorité de façon trop cassante, au second, son caractère intransigeant et ses manières brusques.

Ils se sentaient soudain orphelins.

En d'autres temps, ce sentiment n'aurait sans doute constitué que l'un des aspects de la fluctuation de l'état d'esprit général. Au camp, cela prit l'aspect d'une déroute morale sans précédent. Deux Français, ceux-là mêmes que Delbay avait dénoncés la semaine précédente, moururent le surlendemain, minés de misère et de désespoir.

Le groupe s'amenuisait à vue d'œil. Terrorisés, les survivants prirent de façon aiguë conscience de la précarité de leur situation. La mort frappait, de plus en plus fort, de plus en plus vite. Une sorte d'épidémie qui devint psychose, qui amena les hommes à se désintéresser de leur meilleur copain, au point de le traîner jusqu'au mouroir que les Viêts s'obstinaient à appeler « infirmerie » au plus petit signe de faiblesse.

Norris et Azam étaient atterrés. Chaque jour amenait au cimetière des cadavres en nombre croissant. De vingt-sept le 18 juillet, le chiffre grimpa à trente-deux le 19 pour atteindre un triste record de trente-neuf le lendemain.

Leur travail était d'autant plus pénible qu'ils devaient faire face à cet afflux supplémentaire de cadavres avec un effectif de plus en plus restreint. Car ni la maladie, ni la mort n'épargnaient la petite équipe des fossoyeurs « patentés ». Sur la trentaine de prisonniers qu'elle comptait à ses débuts, elle avait été progressivement réduite de presque la moitié.

Et les rescapés avaient conscience d'être en sursis, vivant en permanence au contact de la pourriture, de la sanie et des odeurs délétères.

Ils avaient, tous en commun, le souci de servir, seuls parmi les Tou binh à pouvoir rendre à leurs malheureux compagnons les ultimes devoirs. Même si, pour cela, ils devaient effectuer de nombreuses heures d'un travail exténuant, et qui se prolongeait souvent bien au-delà des délais réglementaires.

Ce 20 juillet, ils déposèrent leurs outils au moment où le soleil avait déjà déserté la clairière. Puis, selon la tradition, ils allèrent, ensemble, procéder aux ablutions indispensables, un peu en amont du ruisseau, hors de vue des Bo doïs qui s'offusquaient de ces corps entièrement nus.

La rumeur du camp leur parvenait, assourdie, comme s'il avait été implanté à des distances sidérales. C'était devenu, au fil des jours, une sorte d'univers dont ils ne partageaient ni le quotidien, ni les espoirs, ni les peines. Ils vivaient parmi les morts.

Il leur sembla, ce soir-là, déceler une agitation inhabituelle. Il y eut même des cris, des clameurs, suivies d'applaudissements.

– Que se passe-t-il donc ? demanda Azam.

– Oh ! répondit Norris, évasif, encore « Monseigneur » qui leur promet la lune.

– Je ne crois pas que cela soit suffisant, corrigea Rombardière, un para du Groupe n° 1. – Son visage s'épanouit : Et si c'était la quille ?

Norris haussa les épaules, mais le mot avait fait mouche. L'équipe se disloqua, chacun attrapant ses vêtements à la volée, s'habillant en hâte pour regagner, à pas pressés, le « théâtre de verdure » lieu ordinaire des conférences.

Ils y arrivèrent peu après, essoufflés, et n'eurent pas besoin de longues explications pour comprendre qu'en effet, la bonne nouvelle était arrivée. Les prisonniers s'embrassaient, esquissaient des pas de danse. Certains fraternisaient avec les Bo doïs qui n'étaient pas les moins joyeux. Il régnait une atmosphère de folie désordonnée.

– C'est vrai ? interrogea Norris, encore sceptique. – C'est fini ? Vraiment fini ?

– Oui, affirma Mallier. Le chef de camp l'a annoncé solennellement voici un quart d'heure : le cessez-le-feu en Indochine a été signé voici plusieurs jours. Il prend effet aujourd'hui, 20 juillet.

Le souffle coupé, Norris se laissa tomber sur un banc. Il ne pouvait pas y croire tout à fait. Ou, plus exactement, il n'arrivait pas à se persuader que le cauchemar allait s'achever.

« Tout ce temps perdu », songeait-il.

Il pensait à tout ce qu'il avait enduré, tous ces visages effacés, tous ces noms qu'il lui faudrait graver dans sa mémoire. Son cœur se serra à l'idée que « Jo » ne serait plus là pour vivre cet instant fabuleux.

Indifférent à la liesse générale, muré dans son silence, il pleura. Sans bruit.

4

Michel Mallier s'éveilla avec, dans la bouche, un goût amer de bile et, dans la tête, le souvenir de rêves déplaisants comme des remords. Il n'arrivait pas à reprendre pied dans la réalité, et, du reste, la réalité n'avait rien qui puisse le satisfaire. Il y avait toujours le même décor, les mêmes Viêts, tout aussi hargneux qu'hier, les mêmes copains maussades et, dans l'immédiat, la même perspective d'une journée de travail, aussi pénible, aussi dépourvue d'attraits que celles qu'il avait passées depuis son arrivée au Camp 42.

Il dut faire un énorme effort de persuasion pour s'obliger à croire que c'était fini, que la paix était signée et qu'il allait bientôt être libre. Ce n'était qu'une question de jours.

Il dut se rendre à l'évidence, c'était précisément cela qui le tracassait, qui lui faisait la langue amère et qui le torturait même durant son sommeil, il avait failli à sa promesse, il ne s'était pas délivré lui-même. Comme tous ses camarades, il en était réduit à attendre le bon vouloir de ses geôliers, et passé le moment d'euphorie qui avait déferlé sur l'assistance, la veille au soir, tout était redevenu comme avant. Les Viêts n'étaient pas pressés, comme s'ils tenaient, jusqu'au bout, à démolir encore un peu plus leurs prisonniers en s'obstinant à jouer sur le registre à deux notes, espoir-désespoir.

D'ailleurs, ce matin, il ne semblait plus être question, ni de cessez-le-feu en Indochine, ni de paix, ni de libération prochaine, la routine avait repris ses droits.

Ils étaient nombreux autour de Michel Mallier à avoir imaginé que l'annonce de la fin de la guerre transformerait leur vie, bouleverserait leur existence, un peu comme s'ils s'attendaient à être transportés, d'un coup de baguette magique, directement du Camp 42 aux rives de la liberté. Mais le Camp 42 – et sans doute les autres camps du voisinage – était loin, très loin dans le Nord et pour le quitter, pour arriver jusqu'à Hanoi, il n'existait aucun autre moyen que la marche à pied.

Parmi les rescapés, qui serait encore en état d'en supporter les fatigues?

– Les Français pourraient, au moins, nous envoyer des camions pour nous récupérer, observa quelqu'un.

– Ils pourraient faire mieux, il y a des hélicoptères à Hanoi! ajouta un autre.

Mallier observa surtout que ses camarades disaient « les Français » exactement de la même façon qu'ils disaient « les Viêts » ou « les Américains ». Un peu comme s'ils s'étaient sentis étrangers à tous, leur état présent de prisonniers en faisant des sortes d'apatrides, sans nationalité définie, des parias, exclus, dépossédés, rejetés.

Dans leur esprit les Français étaient des gens qui avaient continué à mener leur guerre, sans se soucier de ceux que le hasard et la malchance avaient contraints à se retirer du jeu, et qu'on avait rayés des effectifs, d'un simple trait de plume. Bien sûr, ils avaient tort de penser cela, mais pouvait-on le leur reprocher? Jamais les Viêts ne les avaient tenus informés de ce qui se passait au-dehors; au contraire, ils les avaient ancrés dans cette certitude qu'ils étaient les grands oubliés de la guerre.

Comment, après cela, être objectifs? Voir plus loin que les limites du camp, îlot volontairement coupé du monde?

« Il faut que je m'en aille, se redit encore Mallier. Même si cela ne sert plus à rien. La guerre est finie, soit, je ne serai donc pas un évadé. Mais je redeviendrai un homme libre, se déplaçant librement dans la direction que j'aurai choisie. »

En théorie, ce raisonnement pouvait se concevoir, mais sa réalisation se heurtait exactement aux mêmes obstacles qu'une évasion ordinaire. Comment en effet quitter le camp? Et, même si ce problème était résolu, comment, par la suite, parcourir les quelque soixante-dix kilomètres qui le séparaient de la Rivière Claire? Et après?

« Si je me laisse impressionner par ces difficultés, se dit Mallier, jamais je ne ferai le premier pas. »

Il aurait bien aimé avoir l'opinion de Norris, mais son camarade avait repris, comme à l'accoutumée, le chemin du cimetière, exactement comme s'il ne s'était rien passé ou bien encore, ainsi qu'il en donnait l'impression, comme s'il préférait la compagnie des morts à celle des survivants. Il ne pouvait pas deviner que Norris avait volontairement décidé que les fossoyeurs demeuraient la dernière communauté encore fréquentable, des hommes silencieux, travailleurs, les seuls à savoir quelle était la réalité du « Camp de rééducation par la réflexion et le repentir » : un abattoir. En trois semaines, plus de deux cents cadavres avaient été enterrés.

– Exactement deux cent sept, avait précisé Azam, le gendarme, qui tenait scrupuleusement à jour la liste des morts quotidiens sur une feuille de papier, arrachée à un exemplaire de la revue communiste *Temps nouveaux*. Tu comprends, avait-il ajouté, je suis obligé d'être précis pour pouvoir rédiger mon rapport le jour de la libération...

Déjà, le gong du matin appelait les valides au rassemblement. Ceux-ci n'étaient plus guère qu'une cinquantaine, tenant debout par un miracle de la volonté, et que seule aiguillonnait la curiosité. Ils étaient impatients d'apprendre de quelle façon les Viêts envisageaient les modalités du départ.

Tot Ka arriva, suivi de son escorte habituelle de Bo doïs au visage renfrogné, baïonnettes basses.

– Tout le monde doit participer aux travaux de propreté du camp, déclara-t-il pour ne pas faillir à la tradition, ni démériter son surnom.

– Et la quille ? demanda une voix.

Tot Ka promena sur ses prisonniers un regard plein de commisération.

– Vous ne pouvez pas être rendus aux autorités françaises dans cet état! Aucun d'entre vous n'a pris soin de ses affaires, et vos vêtements sont sales, déchirés, hors d'usage. Nous ne voulons pas que la propagande impérialiste se serve de vous pour nous accuser de mauvais traitements!

« Aussi, dans sa grande clémence, le président Hô Chi Minh (*muôn nam!*) a décidé de distribuer, à chacun d'entre vous, des habits neufs.

« Vous devez désigner, dans chaque groupe, des équipes de trois hommes qui se rendront à Chiêm Hoa afin de percevoir ces tenues neuves dont vous devrez prendre un grand soin. Le Viêtnam et un pays pauvre, c'est un grand sacrifice qui a été imposé à son peuple pour vous offrir ces habits. Mais c'est le témoignage de l'affection des habitants du Viêt-nam, et le gage de l'amitié de nos deux peuples.

– Il était temps, grogna Margoz. – Tu vas voir qu'ils vont même nous donner des chaussures, après nous avoir fait marcher pieds nus pendant huit cents kilomètres!

Comme à son habitude, Tot Ka avait laissé passer quelques secondes pour que les prisonniers aient le temps de s'imprégner de ses paroles. Il ajouta :

– Avant le départ de cette corvée, nous allons vous

demander de remplir une dernière petite formalité. Quelques Bo doïs vont passer dans vos rangs et vous remettre une feuille de papier.

Un grand silence accueillit cette annonce qui n'augurait rien de bon.

– Encore un chantage de plus, souffla Margoz en regardant le bout de mauvais papier bambou que l'on venait de lui remettre.

– Vous allez, chacun, rédiger et signer le texte que voici :

« Moi, Untel, prisonnier français de l'Armée populaire du Viêtnam, déclare solennellement n'avoir fait l'objet pendant ma captivité d'aucun sévice ou mauvais traitement de la part des soldats, des gradés ou des cadres viêtnamiens.

« Ensuite, vous daterez et vous signerez.

« Vous disposez d'un quart d'heure!

Mallier contempla rêveusement sa feuille de papier. Il ne pouvait se résoudre à écrire le premier mot. Il pensait à la marche, il pensait au camp, et le visage torturé de « Jo » s'interposa devant ses yeux.

– Est-ce que Norris va signer ça? demanda Phongue, à haute voix.

Tot Ka était à côté de lui. Il entendit la question, saisit la manche du prisonnier, qu'il secoua vigoureusement :

– Norris n'a pas à signer cette déclaration! tonna-t-il, le visage tordu de fureur. – Norris est un déserteur! Il aurait dû subir le juste châtiment de ses crimes, et nous lui avons fait grâce de la vie! Mais, en cherchant à fuir, il s'est exclu de lui-même du bénéfice de la clémence du peuple!

« Mais vous! Signez, je vous l'ordonne!

Phongue hésitait toujours.

– Vous a-t-on battu? lui demanda Tot Ka.

– Non.

– Vous a-t-on donné à manger?

– Oui, quoique...

– Vous a-t-on torturé?

– Pas vraiment.

– Alors, signez!

– Mais, tous ces morts...

Tot Ka balaya l'argument :

– De quoi vos camarades sont-ils morts ? Ont-ils été fusillés ? Ont-ils été pendus ? – Il enfla la voix et lança cette terrible phrase : Vos camarades sont morts parce qu'ils avaient le dégoût de leur propre vie, le remords de leurs crimes; ils se sont fait justice eux-mêmes!

Il s'éloigna, les mains tremblantes de rage contenue.

– Signez, ordonna Vercruyse. – Nous n'en sommes plus à un mensonge près. D'ailleurs, notre apparence physique rétablira la vérité.

Pour se rendre à Chiêm Hoa, la corvée d'habillement emprunta le chemin des écoliers, passant à travers des villages que le convoi avait soigneusement évités à l'aller. Et chaque passage donnait lieu à une manifestation patriotique, où les enfants frappaient dans leurs mains en chantant des comptines à la gloire de Ho Chu Tich et du Dang Lao Dong, les femmes servaient du thé et les cadres infligeaient à leurs hôtes de passage de longs discours ânonnés sur le thème de la réconciliation des peuples français et viêtnamien.

Il fallut trois journées entières pour parvenir à destination.

Là, en un cérémonial aussi grandiose que compliqué, un intendant viêtminh tatillon et soupçonneux confectionna des ballots de vêtements constituant le paquetage « de la Liberté », comportant une chemise et un pantalon de toile bleu pétrole, un casque de latanier, évoquant comiquement le chapeau du pêcheur à la ligne, un ceinturon de toile, sans oublier, ainsi que l'avait prévu Margoz, une paire de sandales de tennis, que les Bo doïs appelaient « Ba Ta » du nom du fabricant hongrois.

Les ballots ainsi constitués furent arrimés à de longs bambous et confiés, chacun, à leurs porteurs.

– Je ne rentre pas au camp, déclara, à mi-voix, Michel Mallier à son voisin Margoz.

Margoz se montra à peine surpris.

– Je m'en doutais un peu. – Puis il ajouta, avec un sourire ironique : Avec ta nouvelle tenue, tu passeras totalement inaperçu, tu as l'air d'un touriste.

Mallier s'était, en effet, habillé de pied en cap.

– Au revoir, ajouta Margoz en lui tendant la main. – Je ne te dis pas « bonne chance », mais...

– Ne le dis pas, je sais que tu as horreur des gros mots.

D'un pas naturel, il se dirigea vers la sortie de l'enclos qui enserrait le dépôt de vêtements, saluant, au passage, la sentinelle à laquelle il déclara, d'un ton aimable :

– *Di vê Phap!*[1]

Le Bo doï accepta l'explication et entérina, de la tête, la décision de cet homme tranquille.

– *Di vê Phap!* répéta-t-il, comme un encouragement.

Et Mallier s'en alla, de la démarche paisible du promeneur dont la conscience n'est effleurée par aucun doute. En réalité, son cœur battait la chamade, les paumes de ses mains étaient moites d'angoisse et il dut faire effort pour ne pas céder à la tentation de se mettre à galoper, encore qu'il en eût été physiquement incapable.

Il quitta la piste principale, s'engagea sur le layon menant au bac sur le Song Gam qu'il franchit en compagnie d'un groupe de déserteurs français qui ne lui posèrent aucune question. La curiosité était en effet un défaut contre-révolutionnaire, et, dans bien des cas, considérée comme un acte d'espionnage.

Une fois sur l'autre rive, il se retourna.

Là-bas, à une centaine de mètres, la corvée reprenait lentement le chemin du camp. Il vit, ou crut voir, une main qui, de loin, lui adressait un signe d'encouragement. Margoz? Il n'aurait pu le lire avec certitude; il s'aperçut qu'il avait les yeux embués d'émotion.

5

Juillet touchait à sa fin. La veille, au retour de la corvée, les Viêts avaient, en grande pompe, procédé à la cérémonie de distribution des vêtements. « Monseigneur » avait à cette occasion fourbi un discours de gala, qu'il assena, sans aucun

1. Je rentre en France.

complexe, à des prisonniers médusés. Cette fois, il s'était vraiment surpassé.

Il fit dresser au milieu de l'esplanade centrale du camp un énorme bûcher, fagots et bambous, sur lequel les prisonniers furent invités à jeter leurs vieux habits, « symboles périmés de leur ancien état d'oppresseurs du peuple viêtnamien, et de valets stipendiés de l'impérialisme américain ».

Une fois allumé le « grand feu révolutionnaire et purificateur, image de la foi révolutionnaire » qui consumerait désormais le cœur des nouveaux « combattants de la paix et de l'amitié des peuples », autrefois prisonniers de leurs préjugés, maintenant libérés par la prise de conscience de la Vérité », il exhorta les Tou binh à exécuter autour du brasier une farandole « joyeuse » dont lui-même prit la tête, en scandant :

– *Ho Chu Tich, muon nam! Viêtnam, muon nam! Phap Quoc, muon nam!*[1] *Hoa Binh, muon nam!*

La farandole « joyeuse » prit rapidement l'aspect d'une danse macabre, exécutée, sans vivacité ni entrain, par une poignée de mannequins hagards aux vêtements trop vastes pour leurs maigres carcasses.

– Regagnez vos baraques, ordonna enfin « Monseigneur » alors que la flambée jetait ses derniers feux. Nous partirons demain matin afin de vous rendre au plus vite à vos familles qui vivent dans l'angoisse depuis de nombreux mois.

Levés bien avant l'aube, les prisonniers s'affairaient, fébriles, ficelant leurs baluchons, bouclant leurs sacs, répartissant, entre les groupes, les brancards sur lesquels avaient été arrimés les malades, extraits de l'infirmerie.

Les conversations allaient bon train, l'impatience rongeait les esprits. Il semblait que le simple mot de « départ » ait redonné tonus et santé aux Tou binh, qui ne rechignaient plus à prêter main-forte à leurs camarades.

Dans un coin de la baraque, Norris avait entrepris d'arracher les bambous de la charpente. Il s'acharnait, avec des « han » de bûcheron, mettant dans ses gestes une sorte de rage destructrice.

1. Vive le Viêtnam, vive la France, vive la paix!

– Qu'est-ce qu'il te prend? interrogea Vercruyse, alarmé. Tu veux encore t'attirer des ennuis?

– Fiche-moi la paix, veux-tu? riposta Norris, sèchement. Et occupe-toi de tes affaires!

– Je suis encore le chef du groupe!

– Tu ne t'es pas regardé? Avec ton pyjama bleu, tu n'es plus rien qu'un taulard déguisé en épouvantail!

Absent à la cérémonie de la veille, Norris était encore l'un des rares prisonniers à avoir pu conserver son uniforme, même si celui-ci n'était plus guère qu'une serpillière, mangée de crasse, pleine de trous.

– Puis-je tout de même savoir pourquoi tu es en train de démantibuler cette cagna! Tu vas la flanquer par terre!

– Et alors? A qui veux-tu qu'elle serve? A des prisonniers? Mais il n'y a plus de prisonniers, « Monseigneur » vous l'a expliqué hier soir! [1] Nous sommes des « mercenaires rééduqués » qui avons bien mérité d'être enfin restitués à nos familles...

Il se désintéressa de Vercruyse et appela Azam.

– Es-tu prêt?

– Oui, répondit le gendarme.

Les deux camarades s'éloignèrent en direction du ruisseau. Norris portait sur son épaule deux grandes perches de bambou d'inégale longueur, Azam serrait entre ses bras un khène dont il avait fermé l'extrémité à l'aide d'une capsule de terre glaise. A l'intérieur, de son écriture appliquée, il avait écrit sur un bout de papier : « Ici reposent les corps de 237 soldats français. »

Arrivés au cimetière, ils creusèrent un trou dans lequel ils plantèrent les deux bambous, maintenant liés en une croix haute de trois mètres, au pied de laquelle Azam enterra son papier.

Cela fait, ils respectèrent une minute de silence, au bout de laquelle Norris dit simplement :

– Adieu « Jo »! Adieu, les copains! Nous ne vous oublierons jamais!

1. Norris se trompait, le Camp 42 devait abriter, pendant trois ou quatre jours, les officiers du Camp nº 1, en transit vers la Rivière Claire. Ceux-ci le baptisèrent « Camp des mouches ».

Chapitre 15

3 août

1

Loin, dans le nord, les échos de grondements apocalyptiques qui étaient parvenus jusqu'à eux leur avaient, un instant fait redouter qu'il s'agisse de bombardements de l'aviation. Des bruits coururent la colonne, en marche vers Chiêm Hoa, selon lesquels les pourparlers rompus, le cessez-le-feu aboli, la guerre avait brusquement recommencé.

Les cadres et les Bo doïs se gardèrent bien de démentir ces rumeurs.

Heureusement, ce n'étaient que des orages, qui s'abattirent bientôt sur le Convoi 42 et ses quelque 80 rescapés, transformant la piste en torrent de boue, et les tenues neuves en chiffons bons à tordre.

Lorsqu'ils arrivèrent enfin sur les rives du Song Gam, la rivière avait doublé de largeur, devenue torrent charriant des eaux jaunes et limoneuses.

Ils passèrent la nuit, frileusement blottis les uns contre les autres, sous un auvent que l'ouragan finit par emporter au matin.

– Cela ne finira donc jamais! se lamentait Delbay.

L'ancien légionnaire avait fini par changer d'attitude et, pour tenter d'effacer la mauvaise impression que sa conduite passée avait pu laisser dans la mémoire de ses camarades, il déployait une activité fébrile, se découvrant un soudain anticommunisme farouche, n'hésitant pas à houspiller les Bo doïs, se vantant même d'avoir refusé de signer la dernière déclaration. Il n'arrivait à tromper que lui-même, et, rabroué par ses camarades, il se prétendait persécuté, victime d'une honteuse machination, qu'il se ferait un plaisir et un devoir de dénoncer dès son retour à Hanoi.

Paradoxalement, c'était auprès de Norris qu'il avait fini par trouver refuge. Ce dernier faisait bande à part, n'adressait la parole à personne, ne tolérant que le voisinage de son inséparable compagnon, Azam, le gendarme.

Et Norris, pour une fois, lui avait aimablement prodigué quelques conseils :

– Tu en fais un peu trop. Crois-moi, à force de jouer les matamores, ou les grandes gueules, tu te rappelles un peu trop à leur souvenir. Tout ce que tu vas y gagner est d'être traité en bouc émissaire.

« Et ce n'est bon pour personne. Nous n'avons pas à étaler sur la place publique les différends qui nous opposent. Qui te jugerait ? Des gens qui n'ont aucune idée des conditions dans lesquelles nous avons été plongés et qui ne peuvent qu'ignorer la façon dont ils se seraient comportés eux-mêmes. Les comptes, s'il y en a, devront se régler sans témoins, entre ceux qui ont subi et qui savent.

« Ce que nous avons pu faire, bien ou mal, reste une affaire entre notre conscience et nous. “ Jo ” l'a dit avant de mourir : “ On ne sort pas intact d'une pareille épreuve. ” »

« Le temps effacera de notre mémoire tout ce que nous nous reprochons, un geste, un mot, une défaillance passagère, une lâcheté mineure. Nous retrouverons peut-être le courage de nous accepter tels que nous nous sommes découverts, simplement des hommes.

« Mais ne te donne plus en spectacle, tu cours au massacre...

Azam était moins tolérant, moins désabusé. Son sens des valeurs morales était resté intact, et son jugement, aussi tranché. Il ajouta :

– Dès la libération, crois-moi, arrange-toi pour filer le plus loin que tu pourras. Cache-toi, et ne t'avise pas de te mettre à « raconter tes campagnes », tu finirais par te retrouver un jour face à face avec un « ancien » qui ne te ratera pas.

Il ajouta, avec franchise :
– Surtout si cet ancien, c'est moi!

A l'aube, Tot Ka effectua un tri parmi les survivants et en désigna environ la moitié, une trentaine, pour poursuivre la route, à pied, jusqu'au prochain village où des camions les prendraient en charge pour les conduire à Tuyen Quang.

Les autres furent invités à prendre place sur un radeau de bambous, un train de troncs flottants, dérivant tout au long du Song Gam, pour être exploités en aval. Au centre du radeau avait été édifiée une cagna dans laquelle s'installèrent les malades et les Bo doïs d'escorte.

Le radeau quitta la berge, s'insinua au milieu du courant, poussé par les piroguiers Thô, arc-boutés sur leurs longues gaffes.

En d'autres circonstances, les passagers n'auraient pas manqué d'apprécier les charmes d'une croisière fluviale sur une rivière aux larges méandres, serpentant au milieu d'une végétation haute comme autant de falaises, avec, de temps en temps, de minuscules hameaux de pêcheurs qui poussaient leurs pontons graciles jusqu'au milieu du flot, avec de grands filets carrés accrochés à des chevalets de bambous. Mais la malchance s'acharna sur les prisonniers.

Comme devait le dire Margoz :

– C'était davantage le radeau de la Méduse que l'embarquement pour Cythère!

La pluie ne cessa pas une seule minute pendant les seize heures que dura la navigation. Les prisonniers étaient blottis, les bras autour des genoux, trempés, autant par les trombes célestes que par les embruns de la rivière, frissonnants, misérables, inquiets de surcroît des seccouses que les rapides imprimaient à leur esquif.

– Manquerait plus que nous fassions naufrage! grogna Rémy-la-Fouine. – Les Viêts ne nous ont pas eus au camp, ils vont tenter de nous noyer!

– Tais-toi! répondit Phongue, tu vas nous porter malheur. Sache qu'en Indochine parler de naufrage sur un bateau est considéré comme une offense aux bons génies. Ils vont se fâcher...

Comme pour lui donner raison, les bons génies, qui devaient somnoler quelque part, se réveillèrent et, au détour d'un coude de la rivière, firent dériver le radeau, exactement dans l'axe d'un important banc de sable et de cailloux sur lequel la proue vint buter, dans un craquement inquiétant. Les bambous se plièrent sous la poussée des eaux, certains éclatèrent dans un concert de détonations sèches, d'autres s'éparpillèrent ou vinrent se chevaucher, manquant de précipiter à l'eau les malheureux passagers qui se trouvaient sur leur trajectoire.

Ce fut un concert de cris, d'appels au secours, de gémissements, et même, invraisemblablement, de quolibets.

Affolés, les Bo doïs tentèrent de prêter main-forte aux piroguiers, dépassés par l'ampleur du naufrage, courant d'un bord à l'autre pour tenter de redresser la situation.

En fait, ils n'arrivèrent à rien, sinon à limiter la débandade.

– Tout le monde à terre! ordonna Tot Ka, qui était précipitamment sorti de son abri, et dont la tenue, négligée, montrait que l'échouage l'avait surpris en plein sommeil.

Les rescapés s'égaillèrent sur le banc de sable, planté de quelques rares herbes, encombré de toutes sortes d'épaves de bois flottés, de branches, de cadavres d'animaux. Autour d'eux, dans la carté déclinante du crépuscule, le Song Gam rugissait, brassant ses flots jaunes.

Ils débarquèrent les malades, les installèrent sous un abri précaire fait de toiles de tentes et de branches mortes. Par chance, la pluie cessa assez pour leur permettre d'allumer des feux et préparer leur repas du soir.

Norris et Azam avaient repris leurs vieilles habitudes du convoi. Ils avaient retrouvé Margoz et Phongue, les deux survivants de l'équipe de la « Grosse gamelle ». Mais leur conversation se limitait au strict nécessaire. Qu'auraient-ils pu se dire qu'ils ne sachent déjà? Évoquer des souvenirs en commun eût été réveiller de vieilles douleurs, celles qu'ils espéraient secrètement voir s'atténuer avec le temps. Et l'ombre de « Jo » Allenic flottait, extraordinairement présente, autour d'eux.

Pour une fois, les Bo doïs se firent discrets. Peut-être ne

craignaient-ils plus de tentative d'évasion, à moins qu'ils n'aient jugé que la puissance du courant qui investissait l'île était une protection suffisante? Ils ne se donnèrent même pas la peine de faire éteindre les feux.

Une silhouette se glissa jusqu'à eux. Un prisonnier vint, s'accroupit près du feu et dit :

– Norris? Vercruyse te demande.

Norris leva la tête et s'efforça de deviner à qui pouvait bien appartenir ce visage barbu, aux yeux luisants.

– Qui es-tu? demanda-t-il.

– Moi? – L'autre eut un ton surpris. – Tu me connais! Il y a deux mois que j'appartiens au groupe numéro 2. Je m'appelle Camparo!

Norris hocha la tête, dubitatif. Non, il ne se rappelait pas avoir jamais rencontré ce Camparo. Il s'aperçut alors que, comme la plupart de ses camarades, il avait vécu à l'intérieur d'un cercle restreint, avec les rares copains qu'il s'était faits et qu'il avait complètement ignoré les autres.

– Que me veut Vercruyse? Et pourquoi t'a-t-il envoyé? Il ne pouvait pas venir lui-même? Il n'y a rien qu'il ne puisse me raconter que mes camarades ne soient en mesure d'entendre.

En même temps, il pensait : « Au diable Vercruyse! Je suis bien, je suis au chaud, je n'ai pas envie de bouger... »

– Il est malade, expliqua Camparo. – Nous avons dû le porter jusque sous la guitoune. Il te réclame.

Avec un soupir excédé, Norris se leva, avec des mouvements lents et maladroits comme ceux d'un vieillard et emboîta le pas à Camparo qui louvoyait entre les feux et le guida jusqu'à la hutte couronnant le sommet du banc de sable.

Vercruyse était allongé, au milieu des autres malades, environné de râles, de toussotements, de gémissements. Il était immobile, son profil éclairé en biais par la torche de bambou qui se consumait tout près, fichée dans le sable.

Norris s'accroupit, saisit le poignet de l'adjudant et essaya d'en capter le pouls. Un pouls rapide, trop rapide, qui l'alarma.

– Depuis quand est-il ainsi?

– Il a sans doute attrapé froid sous la pluie, la nuit dernière. Depuis ce matin, il grelotte de fièvre.

– Qu'a dit l'infirmier ?

– « Toto » prétend qu'il s'agit d'un simple accès palustre. Il lui a donné un cachet de quinacrine, mais Vercruyse l'a vomi.

Norris posa sa main sur le front de l'adjudant et la retira vivement, il avait eu l'impression de se brûler. Combien pouvait-il avoir ? 40° ? 41° ? Davantage ? Si cela continuait ainsi, le cœur n'y résisterait pas.

– Va chercher « Toto », ordonna-t-il à Camparo. Moi, je reste là, j'attends qu'il reprenne conscience et qu'il me dise ce qu'il me veut.

Vercruyse bougea, agitant la tête en tous sens.

– J'ai mal partout, se plaignit-il. – Comme si j'étais passé sous un rouleau compresseur...

Norris chercha la rate qu'il palpa, la trouva énorme et dure, saillant sous la peau. C'était bien un accès de paludisme qui terrassait Vercruyse, mais un accès pernicieux, qu'il fallait enrayer au plus vite sous peine de voir la mort faire rapidement son œuvre sur cet organisme affaibli.

Il pensa :

« N'est-ce pas déjà trop tard ? »

Vercruyse se tourna, cligna des yeux.

– C'est toi, Norris ?

– Oui.

– Je crois que j'ai un petit problème.

– C'est également mon avis.

Malgré tous ses efforts, Norris n'arrivait pas à être ému par la détresse de son camarade. Comme si les semaines passées avaient émoussé en lui toute sa sensibilité. Et, en plus, il ne trouvait pas les mots qu'il aurait sans doute fallu prononcer.

– Je suis dans l'incapacité d'assumer mon rôle, reprit Vercruyse. – Aussi ai-je décidé de te confier provisoirement le commandement du groupe numéro 2.

– Ce ne sera pas nécessaire. Camparo est allé chercher l'infirmier, il va te soigner. Demain, tu seras sur pied.

– Non. Je suis trop fatigué, je crois que je vais prendre quelques jours de convalescence. En mon absence, tu es le chef.

Norris plissa le front. Vercruyse parlait-il sérieusement ?

Quelle idée saugrenue lui était passée par la tête? Partir en convalescence! Il comprit que l'adjudant délirait quand il ajouta :

– Je trouve que le bateau tangue beaucoup. Heureusement que nous arrivons demain à Marseille. Ma femme m'attend.

L'arrivée d'un « Toto » de mauvaise humeur dispensa Norris de répondre. Qu'aurait-il pu ajouter? Vercruyse était en plein délire.

A la lueur de la torche, l'infirmier prépara une seringue, dont il injecta le contenu dans l'épaule de l'adjudant.

– Qu'est-ce que c'est? demanda Norris. – Du Quinobleu?

« Toto » rangea sa trousse, esquissa un haussement d'épaules et laissa tomber :

– C'est de l'eau. Ordre du chef de camp, il faut garder les médicaments pour nos soldats.

Norris comprit alors que Vercruyse était condamné. L'adjudant entra très vite dans le coma. La fièvre ne cessait de monter, atteignant et dépassant sans doute le seuil tolérable. A une heure du matin, il exhala un profond soupir, puis sa poitrine s'affaissa. Il était mort.

L'adjudant Vercruyse fut enterré un peu avant le départ, dans le sable de l'île, reposant aux côtés de quatre autres compagnons de misère, des prisonniers anonymes, qui s'étaient éteints durant la même nuit.

Scrupuleux, Azam ajouta cinq petits bâtonnets sur sa feuille de papier.

– Quatre-vingt-trois décès pendant la marche, deux cent trente-sept au camp, cinq ici. Beau résultat de la clémence du président Hô Chi Minh! constata-t-il. Trois cent vingt-cinq morts, sur un total de quatre cents prisonniers, c'est de l'efficacité ou je ne m'y connais pas! Même les Allemands au mieux de leur forme ne sont pas arrivés à pareil score dans leurs camps d'extermination...

Ses propos trahissaient une indignation violente. Jamais encore, ni Norris, ni ses compagnons ne l'avaient ainsi vu sortir de sa réserve habituelle. Pour la première fois, le gendarme qu'il s'était efforcé de demeurer, même sous la défroque du prisonnier, s'effaçait devant l'homme révolté.

Il s'approcha de Tot Ka, qui, impérial, assistait à l'embarquement du maigre troupeau de ses pensionnaires et l'apostropha, provocant, usant volontairement de mots orduriers :

– Espèce de fumier! clama-t-il. – Comment pouvez-vous faire le beau, vous pavaner devant vos victimes? Vous n'êtes qu'un tortionnaire pire que les nazis, et quand je vous regarde, j'ai envie de vomir!

Tot Ka blêmit sous l'insulte.

– Prenez garde! Vous n'êtes pas encore libéré! gronda-t-il.

– Cause toujours, répliqua Azam. – Tes menaces, je les ai au cul!

2

Ils arrivèrent à Tuyen Quang, au confluent du Song Gam et de la Rivière Claire, en milieu de journée. Là, les prisonniers furent dirigés vers d'immenses baraquements où d'autres prisonniers les avaient déjà précédés.

Ceux du Camp 42 se regroupèrent, comme s'ils redoutaient d'être séparés, noyés dans la masse. De toute évidence, les Viêts tenaient à masquer l'hécatombe derrière ce rassemblement hétéroclite de soldats qui ne se connaissaient pas.

– Norris! Eh, Norris!

Déambulant à travers l'invraisemblable caravansérail que constituait le « Camp de regroupement » de Tuyen Quang, Norris et ses camarades cherchaient à échapper, pour un temps, à la présence de Tot Ka et de ses sbires, en se noyant dans la foule anonyme.

D'être interpellé lui arracha un soupir d'agacement. Il en avait assez d'être pris à témoin, harcelé, questionné comme s'il était devenu l'homme indispensable, prêt à résoudre tous les problèmes matériels de son groupe.

Il se retourna malgré tout et aperçut un inconnu, vêtu de bleu, le visage glabre, la nuque et les tempes rasées de près, le reste des cheveux dressés, tout droits sur le sommet du crâne, lui faisant une tête de Laurel ahuri et hilare.

– Norris ? Tu ne me reconnais pas ? Je suis Mallier ! Michel Mallier !

Norris était abasourdi. Il ne put qu'articuler :

– Mais d'où sors-tu ? Je t'imaginais déjà à Hanoi, ou plus loin encore !

– Tu vois, j'ai raté mon affaire ! En fait, je suis victime de la météorologie. Les pluies de ces derniers jours ont fait déborder la Rivière Claire, inondé les routes et plus un seul convoi routier ne circule dans le secteur.

– Les libérations sont donc stoppées ?

– Depuis deux jours. Mais il est question qu'elles reprennent demain. Je m'étais fait inscrire dans un groupe de Français du Camp 113, mais je vais revenir avec vous. Si vous voulez toujours de moi.

– Et comment ! répondit Margoz, heureux, comme d'un ami retrouvé.

Les heures qui suivirent furent consacrées à de longues attentes chez les coiffeurs qui, sans trêve, coupaient, taillaient, rasaient. Les Viêts avaient à cœur de rendre des prisonniers dans un état de propreté le plus soigné possible.

Un peu plus loin, posés sur de longues tables, les objets qui avaient été confisqués lors des fouilles successives étaient proposés à leurs légitimes – ou prétendus – propriétaires. Des Can bô remboursaient même, sans ergoter, rubis sur l'ongle en piastres de la banque d'Indochine, les piastres « Bao Daï », le montant des objets perdus ou volés.

Devant chaque cagna, des scribes comptaient leurs ouailles, établissaient des listes, refaisant sans cesse leurs calculs, inscrivant, raturant, alignant des noms en longues colonnes inégales, comportant, en outre, des indications sur la nationalité des prisonniers, leurs unités d'origine, le numéro de leur camp.

– C'est la désorganisation la plus totale, observa Azam qui n'aimait rien moins que le désordre.

Mallier le détrompa :

– Ne t'y fie pas. Cette anarchie n'est qu'une apparence et je suis certain qu'elle est voulue et sciemment entretenue.

– Explique-toi ?

– Ils tentent de noyer le poisson. Pour éviter que n'apparaisse au grand jour le véritable assassinat collectif qu'a été la captivité, ils disloquent les convois, brassent les gens, les rassemblent par nationalités ou par confession, et reconstituent des listes fictives de prétendus camps.

« Ils espèrent que les Français, qui ne disposeront finalement que des listes fournies par l'administration viêtminh sans aucune autre possibilité de contrôle, se contenteront d'entériner purement et simplement le résultat final, sans chercher à savoir ce que sont devenus les absents.

– Mais c'est idiot! protesta Azam : il n'y a qu'à procéder à un calcul élémentaire : le nombre des prisonniers a été comptabilisé, il suffit de décompter de ce chiffre celui des survivants...

– Et exiger des explications! ajouta Margoz.

Norris intervint, avec sa rudesse coutumière :

– Vous dites n'importe quoi! Pour qui vous prenez-vous? Mettez-vous bien cette évidence dans le crâne : nous n'avons aucune importance. Au mieux, nous encombrons. Au pire, nous sommes les empêcheurs de se réjouir en rond. Les Viêts parce qu'ils sont tout à l'euphorie de leur victoire, les Français parce que cette guerre est enfin terminée.

« Qui croyez-vous intéresser avec vos minables exigences? Demander des comptes? Qui va le faire? Et auprès de qui?

« Ne me faites pas rire! Et si vous vous plaignez, vous trouverez toujours quelqu'un qui vous rétorquera que vous avez eu beaucoup de chance, d'abord de ne pas être tués pendant la bataille de Diên Biên Phu, ensuite de ne pas être morts pendant la captivité.

– J'aimerais bien voir ça! protesta Mallier.

– Mais n'aie aucune inquiétude, tu le verras! Et si en plus tu tentes de raconter ce qui s'est réellement passé dans les camps, on te demandera d'un air suspicieux ce que tu as bien pu faire pour passer à travers...

Sans bien s'en rendre compte, Norris s'exaltait. Une sorte de colère montait en lui, sans raison apparente, comme une bulle venant crever à la surface d'un marécage.

Non loin de là, une silhouette connue attira son regard. Il se figea, son visage devint blême, des gouttes de sueur perlèrent à son front, ses poings se fermèrent.

Il avait aperçu Dang, qui déambulait, nonchalant, le mégot collé à la commissure des lèvres, la casquette inclinée de façon canaille, sur l'oreille. Il distribuait, de-ci, de-là, quelques encouragements, et, sans doute, lançait quelques plaisanteries triviales; ses auditeurs s'esclaffaient parfois.

– Ne bougez pas, ordonna Norris à ses compagnons. – Je reviens.

Il avança, droit devant lui, l'œil luisant, la mâchoire contractée, le ventre noué. Prêt à prendre tous les risques pour, enfin, se débarrasser d'un poids énorme qui lui écrasait la poitrine, lui broyait le cœur.

Dang l'aperçut, et le salua d'un large sourire comme il aurait accueilli une vieille connaissance. D'assez loin, il l'apostropha :

– Monsieur Norris! Il y a bien longtemps que je ne vous avais vu! Alors? Avez-vous suivi mes conseils? Êtes-vous enfin devenu un bon prolétaire?

Norris ne répondit pas tout de suite. Il avança jusqu'à toucher le Viêt et :

– J'ai effectivement retenu vos leçons, monsieur, gronda-t-il, faisant effort pour ne pas frapper. – J'ai même fait mieux, j'ai compris tout votre système et je m'en suis imprégné.

– Qu'est-ce donc?

– La haine, monsieur. Et je voulais vous dire, en face, les yeux dans les yeux : monsieur Dang, je vous hais! Et vous ne pourrez jamais imaginer à quel point!

Dang eut une légère crispation de la pommette, sa façon de montrer qu'il accusait le coup. Mais il riposta, doucereux :

– Je vous croyais chrétien, monsieur Norris. En tant que chrétien, la haine est un sentiment qui vous déshonore.

Une idée insolite traversa le cerveau de Norris. Il l'assena, d'un ton sans réplique :

– Quand on se vautre dans une fosse d'aisance avec son ennemi, il est malvenu ensuite de lui reprocher de puer la merde!

Devant l'air de stupéfaction qui se peignit sur le visage de Dang, Norris se calma, vengé. Il s'éloigna en jetant, pardessus son épaule :

– C'est un proverbe chinois!

Dang resta de longues secondes sans réagir. Peut-être se demandait-il où Norris avait bien pu découvrir pareil aphorisme? Il chercha une réplique cinglante, mais, s'il la trouva, il était trop tard pour s'en servir, Norris avait disparu.

Tard dans l'après-midi, une rame de camions « Molotova » prit en charge une centaine de Français, tous convois confondus, pour les amener à Viêt-Tri où ils devaient, le lendemain, être échangés contre des prisonniers viêtminh.

Dans leur souvenir, la libération devait demeurer moins exaltante que l'idée qu'ils s'en étaient forgée, durant toute leur captivité.

Eux qui avaient pris l'habitude de vivre à l'économie, au ralenti, comptant chaque geste, mesurant chaque pas, retenant au bord du cœur la plus petite tentation d'espoir, distillant prudemment la moindre émotion, se virent brusquement propulsés au centre d'un maëlström qui les laissa pantelants, hagards, ahuris, passifs.

Poussés ici, tirés là, comptés, harangués, recomptés, exhortés, rangés, alignés, décorés, par des jeunes filles, d'une broche représentant la « colombe » de Picasso, embrassés, gavés de riz, de bananes, nantis d'une carotte de tabac, ils furent ensuite contraints de défiler entre deux haies de Bo doïs désarmés arborant des sourires de commande, sous des panneaux de *cai-phèn* célébrant, en plusieurs langues, l'amitié entre les peuples ou la « clémence » du président Hô Chi Minh. Précédés par un quatuor de musiciens jouant de la guitare et du violon, ils arrivèrent, en milieu d'après-midi, sur la berge du fleuve Rouge où devait s'effectuer l'échange.

Des L.C.M. * de la marine accostèrent enfin, déversant sur le débarcadère des théories d'anciens Bo doïs vêtus d'uniforme kaki, le visage prospère mais le front buté, très sévèrement repris en main par des commissaires politiques vociférants.

Ils passèrent devant les Français, brandissant le poing,

* Chalands motorisés de débarquement.

braillant des slogans, renouant, l'air maussade, avec « l'enthousiasme révolutionnaire ».

– Voyez comme ils sont heureux de retrouver, avec leur pays, les gestes que leurs geôliers leur interdisaient! dit une voix, derrière Mallier.

Celui-ci fit volte-face, croyant à une plaisanterie. Il se trouva devant un commissaire politique extatique, l'œil humide d'émotion. Il eut envie de s'amuser.

– Il y a, répondit-il avec sincérité, des gestes que la captivité ne parvient pas à faire oublier.

– N'est-ce pas?

– Nous ne pensons sans doute pas au même.

– Ah bon? Et à quoi pensez-vous?

Mallier posa brutalement sa main gauche sur son avant-bras droit replié, le poing fermé.

– C'est du belge, assura-t-il, imperturbable.

Plantant là le Viêt médusé, il s'en alla paisiblement rejoindre le point où se rassemblaient maintenant ses camarades, hypnotisés par les portes rabattues des bateaux vides où des marins indifférents effectuaient des manœuvres de routine.

Sur la plage, en un cérémonial compassé, fonctionnaires français et viêtminh échangeaient salutations et documents, apposaient des paraphes en bas de listes en plusieurs exemplaires, ergotant parfois, sans trop se soucier des hommes qui attendaient, résignés, l'ordre d'embarquer enfin.

Margoz résuma l'impression générale :

– Des livreurs qui vérifient la marchandise, dit-il.

– Il ne faudra pas qu'ils soient trop regardants sur la quantité, ni la qualité, ajouta Mallier.

Un capitaine du Train finit par s'apercevoir de leur présence.

– Vous pouvez y aller! leur lança-t-il.

Ils s'engagèrent, à petits pas prudents, sur les planches qui avaient été posées entre le bateau et la berge, et allèrent, par affinités, prendre place au fond des cuves où quelques civières avaient été déposées. Certains s'y allongèrent. D'autres tentèrent l'escalade du bastingage, refoulés par un quartier-maître qui leur fit sèchement observer que c'était un endroit réservé aux membres de l'équipage.

La porte se releva, comme un pont-levis, obstruant définitivement le paysage, et donnant aux passagers l'impression d'être, à nouveau, des prisonniers enfermés à fond de cale.

– Nous n'avons fait que changer de gardiens, fit observer Norris, avec un peu d'amertume.

Quoi qu'il ait pu en dire, il avait espéré, malgré tout, que cette libération aurait des allures de fête, et non pas cet aspect rébarbatif d'une simple formalité administrative.

« Voici quatre mois, pensait-il, il n'y avait pas de terme assez pompeux, d'adjectif assez élogieux, d'épithète assez grandiose pour célébrer le courage et l'abnégation des " héros de Diên Biên Phu ". Mais le lyrisme ne tient pas la distance. Aujourd'hui, nous ne sommes plus que des taulards. »

Il regarda ses compagnons.

« Et des taulards faméliques », compléta-t-il.

Azam était venu s'asseoir près de lui, et regardait, l'œil morne, le décor environnant et l'agitation qui animait les marins, au-dessus de sa tête.

– Es-tu heureux?

Le gendarme parut surpris de la question. Il réfléchit, sérieusement, examinant le problème qu'il n'avait manifestement pas envisagé.

– Je n'en sais rien, avoua-t-il. J'ai beau me répéter que je suis libre, que c'est fini, je n'arrive pas à réagir.

– Il n'y a plus de jus dans les batteries, résuma Margoz.

Norris regarda le légionnaire avec étonnement. Dans la brièveté de la formule était contenue la vérité. Leur vérité.

Un groupe d'une dizaine d'anciens prisonniers avait escaladé la porte verticale. Déboutonnés, chemise au vent, ils se mirent à crier des insultes aux Bo doïs, massés sur la berge. Delbay était parmi eux, le plus virulent, le plus glapissant. Il empoigna son chapeau, le balança, d'un geste large, dans les eaux boueuses du fleuve Rouge en hurlant :

– Et merde pour Hô Chi Minh!

La plupart de ses voisins l'imitèrent et bientôt, le L.C.M. laissa, dans son sillage, une vingtaine de chapeaux de paille qui dérivèrent dans le courant comme d'étranges tortues blondes.

– Ils se défoulent, observa Mallier.

– Sans risque, ajouta Margoz en assujettissant son casque sur sa tête chenue.

– Tardive bravade, affirma Norris. – Et inutile en plus. Les Viêts ne comprendront pas ce geste. Il leur apparaîtra simplement comme un gaspillage gratuit, une provocation de riches, une insulte à leur pauvreté.

La flottille de L.C.M. accosta le ponton de Son Tay, peu avant la tombée du jour, en plein orage de mousson. Trempés, grelottants, les libérés furent alors entassés, debout, dans des G.M.C. pilotés par des Nord-Africains grognons qui les conduisirent, à tombeau ouvert, jusqu'à l'hôpital Lanessan, en lisière de Hanoi, où ils débarquèrent, à la nuit noire.

Et la fantasia recommença.

Ils furent recensés, déshabillés, auscultés, pesés, photographiés, époussetés, douchés, rhabillés d'un pyjama et, pour finir, dispersés au hasard aux quatre coins de l'hôpital. Ils se laissèrent faire. Depuis longtemps, personne ne s'était occupé d'eux avec autant d'amabilité, de gentillesse et de compétence.

Ils dormirent mal. Beaucoup d'entre eux n'arrivaient pas à se libérer de la tension intérieure qui avait été trop forte pendant les dernières heures pour trouver un exutoire autrement que dans les larmes. Mais ils avaient l'œil sec, la tête vide, et, au creux de l'estomac, une sourde angoisse dont ils ne pouvaient se défaire faute d'en deviner la cause.

Quelques-uns s'allongèrent et se laissèrent mourir.

Les autres, ceux qui voulaient vivre, trouvant les lits trop mous, passèrent leurs premières nuits de liberté sur une natte posée à même le sol de leur chambre.

Ils restèrent ainsi des jours durant, amorphes, sans envies ni désirs. Ils ne parlaient pas, ils n'arrivaient pas à rire, ils n'avaient même plus le courage de réaliser leurs rêves pantagruéliques. Même la faim les avait désertés. Ils se contentaient d'une cuillerée de lait, d'un bol de café. Un croissant leur fermait l'appétit.

Ils avaient à désapprendre l'hébétude et pressentaient déjà que pour se retrouver de plain-pied dans le monde des vivants il leur faudrait parcourir un long chemin, hérissé d'embûches, de brusques moments de prostration, d'interminables nuits passées à redouter le cauchemar qui les dressait, enfiévrés et trempés de sueur, le cœur dévasté.

Même les visites des copains, ceux qui n'avaient pas connu l'épreuve des camps et qui venaient simplement témoigner de leur fidélité, apporter quelque cadeau, preuve de leur amitié, étaient pour eux un supplice. Ils trouvaient provocante leur bonne humeur, gênante leur éclatante santé.

Ils préféraient se regrouper pour se taire entre eux. Plus tard, très tard, dans dix ans, dans vingt ans peut-être, auraient-ils à nouveau le courage de replonger dans l'enfer. Mais c'était trop tôt.

Ils furent évacués, par petits paquets, vers les hôpitaux du Sud, Saigon, Tourane ou Dalat. Ils se quittèrent sans regrets, promettant, mollement, de se revoir. Mais c'était simplement une formule, ils n'étaient même pas certains de le souhaiter vraiment.

VINGT ANS APRÈS...

Mai 1974

– Mon commandant? demanda Azam en se levant. – Voulez-vous un autre café?

– Si tu veux, répondit Norris, affable.

Ils s'étaient donné rendez-vous au buffet de la gare de Nancy. Demain, ils seraient à Pau où un certain nombre d'Anciens avaient décidé de se rassembler pour célébrer entre survivants, dans le recueillement et le souvenir de leurs morts, le vingtième anniversaire de la bataille.

Norris ne s'était pas laissé convaincre facilement. Il n'avait pas besoin de célébration particulière pour conserver le culte des copains disparus. Ses morts, il les avait en lui, aussi vivants qu'autrefois, et si l'exemple de « Jo » Allenic avait, bien souvent, guidé son comportement, c'était en mémoire du lieutenant Dubourg qu'il avait passé des concours pour conquérir l'épaulette d'officier. « Je le remplacerai au créneau », avait-il écrit à l'époque à Azam, le seul avec lequel il entretenait une correspondance à peu près assidue.

Fidèle, Azam avait, de son côté, maintenu les liens avec les rescapés de l'équipe de la « grosse gamelle ». Mallier poursuivait une carrière dans la gendarmerie d'outre-mer et parlait déjà de prendre sa retraite en Nouvelle-Calédonie, tandis que Margoz, après une belle guerre d'Algérie, s'était retiré, sergent-chef, dans un petit village de Provence tout proche d'Aubagne où s'était implantée la Légion étrangère.

Devenu civil, Phongue travaillait dans le centre de la France, et constituait l'un des piliers de la récente « Amicale des anciens de Diên Biên Phu ».

Pendant vingt ans, Azam avait particulièrement suivi l'ascension de Norris pour lequel il nourrissait une sorte d'affection presque paternelle. Il s'était réjoui, comme s'il s'était agi de son propre fils, de son succès à l'École militaire interarmes. Il avait appris, avec satisfaction, ses différentes promotions, mais il n'avait pu se résoudre, tout à l'heure, à renouer avec le tutoiement qu'il utilisait, pourtant, dans ses lettres.

Norris le regardait, attendant placidement devant le comptoir les deux tasses de café qu'il avait commandées. Azam avait peu changé, ou dans le sens prévisible, toujours aussi solide, rassurant même, cuirassé de certitude, bardé de bon sens, d'une fidélité sans faille.

Devant lui, sur la table, Norris saisit distraitement un exemplaire du *Républicain lorrain*, acheté un peu plus tôt à son arrivée à la gare. Il le feuilleta pour tromper son attente, l'esprit ailleurs. Et soudain, en page régionale, un titre en bas de colonne attira son attention :

Un héros de Diên Biên Phu à l'honneur.

Norris ajusta ses lunettes, essayant d'identifier le personnage qui figurait, en buste, sur la photo accompagnant l'article, mais ce visage n'évoqua aucun souvenir.

Il lut :

« *Nous venons d'apprendre avec plaisir que notre concitoyen, Maurice Delbet, fonctionnaire municipal, vient de se voir conférer la Médaille militaire, juste récompense de sa brillante conduite pendant la bataille de Diên Biên Phu.*

« *Cette médaille lui sera solennellement remise après-demain, 8-Mai, à l'occasion de la célébration du 29ᵉ anniversaire de la Victoire de 1945.*

« *Interrogé par notre correspondant local, M. Maurice Delbet a bien voulu évoquer, à l'intention de nos lecteurs, ce que fut pour lui et pour ses camarades cette terrible bataille que les Français ont livrée, voici vingt ans, dans la fameuse cuvette.*

« – *J'appartenais à l'époque, nous a-t-il raconté, au prestigieux 1ᵉʳ Bataillon de parachutistes de la Légion étrangère.*

« – Pourquoi la Légion ? avons-nous demandé.
« – J'avais été déclaré inapte par l'armée française. Mais, comme je voulais combattre pour la liberté de l'Indochine, je n'ai pas eu d'autre choix que de m'engager chez les Bérets verts. J'avais du reste opté pour la nationalité belge et modifié mon nom en celui de Delbay.
« – La bataille fut-elle aussi dure qu'on a pu l'écrire ?
« – Sans doute bien plus que vous ne pouvez l'imaginer...

Norris releva la tête, songeur. Le nom de Delbay lui rappelait vaguement quelque chose. Mais quoi ? Il examina la photo, elle ne lui disait toujours rien.

« – Le plus difficile, poursuivait Delbay, a surtout été la captivité qui a suivi la chute du camp retranché. Quatre mois de marches incessantes et de séjour dans un " camp de rééducation ". La mort lente, l'enfer. De nombreux camarades n'ont pas résisté à cette terrible épreuve, et il m'arrive, bien souvent, de penser à eux...
« – Comment pouvait-on en revenir vivant ? Vous, par exemple ?
« – A la différence de quelques-uns qui étaient prêts à tout pour survivre, y compris épouser les idées du Viêtminh, j'ai tenu en rejetant tout ce qui me paraissait contraire à mon idéal. Ainsi, autant par souci de me maintenir en forme physique que par égard envers mes camarades trop malades ou trop fatigués pour y participer, j'étais toujours volontaire pour les corvées les plus pénibles.
« – Vous a-t-on obligé à signer des manifestes ?
« – Les Viêts voulaient nous forcer, mais j'ai été l'un des rares à refuser, malgré les risques encourus...
« Et voici pourquoi, concluait le journaliste, M. Maurice Delbet peut, aujourd'hui, être considéré non seulement comme un authentique héros, mais aussi comme un exemple de courage et de droiture.
« Nos félicitations à l'heureux récipiendaire. »

Norris avait lu, jusqu'au bout, l'extravagante interview de celui qu'il avait fini par identifier. Delbay! C'était Delbay! Il essaya de se mettre en colère, il s'aperçut qu'il n'avait envie que de sourire.

Azam s'approcha, portant un plateau sur lequel était disposé le petit déjeuner.

– Alors, mon commandant, demanda-t-il. Qu'y a-t-il d'intéressant comme nouvelles?

Norris secoua la tête et rejeta le journal devant lui.

– Rien, dit-il doucement. – Non, vraiment rien d'intéressant.

Cet ouvrage a été réalisé sur
Système Cameron
par la SOCIÉTÉ NOUVELLE FIRMIN-DIDOT
Mesnil-sur-l'Estrée
pour le compte de France Loisirs
le 5 juin 1987

Imprimé en France
Dépôt légal : juin 1987
N° d'édition : 12690 – N° d'impression : 7052